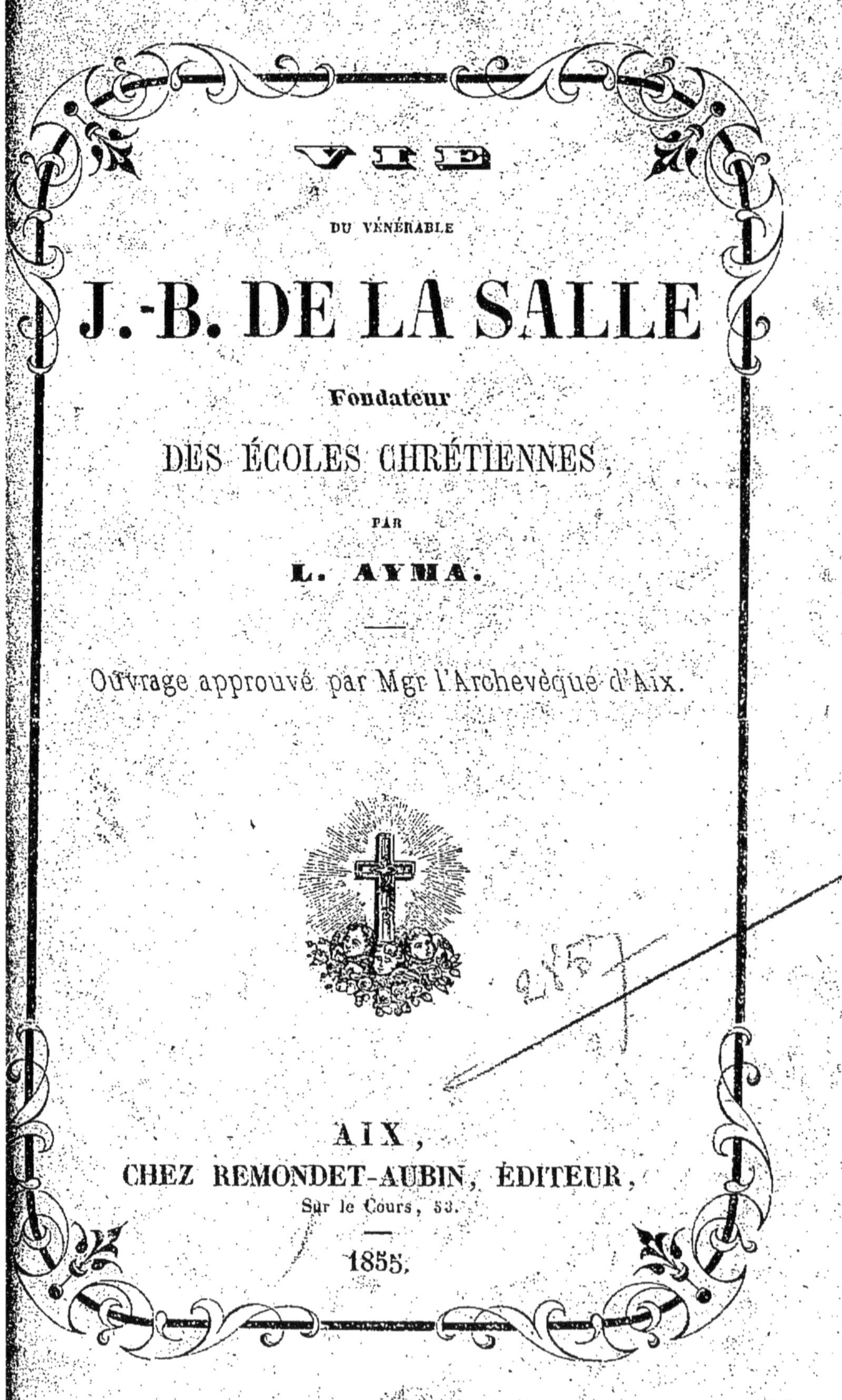

VIE

DU VÉNÉRABLE

J.-B. DE LA SALLE

Fondateur

DES ÉCOLES CHRÉTIENNES,

PAR

L. AYMA.

Ouvrage approuvé par Mgr l'Archevêque d'Aix.

AIX,

CHEZ REMONDET-AUBIN, ÉDITEUR,

Sur le Cours, 53.

1855.

VIE

DU VÉNÉRABLE

J.-B. DE LA SALLE.

Aix, Typ. Remondet-Aubin, Cours, 53.

VIE

DU VÉNÉRABLE

J.-B. DE LA SALLE

Fondateur

DES ÉCOLES CHRÉTIENNES,

PAR

L. AYMA.

Ouvrage approuvé par Mgr l'Archevêque d'Aix.

AIX,
CHEZ REMONDET-AUBIN, ÉDITEUR,
Sur le Cours, 53.

1855.

APPROBATION.

Aix, le 4 Juillet 1855.

Monsieur,

D'après le compte qui m'a été rendu de votre ouvrage intitulé : *Vie du vénérable J.-B. de La Salle, fondateur des Écoles Chrétiennes*, je vous donne volontiers mon approbation pour qu'il soit imprimé. La vie de ce vénérable ecclésiastique si désintéressé, si humble, si mortifié, si dévoué aux enfants, fournira une lecture utile aux instituteurs, édifiante pour tous, et capable d'inspirer le désir de contribuer à l'œuvre si excellente de l'instruction de la jeunesse ; elle sera aussi un grand encouragement et une vraie consolation pour les nombreux disciples de ce bon prêtre, qui continuent avec tant de bonheur l'œuvre qu'il a commencée. Nul doute que l'imitation de tant et de si admirables vertus ne soit la condition nécessaire, mais infaillible, du succès pour quiconque se dévoue aux fonctions pénibles de l'instruction des enfants.

Vous avez fait une bonne œuvre, et j'espère que la bénédiction de Dieu sur votre travail sera pour vous une première et bien douce récompense,

Agréez, Monsieur, l'assurance de mes sentiments bien distingués.

† P. M. JOSEPH,

Archevêque d'Aix.

Au Très Honoré Frère Philippe,

SUPÉRIEUR GÉNÉRAL

DE L'INSTITUT DES ÉCOLES CHRÉTIENNES

CE LIVRE EST DÉDIÉ

Comme un hommage du profond respect de l'auteur.

L. AYMA.

VIE

DU VÉNÉRABLE

J.-B. DE LA SALLE,

FONDATEUR DES ÉCOLES CHRÉTIENNES.

CHAPITRE Ier

J'entreprends de retracer, d'après les Mémoires et les documents les plus authentiques *, l'histoire d'un des hommes qui, avec Vincent de Paul, font le plus d'honneur à l'Église de France.

La vie de cet homme extraordinaire fut abreuvée d'amertume et traversée par une incessante persécution. L'établissement de son Institut, qu'avec un des dignitaires éminents de l'Université ** nous ne craignons pas d'appeler *une de nos gloires nationales*, fut entravé par les plus puissants obstacles. Mais l'admirable patience du fondateur, éprouvée et non lassée par une lutte de près de quarante ans, triompha à la fois de la haine de ses ennemis, et, ce qui est plus difficile, de l'intérêt inintelligent de ceux qui se disaient ses

* Je dois la majeure partie des matériaux qui composent ce livre aux mémoires publiés à Rouen, en 1733 par le chanoine Bellin, et qui ont été mis à ma disposition par le T. C. F. Alphonse, du district de Bordeaux.

** M. Rendu.

protecteurs. L'adversité fut pour l'Institut naissant ce qu'est la neige envoyée sur la terre pour protéger les semences contre les rigueurs de l'hiver. Formé à Reims en 1680, supprimé avec tant d'autres établissements utiles par les lois sauvages de 1792, sorti de ses ruines en 1802, rétabli par l'empereur Napoléon en 1808, l'Institut des Frères, justifiant à la lettre la parole de saint Augustin : « Si tu veux « être grand, sois très petit d'abord *, » n'a cessé de grandir, et c'est lui qui distribue aujourd'hui par tout l'univers la magnifique aumône de l'instruction. Notre but, en faisant ce livre, le désir de ceux qui nous l'ont inspiré, ont été de faire chérir des enfants la mémoire du vénérable prêtre dont les humbles disciples continuent sous nos yeux les vertus et le dévoûment chrétiens. Pour cela, nous n'avions qu'à raconter simplement sa vie.

Le Vénérable abbé de La Salle naquit à Reims ** le 30 avril 1651. Son père, Louis de La Salle, d'une famille ancienne et des plus distinguées ***, y remplissait avec honneur les fonctions de conseiller au

* *Magnus esse vis ? à parvo incipe.*

** La maison dans laquelle est né M. de La Salle était située sur la paroisse Saint-Hilaire, mais on ignore dans quelle rue. Toutes les recherches ont été jusqu'ici infructueuses, et le cartulaire de la ville de Reims n'a pu mettre sur la voie de cette précieuse découverte.

*** On affirme qu'un nommé *Salla* fut le chef de cette famille au commencement du IXe siècle. Il combattait en 808 à côté du roi de Navarre, Alphonse-le-Chaste, lorsqu'il eut les jambes brisées par un éclat de pierre. Il reçut alors pour armoiries *trois chevrons brisés*, qui sont restés les armes de sa famille.

présidial. Sa mère, Nicole Moët de Brouillet, fuyait le monde, et embellissait son intérieur de tout le charme des vertus domestiques. Celui dont nous écrivons la vie fut l'aîné de sept enfants, cinq garçons et deux filles, que Dieu accorda comme une bénédiction à M. de La Salle. Quatre se consacrèrent au service de Dieu : une des filles prit le voile au monastère de Saint-Etienne-les-Dames ; un des garçons entra parmi les chanoines réguliers de Sainte-Geneviève à Senlis; un autre se fit prêtre et devint chanoine de l'église métropolitaine de Reims.

Notre héros fut baptisé le jour même de sa naissance, dans l'église de Saint-Hilaire, aujourd'hui disparue, et reçut le prénom de Jean-Baptiste, heureux présage d'innocence et de vertu.

Dès le berceau, la grâce le distinguait: rien de puéril en lui. Enfant sans avoir les inclinations des enfants, il aimait les exercices sérieux ; ses amusements mêmes étaient des essais de vertu, et la piété, qui est dans les autres hommes le fruit lent et tardif de la grâce, dévança en lui la raison. La prière faisait ses délices, la lecture des bons livres, sa seule distraction. Le penchant irrésistible qui l'entraînait vers l'état ecclésiastique se trahissait jusque dans ses divertissements favoris ; il se plaisait à élever dans les parties les plus solitaires de la maison paternelle de petites chapelles, à les orner de fleurs, soigneusement renouvelées selon les saisons, à les décorer de saintes images et de pieux reliquaires. Là, plusieurs fois le jour, à la douce lueur des bougies, il venait réciter des prières, chanter des cantiques, et imiter les cérémonies du culte catholique.

Les autres amusements de l'enfance n'avaient aucun attrait pour lui, et, quoique naturellement gai et de douce humeur, il fuyait les jeux de son âge. Quelquefois même les fêtes modestes que la position de son père l'obligeait de donner, au lieu d'exciter en lui, comme cela est assez ordinaire dans les enfants, un sentiment de plaisir et de vanité, le plongeaient dans une mélancolie triste, qui ne se dissipait que lorsqu'on lui présentait quelque objet de piété. Ainsi, un jour que, dans les salons de son père, une réunion d'élite se livrait au plaisir de la danse et à d'autres divertissements, loin d'y prendre part, il ressentit tout-à-coup un si vif sentiment de tristesse, qu'il fondit en larmes, et alla se jeter dans les bras d'une personne pieuse de la compagnie, qui ne parvint à le consoler qu'en allant dans sa chambre lui lire quelques pages de la *Vie des Saints*, sa lecture de prédilection.

L'église était déjà le centre de ses saintes affections; il fallait l'y mener pour lui faire plaisir : ses joies étaient là. Plus d'une fois il arriva qu'à l'exemple de son divin modèle il inquiéta par son absence la tendresse de sa mère, et qu'après de longues recherches il fut retrouvé dans le temple, où, comme autrefois Tobie, il était allé adorer l'Éternel.

Pénétré de respect pour le saint lieu, dont le Seigneur lui-même a dit que c'était *une maison de prière*, il y portait déjà ce recueillement profond qui le rendit lui-même dans la suite si auguste au pied des autels. Comme il n'était attiré à l'église ni par la curiosité ni par le caprice, il n'y était occupé que de Dieu et de la prière. Sa modestie, qui donnait quelque chose d'angélique à la beauté naturelle de ses traits, attirait sur lui tous les regards, et inspirait de la dévotion à ceux qui en avaient le moins ; et les assistants, édifiés de trouver une piété si sérieuse dans un âge si tendre, lui appliquaient les paroles que les habitants d'Hébron firent entendre à la naissance de Jean : « Que pensez-vous que sera un jour « cet enfant, car la main du Seigneur est avec lui. »

Tout ce qu'il voyait dans l'église le charmait, depuis la sombre majesté de l'enceinte jusqu'aux détails les plus inaperçus des cérémonies religieuses; et il ne regardait pas les pompes chrétiennes comme un vain spectacle fait seulement pour le plaisir des yeux; tout avait pour cet enfant précoce un sens, une portée; tout saisissait son esprit plus encore que ses regards. Il ne se bornait pas à tout voir, il voulait tout comprendre; cherchant la pensée mystérieuse voilée par le symbole, il réfléchissait sur tout, faisait sur tout des questions profondes, et insistait jusqu'à ce que la réponse avait satisfait à son désir d'apprendre.

Mais de toutes les cérémonies religieuses, celle qui avait pour lui les attraits les plus doux, c'était la sainte messe. Il semblait avoir déjà compris que ce qui constitue essentiellement le culte dans une religion quelconque, c'est le sacrifice; et il voyait dans la messe le plus beau, le plus mystérieux et le plus divin des sacrifices. Il savait que c'était Jésus-Christ lui-même, qui, avant de quitter la terre, avait institué l'Eucharistie pour cacher sous les espèces visibles du pain et du vin l'offrande invisible de son sang et de nos cœurs *.

Il conçut donc un vif désir d'apprendre à la servir. Saintement ambitieux de figurer comme lévite dans le redoutable mystère, il fallut lui donner les leçons qu'il sollicitait avec ardeur.

Dès que sa prière eut été exaucée, il aurait regardé comme une mortification et un malheur d'être privé un seul jour de l'honneur de servir la messe. Bientôt, pour vivre d'une manière s'il se peut plus intime avec Dieu, il brigua les fonctions d'enfant de chœur, et il les remplit avec une grâce et une ferveur si singulières, que les assistants avaient honte de voir dans un enfant ce qu'ils ne sentaient pas eux-mêmes. Cette religieuse frayeur que comportent les saints mystères, cette grâce et cette onction qui sont une portion essentielle de l'esprit ecclésiastique, lui furent dès-lors accordées comme un signe divin de sa vocation. Ces sentiments qu'inspire aux âmes vraiment chrétiennes la foi en la présence réelle d'un Dieu étaient si manifestes en lui, qu'on croyait voir un séraphin sous les traits d'un enfant, et que les plus indifférents ressentaient malgré eux la douce influence de son exemple. Une beauté chaste, et qui

* Châteaubriand, *Génie du christ.*, t. 2, c. 5,

n'avait presque rien de terrestre, resplendissait sur son visage : il semblait que les esprits célestes, dont il avait la pureté, eussent répandu sur toute sa personne quelque chose de leurs charmes divins.

M. de La Salle, son père, avait une véritable passion pour la musique, et se plaisait à réunir chez lui les artistes les plus en renom dans sa province, pour se livrer avec eux à son goût favori. Le jeune de La Salle, au contraire, soit antipathie naturelle, soit instinct des dangers que cet art séduisant peut entraîner, soit enfin illumination de la grâce, éprouva dès l'enfance une sorte de dégoût et presque de la crainte pour la musique. Savait-il déjà que les législateurs du paganisme l'avaient proscrite de leurs républiques comme un péril pour les mœurs? Pressentait-il que cette étude dissipe extraordinairement les jeunes esprits et leur inspire de l'aversion pour d'autres occupations plus essentielles? Quoi qu'il en soit, il ne voulut jamais ni apprendre ni écouter « ces « airs mondains, qui ne contiennent trop souvent « que des maximes anti-chrétiennes ; où il semble « qu'on a pris à tâche de rétablir le paganisme avec « toutes ses divinités ; où l'amour, l'ambition, la « vengeance, en un mot, où toutes les passions ré- « gnent et sont mises en honneur *. »

Mais les chants de l'Église, si graves, si majestueux, animés des beautés les plus sublimes de la

* Rollin, *Traité des études*, I, ch. 2.

poésie, tantôt touchants et doux, tantôt lugubres et terribles, avaient pour lui d'ineffables attraits.

M. de La Salle voyait avec plaisir les heureuses dispositions de son fils aîné. Loin de les contrarier, il les développait avec soin, et se plaisait à le mener aux offices divins. Sa mère, animée d'une piété solide et tendre, s'étudiait de son côté à féconder les semences de vertu que Dieu avait jetées dans cette jeune âme, et elle les voyait avec bonheur germer au-delà de toutes ses espérances.

Cependant, le moment était venu pour le jeune de La Salle de se livrer à l'étude des lettres. Des mains de ses parents il passa entre celles des professeurs du collége de Reims *. Là, par sa docilité, par son intelligence et par son application, il conquit dès les premiers jours l'affection de ses maîtres, en même temps que sa bonté, sa complaisance, son humeur toujours égale lui valaient l'amitié de tous ses camarades. Bientôt il fut le modèle de l'établissement ; ses progrès dans la science furent aussi rapides que ses progrès dans la vertu ; car il se fit un devoir essentiel de ne jamais séparer l'une de l'autre, et il sut concilier sans peine les exercices de la piété et ceux de l'étude. Dévot sans affectation, gai sans étourderie, appliqué sans pédantisme, il se faisait pardonner par ses condisciples sa supériorité par sa douceur, et

* La ville de Reims possédait alors deux colléges célèbres, celui de l'Université, fondé en 1554, et celui des Pères jésuites, fondé en 1608. Le jeune de La Salle fut envoyé à celui de l'Université.

plusieurs durent à la sainte émulation qu'il leur inspira l'amendement de leur conduite et de plus heureux résultats dans leurs études.

CHAPITRE II.

Le jeune de La Salle paraissait né pour le saint ministère, et son unique ambition était de s'y consacrer tout entier. La vocation, quelquefois incertaine en d'autres, se montrait en lui dans toutes ses actions, dans toutes ses paroles, dans ses moindres inclinations et jusque dans la nature de ses plaisirs, Nous avons vu quels étaient les jeux de son enfance. Les années ne firent que fortifier ce penchant et le rendirent si irrésistible, qu'il aurait cru s'opposer à la volonté de Dieu même en hésitant à entrer dans les ordres sacrés. La piété de ses parents applanit devant lui tous les obstacles, et quoiqu'ils vissent avec regret l'aîné de la famille se consacrer à Dieu, la voix de la grâce étouffa celle de la nature. Dieu avait, pour ainsi dire, désigné son élu : la famille obéit.

On peut juger de la joie que ressentit Jean-Baptiste, quand il se vit enfin libre de suivre ses pieuses inclinations et de devenir le serviteur de l'Église et l'homme de Dieu même, *homo Dei* !

Le premier degré de la cléricature, la tonsure, ne

fut pas pour lui une vaine cérémonie *. Sa bouche fut le fidèle interprète des pensées de son cœur, lorsqu'il dit : « Qu'il prenait Dieu pour partage et qu'il ne « voulait pas d'autre héritage. » Dieu devint le Dieu de son cœur, pour parler comme le prophète, le centre de ses affections et de ses désirs.

Devenu clerc, J.-B. de La Salle parut un nouvel homme. Toutes les vertus qui avaient signalé son enfance brillèrent d'un plus vif éclat sous le surplis et aux approches de l'autel. Son zèle pour les fonctions ecclésiastiques, son attrait pour le service divin, son amour pour la prière prirent une activité nouvelle, et justifièrent les paroles que le prélat consécrateur lui avait adressées en lui coupant les cheveux : « Qu'il avait dépouillé le vieil homme, revêtu le nou- « veau, et qu'il venait d'être créé dans la justice et dans la sainteté. »

Dieu sembla bientôt vouloir seconder les pieux désirs du jeune clerc. M. Dozet, archidiacre de Reims et chancelier de l'Université, ayant résigné sa charge de chanoine métropolitain, J.-B. de La Salle en fut pourvu le 9 juillet 1666 : il n'avait pas 16 ans. Il ne prit possession de sa dignité que le 17 janvier de l'année suivante. Son aïeul, Lancelot de La Salle, homme d'une piété rare, qui, bien que laïque, s'était imposé l'obligation de réciter tous les jours le

* J.-B. de La Salle fut tonsuré le 11 mars 1662, dans la chapelle de l'archevêché de Reims, par les mains de Mgr Jean de Maltreau, évêque d'Olonne. Il n'avait pas encore 11 ans.

grand office de l'Eglise, prit plaisir à lui apprendre à le dire.

Voilà donc le jeune de La Salle livré à lui-même, presque maître de ses actions à un âge où il n'est que trop ordinaire de voir les jeunes gens tourner à la perte de leur âme le premier usage de leur liberté. Né avec un fonds d'orgueil inépuisable, l'homme se précipite aveuglément vers l'indépendance ; secouer le joug importun de ses maîtres est le vœu continuel de la jeunesse. Ceux mêmes qui ont de la piété aiment à la pétrir, pour ainsi dire, avec leurs penchants et à se tracer à eux-mêmes le chemin qu'ils veulent suivre pour aller à Dieu. Le passage de la soumission à la liberté est plein de tentations et de périls, et il n'est que trop commun de voir les jeunes gens secouer à la fois le joug de l'autorité paternelle et celui de la vertu.

Notre jeune chanoine se préserva avec soin de ces écueils. Les yeux ouverts sur ceux de ses confrères qui pouvaient l'édifier et lui servir de modèle, il imita leur modestie, leur assiduité à l'office divin, leur régularité, leur amour pour l'étude. Sans cesse recueilli en lui-même, pénétré de la sainteté du Dieu qu'il devait louer et servir, il s'attacha à acquérir et à pratiquer toutes les vertus de son nouvel état, l'amour de la retraite, l'éloignement du monde et l'esprit intérieur.

Le 17 mars de l'année 1668, il reçut les ordres mineurs des mains de Mgr Charles de Bourlon, évêque de Soissons, en l'absence du cardinal Barberini, alors archevêque de Reims.

Le cours de ses études ne souffrit pas de ces obligations nouvelles. Il savait que si les chanoines tiennent un rang élevé dans la hiérarchie ecclésiastique, ils doivent justifier cette élévation par la supériorité de leurs connaissances. Comment l'Église aurait-elle songé à composer de chanoines le conseil de l'évêque et ce qu'on peut nommer le sénat du diocèse, si elle n'avait exigé une science non commune des hommes appelés à remplir de si honorables devoirs?

M. de La Salle suivit donc les intentions de l'Eglise en poursuivant ses études avec une nouvelle ardeur. Son cours de philosophie terminé, il prit *, selon la coutume, le diplôme de maître ès-arts, qui répond au baccalauréat de la moderne Université, et songea aussitôt après à se préparer aux épreuves plus sérieuses du doctorat. Mais, loin de rechercher des juges indulgents, il résolut d'aller puiser à la source même, c'est-à-dire à l'Université de Paris, les connaissances exigées pour ce grade difficile. Cette résolution une fois arrêtée, il fallut faire choix d'un lieu où il pût devenir savant sans cesser d'être pieux et saint. Il n'arrive que trop souvent, en effet, que l'étude, qui ne devrait être que l'auxiliaire de la piété, en devient l'antagoniste le plus dangereux et le plus redoutable. Mais comment trouver une maison où la science ne nuisît pas à la ferveur, où la ferveur n'étouffât pas la science? Le séminaire de Saint-Sulpice, cette pépinière féconde de prêtres non moins remar-

* En 1669; il avait 18 ans.

quables par leur vertu que par leur savoir, attira l'attention de la famille de La Salle; le jeune maître ès-arts y fut envoyé; et, dès le premier jour, il se vit dans son véritable milieu. (18 octobre 1670.)

L'abbé Tronson, regardé à juste titre comme un des oracles du clergé de son temps, était alors supérieur de cette illustre académie de piété et de doctrine. A un savoir profond, à une érudition presque sans limites, il unissait une humilité et une simplicité plus rares encore. Toujours élevé au-dessus de lui-même, toujours en communication avec Dieu par le recueillement et par la prière, il ne montrait presque rien de l'homme à ceux, en si grand nombre, qui le consultaient chaque jour. Supérieur et non étranger aux passions, dominant par l'effort persévérant de la volonté les mouvements les plus impétueux de la nature, il trouvait dans les régions sereines au sein desquelles il vivait les solutions les plus simples aux difficultés les plus grandes. Les évêques mêmes formés à cette sainte école se faisaient un devoir de l'honorer comme un père, de le consulter comme un oracle, et de suivre docilement ses avis.

Tel était le supérieur du séminaire de Saint-Sulpice, lorsque J.-B. de La Salle y entra. Dieu, qui réservait le jeune chanoine à l'exécution des plus vastes desseins, le conduisait comme par la main dans les voies mystérieuses où se trouvait le germe de son glorieux avenir.

Dès son entrée au séminaire, Dieu lui destina pour directeur spirituel un des hommes les plus éminents par leur piété que l'Eglise de France ait produits. Prêtre d'un zèle apostolique, renouvelant sur sa personne les austérités des saints anachorètes, l'abbé Boin, alors directeur de Saint-Sulpice, portait des marques de sainteté si manifestes, que, lorsqu'il mourut, d'illustres prélats demandèrent avec un pieux empressement, comme autant de reliques, quelques-uns des instruments de pénitence dont il se servait pour martyriser son corps.

Quels progrès dans la vertu ne devait pas faire un tel disciple sous un tel maître! Celui qui devait être le fondateur d'une des corporations les plus utiles et les plus saintes, comblé dès l'enfance des bénédictions les plus grandes, entré dans une maison où il trouvait pour camarades l'élite de la jeunesse française *, plus avides, comme lui, de vertu que de savoir, et pour maîtres les ecclésiastiques les plus doctes et les prêtres les plus vertueux, quels pas rapides ne devait-il pas faire dans les voies de la sainteté!

Il se montra tout d'abord d'une bonté simple, d'une affabilité prévenante qui lui gagnèrent tous les cœurs. Il se dépouilla de ce qu'il pouvait avoir conservé, malgré lui, des airs et des habitudes du monde; et bientôt il devint au séminaire ce que nous l'avons vu à l'université de Reims, le modèle de la maison. Toutefois, sa vertu était si modeste et si soigneusement cachée, que ses maîtres ne connurent dans

* Entre autres, l'abbé de Fénelon, l'immortel auteur du *Télémaque*.

toute leur étendue les mérites de leur disciple que lorsqu'il les fit éclater plus tard dans tout leur jour à la tête des écoles chrétiennes.

Il ne passa qu'un an et demi dans cette illustre maison. Une circonstance douloureuse vint l'arracher à ses chères études et à l'affection de ses maîtres et de ses condisciples, au moment même où il songeait à s'attacher pour toujours à ses nouveaux devoirs.

Sa mère bien aimée mourut le 20 juillet 1671. Ce coup si rude pour un cœur aussi tendre que le sien suspendit pour quelque temps sa résolution de s'engager par des liens indissolubles dans l'état ecclésiastique. Mais le cours de ses études ne fut interrompu que pendant quelques jours.

La mort de sa mère fut le premier anneau de cette chaîne de tribulations qui dès-lors se multiplièrent avec ses jours, et ne devaient se terminer qu'avec sa vie.

La plaie que la mort de sa mère avait faite dans son cœur n'était pas encore fermée, lorsque la nouvelle de la mort de son père la rouvrit et la rendit plus profonde et plus douloureuse. M. de La Salle mourut le 9 avril 1672 : il est aisé de comprendre combien dut être pénible cette seconde épreuve à moins de neuf mois d'intervalle de la première, et combien il fallut de résignation à notre héros pour n'y pas succomber. Il trouva dans les pieux directeurs de Saint-Sulpice des consolations abondantes. Mais la mort l'avait fait chef de famille ; son départ de Paris, son retour à Reims devinrent nécessaires.

Cette séparation fut une nouvelle douleur. Le soin de ses affaires domestiques, la tutelle de ses frères orphelins lui firent une loi de se dérober à lui-même pour se consacrer à des êtres si chers, que sa mère et son père mourants avaient recommandés à sa sollicitude. Voilà toutes ses vues traversées ; mais celles de Dieu se poursuivent.

CHAPITRE III.

Lorsque M. de La Salle quitta de nouveau Saint-Sulpice, le 19 avril 1672, pour n'y plus rentrer, il était entièrement pénétré de l'esprit ecclésiastique, et rien désormais ne pouvait le détourner de sa voie.

Il n'avait que 21 ans au moment où il se vit chargé d'une manière si imprévue de l'administration de la maison paternelle et de l'éducation de ses jeunes frères. Le fardeau eut été lourd pour tout autre ; mais, doué d'une raison précoce, mûri de bonne heure par le malheur, et pénétré d'une confiance sans bornes envers celui qui proportionne toujours la tâche à nos forces, il envisagea sans effroi toute l'étendue de ses nouvelles obligations et se mit à l'œuvre avec courage.

Au reste, maître absolu de lui-même et libre de soumettre à un nouvel examen le choix qu'il avait fait entre l'Église et le monde, il fut heureux de confirmer, après mûre délibération, le choix de ses jeunes années. Cependant il ne voulut pas s'en rapporter à ses seules lumières ; il désira entendre d'une bouche autre que la sienne ces paroles que l'évêque adresse aux clercs lorsqu'ils franchissent quelque nouvel échelon de la hiérarchie ecclésiastique : « *Amice, ascende superius* ; Mon ami, « montez plus haut. »

N'ayant plus pour le diriger l'oracle si respecté de Saint-Sulpice, il chercha un homme qui eût du moins l'esprit de ses anciens maîtres, et il le trouva dans M. l'abbé Rolland *, chanoine théologal de la cathédrale de Reims. C'était un prêtre d'une piété solide et éclairée, faisant servir au profit des âmes et à la gloire de Dieu les talents dont il était orné. Respecté pendant sa vie, il a laissé à Reims une mémoire bénie. C'est à lui que les pauvres de cette ville doivent la fondation de la *Communauté de l'Enfant-Jésus*, vouée à l'éducation gratuite des filles pauvres et des orphelines.

Ici commencent à se manifester ouvertement les desseins de la Providence : le futur fondateur des Écoles Chrétiennes choisit pour diriger sa conscience et régler sa vie le pieux fondateur des *Filles de l'Enfant-Jésus*. Le fils spirituel de l'abbé Rolland devait compléter l'idée à peine ébauchée de son directeur, et étendre à la France, que dis-je, au monde

* Né à Reims le 2 décembre 1642, mort dans la même ville, le 27 avril 1678.

entier, le bienfait que celui-ci avait borné à une seule ville.

Cependant l'abbé Rolland, bien qu'il fût loin de soupçonner alors la glorieuse destination de son disciple, se plaisait, comme par un instinct surnaturel, à lui inspirer son zèle pour la propagation de la doctrine chrétienne et à le désigner comme son successeur dans son œuvre de bienfaisance. C'était là le sujet ordinaire de leurs entretiens. Ce fut donc sous cet excellent guide que M. de La Salle prit du goût pour l'instruction de la jeunesse ; ce fut dans son cœur qu'il puisa le zèle ardent dont il allait bientôt donner tant de preuves dans l'établissement des Écoles Chrétiennes.

Docile aux conseils de M. l'abbé Rolland et confiant en ses lumières, l'abbé de La Salle n'hésita plus à s'engager dans l'état ecclésiastique par des liens perpétuels. Le temps de l'ordination étant passé à Reims au moment où cette résolution fut irrévocablement arrêtée, il fut obligé de se rendre à Cambrai, où il reçut à la Pentecôte, le 11 juin 1672, les quatre ordres mineurs et le sous-diaconat des mains de Mgr. Ladislas Jonnart, archevêque et duc de cette ville.

Il n'avait jamais perdu l'espoir de rentrer à Saint-Sulpice pour y poursuivre ses études théologiques sous la direction de ses maîtres vénérés. Et lorsque ses devoirs de famille, de jour en jour plus impérieux, exigèrent de lui le sacrifice de cette espérance, il s'attacha à faire de sa maison une image en petit de

Saint-Sulpice, c'est-à-dire un lieu de retraite, de prière et d'étude. Il prit à la faculté de théologie de sa ville natale les grades que la Providence ne lui permettait plus d'aller prendre en Sorbonne.

Il employa près de quatre ans à se préparer au diaconat, tandis qu'une année suffit d'ordinaire. Mais quelle que fût son impatience d'arriver à la dignité de prêtre, l'idée qu'il se faisait de ces fonctions, la pensée de la responsabilité qu'il attachait au gouvernement des âmes, lui faisaient retarder de jour en jour ce moment solennel. Enfin, le 21 mars 1676, par les conseils de son directeur, il reçut le diaconat à Paris. Le prélat consécrateur etait le R. P. Bataillier, capucin et évêque de Bethléem.

Il lui restait encore un pas à faire pour monter à l'autel. Afin de s'y disposer dignement, il se sépara presque entièrement du monde, imposa à sa vie déjà si réglée une régularité plus grande, s'absorba dans un recueillement plus profond, redoubla d'ardeur pour l'étude et d'assiduité à l'office canonial. Deux années entières furent consacrées à ces rigoureuses pratiques, et à l'expiration du terme qu'il avait lui-même fixé, il tremblait de n'avoir pas assez fait encore. « Peut-on être jamais assez préparé, se disait-il, « aux fonctions du sacerdoce? Une charge redou- « table aux anges mêmes, une dignité dont le poids « a paru accablant aux plus saints personnages, « ne doit-elle pas faire reculer un pécheur tel que « moi? M'est-il possible de l'envisager sans frayeur? » Et il ajoutait, en répétant les paroles qu'avait contume de répéter à ses disciples le saint fondateur de Saint-Sulpice * : « Il faut être aveugle pour se pré- « senter à la prêtrise: aveugle ou par les ténèbres « du péché et des passions, ou par une obéissance « simple et qui ne sait point raisonner. »

L'abbé de La Salle, élevé dans cet esprit, éprouvait donc un saint tremblement à la pensée de cette ordination suprême. Mais comme l'obéissance s'unissait en lui à la conscience de son indignité, il obéit à son directeur, qui tenait à ses yeux la place de Dieu même, et il fut ordonné prêtre le 9 avril 1678, veille de Pâques, par les mains de Mgr Charles-Maurice Le Tellier **, archevêque de Reims. Il avait 27 ans.

Le lendemain même de son ordination, il monta pour la première fois à l'autel. Contrairement à l'usage, il voulut que sa première messe fût celébrée sans aucune solennité extérieure, désireux qu'il était de conserver sans mélange les impressions encore si fraîches de son élévation au sacerdoce. Mais sa modestie angélique, sa piété fervente durent être plus agréables à Dieu que la magnificence des vêtements, l'éclat des cierges, les vapeurs de l'encens et le nombre de l'assistance. Cet air de sainteté qu'on remarqua en lui la première fois qu'il immola de ses mains la céleste victime, ne le quitta plus désormais ; pour croire à la présence réelle de Jésus-Christ dans le Saint-Sacrement, il suffisait de voir à l'autel le jeune

* L'abbé Brénier.

** Neveu de Michel Le Tellier, chancelier de France, dont Bossuet et Fléchier ont fait l'oraison funèbre.

sacrificateur. Aussi sa messe attirait-elle de jour en jour une affluence plus considérable de fidèles, qui l'attendaient au sortir de l'église pour recourir à ses lumières ; dans le jeune prêtre on voyait déjà le saint.

Quant à lui, plus doux, s'il est possible, au sortir de ses entretiens avec Dieu, il écoutait avec patience, répondait avec bonté, assaisonnant ses moindres paroles d'une grâce et d'une onction qui les faisaient pénétrer comme une rosée bienfaisante dans les cœurs les plus endurcis. Il levait les doutes, éclaircissait les difficultés, donnait des règles de conduite, s'accommodant aux divers caractères, ménageant les dispositions de chacun, faisant voir par toute sa conduite qu'un prêtre n'est jamais jeune quand il est animé de l'esprit de Dieu.

Mais il arrivait quelquefois que l'abbé de La Salle, au retour de l'autel, était hors d'état de communiquer avec les hommes. De nombreux témoignages attestent qu'on le voyait alors si rempli du Dieu qu'il portait en lui, si intimement uni à cet hôte divin, qu'il avait à peine l'usage de ses sens.

Du reste, les habitudes de sa vie le prédisposaient à cet état. Il s'interdisait toute communication avec le monde, autant que les bienséances et le soin de ses affaires de famille le permettaient. Il aimait à être seul, parce que Dieu peuplait sa solitude. Toujours en présence de ce parfait modèle, il traversait la vie avec tant de mansuétude, qu'il sembait que la Providence en avait arrangé au gré de son élu les moindres événements.

Il ne faudrait pourtant pas induire de là que M. de La Salle vécût en sauvage au sein de la société. Il n'affectait aucune singularité; mais, sous l'extérieur de la vie commune, il vivait intérieurement dans une sphère supérieure aux sens, voyant presque sans voir, écoutant sans entendre; hors Dieu, rien de ce qu'il voyait, rien de ce qu'il entendait ne faisait impression sur son âme et n'arrivait jusqu'à son cœur.

Il avait une si haute idée du saint ministère, qu'il respectait même les objets matériels qui y servent. Ainsi, il voulait que les ornements, les linges, les vases sacrés, les flambeaux fussent dignes des divins mystères. Presque avare pour lui-même, il croyait que tout ce qui approchait de Dieu ne pouvait jamais être ni assez riche ni assez magnifique *.

Autant il éprouvait de bonheur à célébrer la sainte messe, autant il était chagrin lorsqu'une circonstance supérieure à sa volonté le mettait dans l'impuissance de remplir ce devoir. Plus d'une fois, il trouva dans sa ferveur des forces inattendues et presque surnaturelles; plus d'une fois on le vit se lever de son lit de douleur, malgré l'avis des médecins, et se faire traîner, pour ainsi dire, à l'autel pour s'y nourrir du pain des forts.

Souvent, après la communion, il tombait en extase: son âme ravie vers Dieu s'élevait au-dessus de ce monde terrestre et en revenait forte contre la ma-

* L'on conserve dans le trésor de la métropole de Reims des burettes de vermeil, portant les armes de sa maison. On suppose que ces burettes lui ont appartenu.

lignité des hommes et les séductions du péché. Destiné à essuyer plus tard tout ce que l'envie peut inventer de plus noir, tout ce que la langue des calomniateurs peut répandre de venin, il apprenait dans ces divins ravissements le mépris du monde. Il en eut besoin au commencement même de son sacerdoce. Pénétré de la sublimité de ses fonctions et de la sainteté qu'elles exigent de ceux qui en sont honorés, il ne pouvait voir, sans en avoir le cœur déchiré, des prêtres profaner leur caractère par une vie mondaine : il leur en faisait de tendres reproches, qui lui attiraient souvent des insultes.

Il y avait en ce temps-là à Reims un ecclésiastique qui était une cause permanente de scandale par l'irrégularité de sa vie et le désordre presque public de ses mœurs. M. de la Salle, après avoir tenté toutes les voies de la douceur et de la charité pour faire rentrer ce pécheur en lui-même, voyant que ces ménagements n'obtenaient aucun succès sur ce cœur blasé, sur cette âme endurcie, résolut, ne pouvant convertir le scandaleux, de flétrir publiquement le scandale ; et il le fit avec une indignation si éloquente et un accent si puissant de vérité, qu'il contraignit le mauvais prêtre à quitter la ville.

CHAPITRE IV.

M. l'abbé Rolland, témoin des progrès que faisait son disciple dans les voies de la perfection, et assuré de sa docilité, songea à employer à l'administration d'une paroisse importante les talents et les vertus de M. de La Salle. Il désira le voir curé de la paroisse de Saint-Pierre-de-Reims, et, dans cette vue, il lui inspira de permuter son canonicat avec cette cure, que le titulaire était disposé à abandonner.

Pour bien comprendre tout le désintéressement de M. de La Salle dans cette circonstance, il faut rappeler qu'à l'époque où ces faits s'accomplissaient, un canonicat était pour les fils de famille qui se destinaient à l'Église l'objet des plus ardents désirs et le terme de beaucoup d'ambitions. Les jeunes prêtres riches ou appartenant à la moyenne noblesse, peu jaloux de prendre rang parmi le commun des pasteurs, se faisaient honneur de trouver place parmi les chanoines des églises principales. M. de La Salle, chanoine de la plus antique métropole de France, dérogeait donc selon les idées du monde, en acceptant le titre de curé. Mais on lui avait fait entrevoir une longue carrière de bonnes œuvres à accomplir, des âmes à diriger vers Dieu, des souffrances à soulager; son humilité n'hésita pas, il donna son acquiescement.

Mais des obstacles que M. l'abbé Rolland n'avait

pas prévus, et que la Providence sembla multiplier comme à dessein, vinrent arrêter l'accomplissement de ce projet.

D'abord, la paroisse de Saint-Pierre-de-Reims, étant d'une grande étendue, demandait un âge mûr et une longue expérience, deux choses qui manquaient à M. de La Salle. Il avait en outre à sa charge le soin des affaires de famille, l'éducation de ses frères et de ses sœurs restés orphelins comme lui. Aussi ses parents, alarmés de sa résolution, s'adressèrent-ils à Mgr Le Tellier, en ce moment à Paris, pour le prier de refuser son approbation à l'échange proposé. Lorsque le jeune chanoine se présenta, accompagné du curé de Saint-Pierre, pour obtenir l'agrément de l'archevêque, celui-ci le refusa, et ordonna aux deux parties de conserver chacun la place où la Providence les avait placés.

Modèle touchant d'obéissance, l'abbé de La Salle, qui avait accepté sans examen la proposition de son directeur spirituel, parce qu'il avait cru y voir la volonté de Dieu même, se soumit à l'ordre de son supérieur ecclésiastique avec la même docilité. Il a avoué depuis plusieurs fois qu'une voix intérieure, dont celle de l'archevêque semblait être l'écho, l'avertissait pendant le cours de ces négociations que la volonté du ciel n'était pas qu'il fût curé.

La suite prouva bien que le prélat n'avait été en effet dans cette affaire que l'interprète de Dieu; car s'il eût acquiescé à la permutation qu'on sollicitait de lui, M. l'abbé de La Salle, chargé des soins d'une paroisse importante, n'aurait jamais pensé à étendre au-delà le zèle de sa charité, et l'Institut des Frères n'eût pas été fondé ; ou, puisque cette sublime fondation était dans les décrets de Dieu, elle aurait eu un autre fondateur.

L'abbé de La Salle, rentré à Reims, s'appliqua à remplir dans toute leur étendue les devoirs que la Providence paraissait réserver à son zèle.

Il avait sous les yeux un modèle bien fait pour exciter son émulation. L'abbé Rolland, loin de concentrer dans l'enceinte de la cathédrale ses talents et son activité, s'empressait de courir partout où il voyait une bonne œuvre à faire. La direction des Écoles Chrétiennes gratuites avait pour ce vertueux prêtre un attrait particulier, et sentant que Dieu ne tarderait pas à l'appeler à lui, il s'efforça, avant de mourir, d'inspirer à son jeune disciple l'intérêt qu'il éprouvait lui-même pour ces utiles établissements, afin de lui laisser après lui la surveillance de la maison qu'il avait si heureusement fondée à Reims.

Il n'eut pas de peine à faire passer ses sentiments dans l'âme si charitable de son disciple, et lorsqu'il ne conserva plus aucune inquiétude de ce côté, il remit son âme entre les mains de Dieu *, nommant M. de La Salle son exécuteur testamentaire.

Cette mort, si douloureuse au cœur du jeune chanoine, était, dans les conseils de la sagesse éternelle,

* Le 27 avril 1678.

la voie que la Providence prenait pour amener M. de La Salle à son but.

Devenu le successeur du vénérable théologal dans l'œuvre des écoles gratuites, il fut conduit, comme à son insu, à l'établissement de l'Institut des Frères, devenu, grâce à la protection divine et à la pureté des instruments employés, une des plus colossales créations de la charité chrétienne. Suivons le géant dans sa marche [*], par les routes que Dieu lui ouvre, sans lui révéler où elles aboutissent.

Comme les écoles fondées par l'abbé Rolland ont été pour ainsi dire le germe d'où est sorti le glorieux Institut des Frères, il ne sera pas hors de propos de raconter rapidement les causes qui avaient amené cette utile fondation.

M. l'abbé Rolland, comme on l'a déjà vu, était un des plus laborieux ouvriers de la vigne du Seigneur. Il joignait à une piété solide et éclairée un zèle infatigable. La corruption des classes pauvres, résultat nécessaire de leur ignorance, faisait le principal objet de ses douleurs; et toutes ses méditations se tournaient vers le remède qu'il serait possible d'y apporter. De là la fondation des premières *Écoles Chrétiennes gratuites*. C'était là en effet le véritable remède; mais que de difficultés dans l'application! Où trouver des ressources pour ces pieux établissements? Comment se procurer des sujets en état d'instruire et de former à la piété par leurs exemples

[*] *Exultavit ut gigas ad currendam viam.*

autant que par leurs paroles la jeunesse pauvre de l'un et de l'autre sexe ? Il fallait avant tout établir des espèces de séminaires, où se formeraient des maîtres et des maîtresses capables.

Telle fut l'origine de la communauté des *Sœurs de l'Enfant-Jésus,* fondée à Reims par M. l'abbé Rolland. A peine cette pieuse société venait-elle d'être formée, que Dieu appela à lui le vénérable théologal, à peine âgé de trente-six ans. A son lit de mort, il pria M. de La Salle de le remplacer auprès de ces pauvres filles que sa mort laissait orphelines. Comme inspiré d'en haut, il lui prédit qu'à lui était réservée la gloire d'établir les véritables écoles chrétiennes. Toujours docile aux volontés de son père spirituel, l'abbé de La Salle accepta l'exécution du testament de M. Rolland et le soin de sa communauté encore au berceau.

Mais il ne tarda pas à sentir le poids de ce fardeau. Il vit de nouveaux embarras s'ajouter au détail de ses affaires domestiques, et des soins toujours renaissants dévorer une partie du temps précieux qu'il avait réservé à l'étude et à la prière. Néanmoins, le respect qu'il avait pour la mémoire de l'abbé Rolland lui donna le courage de surmonter ses répugnances personnelles, et il se mit résolument à l'œuvre pour donner à l'entreprise tous ses développements.

Afin d'asseoir l'établissement sur des bases durables, il fallait obtenir l'agrément de la ville, le consentement de l'archevêque et des lettres-patentes du roi.

La profonde estime que l'abbé de La Salle avait

inspirée à ses concitoyens, la pureté de ses intentions et son désintéressement bien connu assurèrent à sa requête l'approbation authentique des autorités municipales de Reims. Ce premier succès détermina aussitôt le consentement de Mgr Le Tellier ; et ce prélat, non content de donner son agrément à une œuvre si digne de son patronage, se chargea d'obtenir du roi les lettres-patentes. Le crédit dont il jouissait à la cour facilita cette dernière démarche ; Louis XIV accorda avec sa bonne grâce habituelle la faveur qu'on sollicitait, et les lettres-patentes, obtenues aussitôt que demandées, enregistrées au parlement aux frais de l'archevêque, furent remises par le prélat lui-même entre les mains de l'abbé de La Salle. Il ne borna pas là les effets de sa protection : il voulut contribuer de ses deniers à la fondation d'un établissement qui devait produire pour le peuple des fruits si abondants.

C'est ainsi que le Seigneur essayait en petit les forces et le génie organisateur de l'abbé de La Salle, et le préparait à la fondation d'un ordre de Frères instituteurs qui devait plus tard se propager dans l'univers entier.

L'abbé de La Salle, témoin à Saint-Sulpice des merveilleux résultats de la règle, se fit une loi, même pendant la jeunesse, où l'homme est si disposé par la nature à secouer toute loi, de soumettre toutes les actions de sa vie à une règle uniforme. Chez lui tout avait son heure marquée, le lever, la prière, la méditation, l'étude, les repas, les lectures spirituelles; l'office canonial était le centre de toutes les actions de la journée. A table même, on faisait des pieuses lectures; et le jeune chanoine avait su par la seule influence de l'exemple engager ses trois frères, qui habitaient sous le même toit, à adopter un genre de vie si éloigné des habitudes du monde.

Mais cette manière de vivre si régulière ne pouvait manquer d'attirer les regards et les amères critiques des mondains. Lorsque saint Paul annonçait à l'aréopage d'Athènes *le Dieu inconnu,* la foule imbécile le prenait pour un fou et pour un prédicateur de fables. Il en fut de même de l'abbé de La Salle. Au dire des gens frivoles, « il ne faisait honneur ni au « chapitre dont il était un des dignitaires, ni à la « famille dont il portait le nom; tuteur de ses frères « et de ses sœurs, il méritait d'être mis lui-même en « tutelle. Pourquoi restait-il dans le monde, puis« qu'il ne voulait plus avoir de commerce avec lui? « Si la vie sauvage était tant de son goût, pourquoi « ne se retirait-il pas dans quelque solitude ignorée, « à l'exemple des anachorètes? »

C'était là ce qu'on disait, et on ne se gênait nullement pour le lui dire à lui-même; on lui faisait un crime de tout, on tournait tout en ridicule, ses habits, son chapeau, son collet, toute sa personne. Il écoutait tout avec une admirable mansuétude, et selon la parole de l'Apôtre, « Tout se tourne en bien « pour ceux qui aiment Dieu, » il ratifiait ceux de ces jugements qui lui paraissaient fondés, et les reproches même injustes lui ouvraient les yeux sur des défauts véritables qui avaient échappé à la malignité des hommes.

Dès ce moment il apprit à reviser au tribunal souverain de sa conscience les arrêts du monde, et il professa pour ses vaines opinions le dédain le moins dissimulé. Il devint encore plus solitaire : sa vie fut plus austère, ses oraisons plus fréquentes, ses veilles plus longues. Le soin qu'il donna à la partie intérieure de lui-même le rendit négligent pour son extérieur : il ne fit plus usage que des étoffes les plus grossières, et adopta dès lors l'habit qui est devenu depuis le glorieux uniforme des humbles éducateurs du peuple.

Mais, en attendant qu'il se mît en communication directe avec les enfants des pauvres, il commença à se familiariser avec eux, à s'appauvrir pour soulager leurs misères. Tout le temps que ses exercices de piété lui laissaient était consacré à visiter les familles indigentes, et à leur porter avec les consolations de la religion les aumônes de la charité.

Regardant le sommeil comme un obstacle à ses progrès dans la perfection, il ordonna à son domestique de venir l'éveiller en toute saison à quatre heures du matin et de l'obliger par des importunités continues à ouvrir les yeux et à remporter sur lui-même la première victoire de la journée.

Mais, dans les premiers temps, la nature, jalouse de ses droits, résista aux désirs de l'abbé de La Salle. Lorsque, à peine levé, il s'efforçait d'élever son esprit vers Dieu par l'oraison, le sommeil violemment interrompu venait s'appesantir sur ses paupières, et un lourd assoupissement enchaînait son intelligence au moment même où il l'aurait voulue plus nette et plus immatérielle. Il n'était pas homme à se décourager pour si peu. Il avait remarqué qu'au moment où il succombait ainsi au sommeil, sa tête alourdie retombait sur l'accoudoir de son prie-Dieu. Il imagina d'y placer un caillou hérissé d'aspérités, et lorsque sa tête cédait sous le poids du sommeil, ces pointes le réveillaient et le ramenaient tout entier à sa prière. Par ce moyen héroïque, il s'accoutuma si bien à veiller, que dans la suite il passait facilement des nuits entières à prier, à écrire ou à s'occuper des affaires pressantes de son Institut.

Aux veilles il ajoutait des jeûnes rigoureux. Dans la Semaine Sainte, par exemple, depuis le Jeudi Saint jusqu'au jour de Pâques, il ne prenait qu'un bouillon maigre sans pain. Mais comme il était né avec un tempérament délicat, il s'aperçut bientôt que ces abstinences excessives, en affaiblissant outre mesure son corps, lui ôtaient la force de vaquer à ses nombreuses occupations. Il obéit donc sans répugnance à son directeur lorsque celui-ci lui ordonna de renoncer à ce genre de mortification.

CHAPITRE V.

Cependant le moment approchait où les desseins de Dieu allaient recevoir un commencement d'exécution.

Une noble dame, née à Reims et mariée à M. de Maillefer, maître des comptes à Rouen, convertie presque miraculeusement après plusieurs années des plus scandaleux désordres, consacrait à des œuvres charitables l'immense fortune dont la mort de son mari l'avait laissée dépositaire. Elle ne pouvait oublier sa ville natale dans la répartition de ses charités. Avertie que déjà M. l'abbé Rolland avait fondé à Reims une maison destinée à former des maîtresses d'école pour l'instruction des jeunes filles pauvres, elle en établit une pareille à Darnetal *, et songea en même temps à compléter à Reims l'œuvre du vénérable théologal, en contribuant de sa fortune à l'établissement d'une maison destinée à former des maîtres pour les écoles de garçons.

Elle choisit pour cette délicate entreprise un pieux laïque, M. Adrien Niel, né à Laon, alors âgé de 55 ans. Doué d'un esprit vif et entreprenant, M. Niel avait déjà inauguré avec succès, à Rouen, des écoles gratuites pour les garçons.

Assuré du puissant concours de Madame de Maille-

* Petite ville presque aux portes de Rouen ; 5,800 habitants.

fer, muni de nombreuses recommandations, M. Niel partit pour Reims, chargé d'une lettre pour la supérieure des sœurs de l'*Enfant-Jésus*, qui était liée d'une étroite amitié avec cette pieuse dame. La Providence permit qu'au moment même de son entrée dans la communauté M. de La Salle se trouva dans l'établissement confié à sa sollicitude par l'abbé Rolland, à son lit de mort.

La supérieure, après avoir pris connaissance de la lettre de Madame de Maillefer, ne voulut hasarder d'elle-même aucune réponse, sans avoir pris l'avis de M. l'abbé de La Salle. Elle lui communiqua donc aussitôt le lettre de son amie, et lui demanda ses conseils. En entendant prononcer le nom de l'abbé de La Salle, M. Niel dit qu'il était chargé pour lui d'une lettre de Madame de Maillefer, sa parente. Dans cette lettre, elle priait le jeune chanoine d'aider de son crédit M. Niel, et de seconder son zèle pour la fondation à Reims d'écoles gratuites de garçons.

M. de La Salle avait trop réfléchi à l'utilité de tels établissements pour ne pas saisir du premier coup d'œil toute l'importance des communications de sa parente. Il n'hésita donc pas un instant à offrir à M. Niel son concours et ses services.

Madame de Maillefer avait prescrit à M. Niel d'aller se loger chez son frère. C'était trahir à l'avance les projets du futur établissement et en compromettre dès le premier pas la réussite. L'abbé de La Salle le fit comprendre à M. Niel, et le décida sans peine à accepter un logement dans sa propre maison. C'est ainsi qu'un simple acte de prudence vulgaire devint un acheminement aux desseins ultérieurs de la Providence.

Ce premier péril ainsi évité, M. de La Salle, toujours en garde contre lui-même, voulut recourir aux conseils d'hommes sages dont il avait en plus d'une rencontre apprécié la sagacité et la prudence. Il convoqua donc chez lui de vertueux ecclésiastiques, leur fit part de ses projets, et discuta avec eux les moyens les plus propres à en assurer l'exécution. Il fut unanimement reconnu que l'unique moyen de donner à ces écoles gratuites un favorable commencement, c'était de les placer sous le patronage d'un curé de la ville, assez zélé pour s'en charger, assez discret pour n'en pas trahir le mystère, et assez généreux pour les soutenir. Le choix de ce protecteur était de la dernière importance. Après mûr examen, les suffrages s'arrêtèrent sur M. l'abbé Dorigny, curé de Saint-Maurice-de-Reims. C'était un homme de tête, pieux, zélé, ferme, et de caractère à poursuivre jusqu'au bout ce qu'il aurait une fois entrepris.

M. de La Salle va donc trouver M. Dorigny, et lui fait confidence du dessein formé et du choix qu'on a fait de lui pour concourir à son accomplissement.

M. Dorigny fut tout saisi à cette communication inattendue : car Dieu lui avait secrètement déjà inspiré à lui-même d'établir sur sa paroisse des écoles chrétiennes gratuites pour les garçons, et il vit dans les propositions de M. de La Salle l'exécution des volontés-mêmes du ciel. Aussi, bien loin d'y faire la moindre objection, les accepta-t-il avec un sentiment de vive reconnaissance. Pour en faciliter la prompte réalisation, il offrit de loger chez lui M. Niel et un jeune homme que celui-ci avait amené avec lui comme adjoint. M. de La Salle saisit avec empressement l'offre du curé de Saint-Maurice, qui se contenta, pour fournir à l'entretien des deux maîtres, de la somme de cent écus que Madame de Maillefer avait assurée. Tous les arrangements se trouvèrent aussitôt terminés, et la première école chrétienne gratuite de garçons s'ouvrit à Reims le 15 avril de l'année 1679.

Peu de mois après, la Providence prépara l'ouverture d'une seconde école, dans les circonstances suivantes :

Madame de Croyères, veuve sans enfants et très riche, eut l'idée de fonder sur la paroisse Saint-Jacques une école de garçons sur le modèle de celle de Saint-Maurice. M. Niel, informé du généreux dessein de cette dame, va la trouver, et lui inspire le désir de voir M. de la Salle, qui seul est capable, dit-il, de mener à bonne fin sa pieuse intention. Le chanoine en effet se rendit aux instances de Madame de Croyères, et il fut convenu que cette dame verserait tous les ans à Pâques, par elle ou par ses héritiers, entre les mains de M. de La Salle, une somme de 500 livres, pour l'entretien de deux maîtres. L'école de la paroisse Saint-Jacques s'ouvrit par conséquent sans aucun obstacle au mois de septembre de la même année 1679. Ce fut M. Niel qui la commença lui-même, après avoir, d'accord avec M. de La Salle, pourvu de nouveaux maîtres l'école de Saint-Maurice.

Dieu bénissait visiblement l'œuvre nouvelle : le nombre des élèves augmentait tous les jours, et il devint bientôt indispensable de doubler le nombre des maîtres. Ils étaient déjà cinq, et ils logeaient ensemble chez le curé de Saint-Maurice. De nouveaux arrangements furent pris avec M. Dorigny. M. de La Salle se chargea d'entretenir les cinq maîtres et de payer pour chacun d'eux une pension de 200 livres.

Ainsi commençaient pour lui les engagements personnels. Il croyait ne porter à l'œuvre des écoles que cette espèce d'intérêt que lui inspiraient toutes les œuvres charitables; il ne portait pas ses vues plus loin, se reposant même sur M. Niel du soin de veiller sur les maîtres. Mais celui-ci, malgré un grand fonds de piété, n'avait pas la fixité d'idées nécessaire à un chef de communauté. Il se répandait trop au dehors, plus occupé de multiplier les écoles que de perfectionner celles qui étaient déjà établies. Tout se ressentait de cette absence de direction. Les maîtres se relâchaient, les écoliers n'obéissaient à aucune discipline. Bien loin de suivre une méthode uniforme et des procédés convenus d'avance, chaque maître n'écoutait en ce point essentiel que son caprice et son goût particulier. Ces graves inconvénients compromettaient l'existence des écoles nouvelles. Une espèce d'inspiration céleste découvrait déjà à M. de La Salle tous ces défauts et lui donnait la volonté d'y porter remède, bien qu'il eût cru d'abord que sa tâche n'irait pas si loin. « Je m'étais figuré, dit-il *, que la conduite « que je prenais des écoles et des maîtres serait « seulement une conduite extérieure, qui ne m'en- « gageait à leur égard à rien autre chose qu'à pour- « voir à leur subsistance, et à avoir soin qu'ils s'ac- « quittassent de leur emploi avec piété et avec « application. »

Qu'il y a loin de cette humble tâche à la haute mission de fondateur et de législateur que Dieu lui réservait pour l'utilité du monde !

Cependant toutes les préoccupations que suppose le concours de tant de graves affaires n'avaient nullement rallenti son ardeur pour l'étude. Il reçut le diplôme de docteur en août 1681. Il avait trente ans.

C'est vers cette époque que se place un accident terrible qui faillit lui coûter la vie. Un jour qu'il revenait un peu tard et à pied de la campagne, un ouragan de neige couvrit en un instant la terre, et déroba bientôt aux yeux du voyageur attardé toutes les traces du chemin. Un vent impétueux soufflait par rafales, et aveuglait, pour ainsi dire, le malheureux piéton. Que faire? Il ne fallait pas songer à s'arrêter : la neige s'accumulait de plus en plus.

* Extrait d'un Mémoire autographe de M. de La Salle.

Aucun abri ne se montrait à l'horizon désert. L'abbé de La Salle continua sa marche ; mais n'étant plus guidé par aucun signe visible, il ne tarda pas à s'égarer, et tomba enfin dans une espèce d'abîme formé au bord du chemin par une mare profonde dont rien n'annonçait la présence. Le voilà dans un tombeau de neige, n'apercevant le ciel gris au-dessus de sa tête que par l'étroit espace que son corps a creusé en tombant ; la neige tombait toujours, et allait bientôt s'appesantir sur lui comme la pierre d'un sépulcre. L'abbé de La Salle voyant bien qu'à cette heure tardive, par un temps pareil et dans un tel lieu, il n'avait à attendre aucun secours humain, fit le signe de la croix et adressa à Dieu une fervente prière. A peine les derniers mots de cette invocation étaient-ils prononcés, qu'il sentit renaître dans son cœur un vague rayon d'espérance ; son courage se ranima, et il essaya quelques efforts pour s'arracher à l'horrible mort dont il était menacé. Tenter de remonter était impossible, privé qu'il était de tout point d'appui. Il eut le sang froid de réfléchir que le trou dans lequel il était tombé devait toucher à la route par une paroi très rapprochée de lui, puisqu'il n'avait pas changé de place depuis le moment de sa chute. Cette réflexion fut un trait de lumière. Aussitôt, avec l'ardeur, non pas du désespoir, puisque Dieu était avec lui, mais de la confiance, il se retourna, et se mit avec ses mains et ses pieds à se creuser une espèce de tranchée dans l'immense amas de neige qui le couvrait. Après une demi-heure d'efforts et d'angoisses, ô bonheur! nous pouvons dire ô miracle! il rencontre l'extrémité d'une branche; il avance encore, encore un peu: c'est un arbre rabougri qui a poussé dans les anfractuosités de la pierre, et qui devient pour l'infortuné la planche du naufragé. Encouragé par ce premier succès, il s'accroche à l'arbre sauveur, grimpe jusqu'au haut du tronc, et là, dominant de quelques pouces seulement la neige environnante, il aspire avec bonheur l'air glacé de la nuit, qui lui parut en ce moment plus doux que la brise parfumée du printemps.

Après avoir repris haleine, il fit un dernier effort, et se retrouva enfin sur un accôtement du chemin, hors de tout danger. Aussitôt son âme reconnaissante s'éleva de nouveau vers Dieu, dont la protection venait de le sauver si visiblement.

La neige avait cessé de tomber, et la violence du vent avait en partie déblayé la route. M. de La Salle put enfin reprendre le chemin de la ville, où il rentra brisé par la fatigue et par l'émotion.

CHAPITRE VI.

Il est temps de laisser le saint fondateur * nous rendre compte lui-même des voies secrètes par lesquelles Dieu le conduisit peu à peu au but marqué dans ses desseins éternels.

« Ç'a été, dit-il dans un mémoire écrit tout entier de sa main, par la rencontre de M. Niel et » par la proposition que me fit Madame de Croyères, « que j'ai commencé à prendre soin des écoles de « garçons. Je n'y pensais nullement auparavant : ce « n'est pas qu'on ne m'en eût proposé le dessein. « Plusieurs des amis de M. Rolland avaient tâché de « me l'inspirer, mais il n'avait pu entrer dans mon « esprit ; et je n'avais jamais eu la pensée de l'exé- « cuter : si même j'avais cru que le soin de pure « charité que je prenais des maîtres d'école eût dû « jamais me faire un devoir de demeurer avec eux, « je l'aurais abandonné ; car, comme naturellement « je mettais au-dessous de mon valet, surtout dans « les commencements, ceux que j'étais obligé d'em- « ployer aux écoles, la seule pensée qu'il m'aurait « fallu vivre avec eux m'eût été insupportable. Je

* Il nous arrivera plus d'une fois dans le cours de cette histoire de donner à M. de La Salle le nom de *saint* prêtre, *saint* fondateur. Il est bien compris que nous n'entendons nullement devancer en cela le jugement de l'Église romaine, mais seulement exprimer l'éminente vertu de notre héros.

« sentis en effet une grande peine dans le commen-
« cement que je les fis venir chez moi ; ce qui dura
« deux ans. Ce fut apparemment pour cette raison que
« Dieu, qui conduit toutes choses avec sagesse et
« avec douceur, et qui n'a point coutume de forcer
« l'inclination des hommes, voulant m'engager à
« prendre entièrement le soin des écoles, le fit d'une
« manière fort imperceptible, et en beaucoup de
« temps ; de sorte qu'un engagement me condui-
« sit dans un autre, sans que je l'eusse prévu dans
« le commencement. »

Cependant le zèle pour le progrès des écoles établies croissait en M. de La Salle en proportion du soin qu'il en prenait. Prédestiné à devenir le chef d'un ordre nouveau, il recevait peu à peu de Dieu les grâces nécessaires. Il reconnut bientôt que M. Niel, propre à diriger une école, ne l'était nullement à conduire des maîtres. Il n'était ni assez assidu ni assez méthodique. Cela lui inspira le dessein de se rapprocher des maîtres qu'il voulait réformer. Dans ce but, il décida à louer une maison voisine de la sienne, où il pourrait les voir à toute heure et les soumettre à une règle exacte. Cette grave mesure fut prise et exécutée dès le 24 décembre de l'année 1679.

M. Niel, qui avait un grand amour du bien, vit avec joie cette utile réforme et la favorisa par son exemple. Libre désormais d'une surveillance qu'il n'était pas dans sa nature d'exercer, il tourna toute son activité vers la fondation d'une troisième école, qui s'ouvrit la même année et ne tarda pas à dépasser les deux autres par le nombre des élèves et l'exactitude de la règle.

De son côté, M. de La Salle, en s'occupant plus directement que par le passé de la direction des maîtres, se pénétrait chaque jour davantage de la nécessité d'assurer par une règle uniforme la prospérité et la moralité des nouveaux établissements.

Dès lors sa présence de tous les instants devenait nécessaire, et il sentait que le seul moyen de parvenir à cette fin désirée était de loger les maîtres dans sa propre maison, de les associer à sa vie, ou plutôt de vivre en communauté avec eux. Mais il avait à redouter l'opposition du Chapitre, de ses parents et de ses amis.

Dans cette perplexité, il résolut de recourir aux conseils du Père Barré, savant religieux de l'ordre des Minimes, qui ayant lui-même, plusieurs années auparavant, institué à Rouen les écoles charitables du *Saint-Enfant-Jésus*, et établi un séminaire de maîtresses d'école, connu aujourd'hui sous le nom des *Dames-Noires* ou *Dames-de-Saint-Maur*, possédait une grande expérience en ces matières. Le Père Barré, qui connaissait le caractère mobile de M. Niel, n'hésita pas à déclarer à M. de La Salle que s'il voulait établir parmi les nouveaux maîtres l'ordre, la règle et l'esprit de communauté, il fallait les loger chez lui.

M. de La Salle était bien convaincu de la sagesse de ce conseil et de la nécessité d'une telle mesure ;

mais il reculait, malgré son zèle, devant les obstacles nombreux que son exécution devait rencontrer et dont le principal était la présence de ses trois frères, qu'il ne pouvait ni éloigner de la maison paternelle, ni associer malgré eux à la vie commune des maîtres d'école.

Plusieurs mois s'écoulèrent dans ces hésitations, et il fallut que la Providence elle-même se chargeât de les faire cesser.

Le maire et les échevins de la ville de Guise * ayant entendu parler du succès qu'avaient eu à Reims les écoles gratuites, vinrent solliciter M. Niel d'en établir une dans leur ville. Cette proposition flattait trop l'esprit entreprenant de M. Niel pour qu'il n'y répondît pas avec empressement. Aussi, malgré les sages avertissements de M. de La Salle, il partit pour Guise, laissant le chanoine dans la pénible alternative ou de prendre le lourd fardeau de la direction et de l'entretien des écoles, ou de les voir périr par son abandon.

Il ne pouvait pas hésiter : il n'hésita plus, et la communauté entière d'existence entre les maîtres d'école et lui fut décidée. C'est ainsi que Dieu sait faire tourner à ses desseins les circonstances mêmes qui semblent au premier abord en devoir amener le renversement.

Cependant M. de La Salle ne transféra pas tout d'un

* Petite ville du département de l'Aisne, à cette époque place de guerre importante, 3,500 habitants.

coup les maîtres dans sa maison : il se borna à les y recevoir aux heures des repas, et aux moments fixés pour les exercices communs. Comme la maison du chanoine était déjà soumise à une règle très exacte, il n'y eut presque rien de changé. Les maîtres montraient de la piété et paraissaient des hommes nouveaux, depuis qu'ils vivaient avec ordre, et que l'obéissance, en réglant leurs actions, réglait leurs volontés.

Cet heureux changement encouragea M. de La Salle. Mais comme la sagesse présidait à toutes ses actions, il n'allait que pas à pas dans le chemin des réformes, et ne hasardait jamais une mesure sans que le succès en eût été préparé par les mesures précédentes. D'ailleurs, quoique supérieur ou indifférent aux propos du monde, il désirait ne pas attirer sur ses actes l'attention du dehors, et dans ce but il ménageait à la fois l'opinion publique et sa famille, et les divers caractères des hommes soumis à sa surveillance.

Ce commencement de vie en commun se continua depuis Pâques jusqu'à la Saint-Jean. Pendant ce temps, M. de La Salle, voyant que ses pensionnaires prenaient goût à ce nouveau genre de vie, se détermina enfin à les loger dans sa maison. Il choisit la fête de son patron saint Jean-Baptiste de l'année 1681 pour prendre cette décisive résolution.

Mais ce grand acte ne pouvait manquer d'occasionner bien des rumeurs dans le public et dans la famille du chanoine. Il y était préparé ; aux railleries amères des uns, aux reproches piquants des autres, il n'opposa que le silence et la patience. Il avait longtemps hésité devant cette résolution, parce qu'il savait tout ce qu'elle lui coûterait ; mais une fois décidé, il fut inébranlable. Cette froide impassibilité obtint le succès ordinaire : voyant qu'on ne pouvait l'ébranler, on le laissa faire ; seulement on songea à lui ôter la tutelle de ses frères dont il avait été chargé jusque là. Le plus âgé, plein de vénération et de dévoûment pour son aîné, résista à toutes les sollicitations, et ne voulut à aucun prix se séparer de lui. Les autres, plus jeunes et plus accessibles aux passions, se laissèrent séduire par les conseils des membres de la famille, et abandonnèrent la maison paternelle.

Au reste, Dieu semblait diriger lui-même ces petits incidents. Les parents de M. de La Salle ne songeaient qu'à le mortifier ; mais Dieu voulait, en vidant la maison, donner à son serviteur une entière liberté. En effet, le chanoine se trouvant trop à l'étroit chez lui, loua dans la Rue Neuve, n° 89, pour y établir le nouvel Institut, une maison vaste et commode.

M. de La Salle, pour donner aux jeunes maîtres l'unité de sentiments comme il leur avait déjà donné l'unité de vie, leur conseilla de s'adresser tous au même confesseur. Les instituteurs supplièrent le vertueux chanoine de consentir à diriger leur conscience de même qu'il dirigeait leur vie. Après une longue hésitation, il accéda à leurs désirs, et cette unique direction opéra des prodiges ; car tous s'inspirant de l'esprit de leur père spirituel, la communauté ne fut plus qu'un seul cœur et une seule âme.

Placé ainsi par la divine Providence à la tête des nouveaux instituteurs de l'enfance, devenu doublement leur supérieur, l'abbé de La Salle s'appliqua tout entier à leur sanctification. Il vivait parmi eux, et leur faisait oublier combien il était au-dessus d'eux par la naissance et par les lumières, tant il paraissait l'oublier lui-même. Toujours affable, gracieux, charitable, il gagnait les cœurs de ses disciples pour les offrir lui-même au Seigneur; il allait jusqu'à dépouiller cet air d'exquise urbanité qui, en leur rappelant la haute naissance de leur supérieur, aurait pu intimider ces hommes simples et rustiques.

Tout se soutenait en lui, les actions et les paroles. S'il donnait de belles leçons de vertu, il en donnait des exemples plus beaux encore. Et comme il possédait lui-même au plus haut degré l'humilité, l'esprit intérieur, la mortification, la charité, la patience, il s'attacha à les donner à ses frères, et ses admirables vertus sont devenues la règle et le fondement, l'âme même et l'esprit du glorieux Institut des Écoles Chrétiennes.

Il est facile de comprendre que ces austères vertus, cet héroïsme sans éclat ne pouvaient être du goût de tous ses disciples. La nouveauté en avait d'abord séduit quelques-uns, qui avaient pris pour vocation ce qui n'était que vaine curiosité. Mais bientôt le joug de la retraite, du silence, de l'obéissance commença à peser à quelques âmes faibles; la perspective de faire jusqu'à la mort ce qui déjà leur coûtait de pénibles efforts, leur parut intolérable ; et comme ils connaissaient trop leur directeur pour espérer de lui aucune concession, aucun relâchement, ils prirent le parti de se retirer. D'autres qui avaient de la piété, mais qui manquaient de talent, durent les suivre dans leur retraite, et des premiers disciples de M. Niel, il n'en resta qu'un ou deux ; de sorte que l'Institut sembla à la veille de trouver sa tombe dans son berceau même. Mais Dieu veillait, et cette famille mourante puisa une vie nouvelle dans de nouveaux sujets qui, à un grand fonds de piété, à un talent réel, joignaient de véritables dispositions pour devenir les dignes disciples de M. de La Salle.

Ce fut vers la fin de 1681, et dans les premiers mois de l'année suivante, que l'Institut prit la forme définitive d'une communauté. Tout y avait revêtu une face nouvelle. Bientôt ces écoles, inaugurées avec tant de peine, à travers tant d'obstacles, passeront du dédain du monde à la plus brillante renommée, et l'Institut se trouvera hors d'état de faire droit à toutes les demandes des villes voisines.

CHAPITRE VII.

La ville de Réthel * fut la première qui demanda à M. de La Salle de ses nouveaux maîtres d'école. Le sage fondateur hésita longtemps à se rendre aux désirs des Réthelois, craignant les fâcheux résultats que pourrait avoir l'inexpérience de ses premiers novices. Mais le duc de Mazarin ** appuya avec tant d'insistance qu'il fallut céder. M. Niel, toujours prêt pour ces sortes d'expéditions, fut chargé de prendre les arrangements nécessaires avec la ville, ce qu'il fit avec un tel succès, que M. l'abbé de La Salle se décida peu de temps après à acheter une maison, dans le dessein d'y établir un séminaire de son Institut. Les écoles gratuites furent inaugurées à Réthel en 1682.

Deux incidents signalèrent cette fondation et furent comme le présage des humiliations et des chagrins que l'avenir réservait au serviteur de Dieu.

Le duc de Mazarin, lorsque M. de La Salle eut consenti à envoyer des maîtres à Réthel, voulut le connaître, et fut tellement charmé de sa piété et de sa sagesse, qu'il fit préparer pour le lendemain le contrat d'une rente annuelle de 200 livres qu'il faisait à l'Institut naissant. Mais du soir au lendemain

* Chef-lieu de sous-préfecture du département des Ardennes, près de la rive droite de l'Aisne, 6,585 habitants.

** Neveu par alliance du célèbre cardinal de ce nom.

matin, la malignité des méchants avait changé presque en mépris ce respect et ces généreuses dispositions. L'abbé de La Salle écouta avec humilité les sarcasmes du duc, et se retira sans avilir la dignité de son caractère en acceptant les honteuses conditions qu'on lui proposait.

Deux personnes riches de Réthel avaient fait don d'une somme considérable pour aider à la fondation des nouvelles écoles. Le contrat était en bonne forme ; l'abbé de La Salle était même déjà en possession, lorsque d'avides héritiers manifestèrent la résolution de lui disputer cette parcelle de leur succession. Le pieux fondateur, pour ne pas s'exposer aux agitations scandaleuses d'un procès, renonça à la donation. Cet exemple de désintéressement ne sera pas le dernier.

Cependant le succès des écoles gratuites de Réthel fit renaître parmi les habitants de Guise le désir qu'ils avaient eu d'en posséder. Cette fois l'affaire se renoua et fut heureusement conclue; grâce aux libéralités de Mademoiselle de Guise, les écoles furent ouvertes en 1682.

Au mois de juillet de la même année, l'abbé de La Salle fut forcé par les instances du maire et des échevins de la ville de Château-Portien * d'envoyer deux maîtres pour l'instruction des enfants pauvres de cette petite ville.

* Petite ville du département de l'Aisne, sur la rivière de ce nom ; 2,000 habitants.

A la fin de la même année, une école fut ouverte sur la paroisse de Saint-Pierre-le-Vieux, à Laon, aux sollicitations du pieux curé de cette paroisse. Ce fut encore M. Niel qui fut chargé de l'installation de la nouvelle école : il resta deux années à Laon, après quoi il laissa à M. de La Salle le fardeau tout entier des écoles de Guise, de Réthel et de Laon.

Tandis que le saint fondateur se livrait ainsi aux soins de son petit troupeau, une circonstance se préparait qui allait mettre sa constance et sa résolution à la plus rude de toutes les épreuves, et manifester de plus en plus les desseins de Dieu sur lui.

Déjà, une première fois, les jeunes maîtres qu'il avait à grand'peine réunis autour de lui avaient déserté sa bannière, séduits par l'amour de la liberté et par le désir de se soustraire à une vie de travail et de privations. Il avait eu la douleur de les voir tous, à l'exception de deux, quitter sa maison et s'arracher de ses bras, et il ne lui avait fallu rien moins qu'une aveugle confiance dans les secrètes volontés de la Providence, pour n'avoir pas alors désespéré complètement de l'avenir de son œuvre.

Cette fois, ce ne fut pas l'appât de l'indépendance ni le dégoût des exercices de piété que l'esprit malin mit en usage pour disperser le petit troupeau de M. de La Salle. Ce fut un intérêt plus direct et l'inquiétude de l'avenir.

Réduits au strict nécessaire par la prévoyante austérité du fondateur, les novices ne voyaient en perspective, après une vie de renonciation et de labeur, qu'une vieillesse sans appui et sans ressource. Les plus confiants d'entre eux combattaient leurs propres inquiétudes par la certitude de trouver dans l'abbé de La Salle un asile assuré contre la misère. Mais pouvaient-ils compter sur la durée de cette existence précieuse? Et lui mort, que deviendraient les écoles fondées par son zèle et soutenues par sa charité? Que deviendraient les maîtres qu'il nourrissait et auxquels il servait de père?

Leur vigilant supérieur, à qui ces hésitations intérieures n'échappaient pas, leur adressait, pour relever leur courage et soutenir leur confiance ébranlée, les plus tendres exhortations. Mais rassurés un moment par l'ascendant de cette parole respectée, ils retombaient bientôt dans leur premier abattement; et M. de La Salle cherchait en vain la cause secrète qui rendait ainsi inefficaces ses conseils et ses prières.

Enfin, un jour qu'il revenait avec une certaine vivacité de langage sur le manque de foi qu'accusaient les inquiétudes trop personnelles des novices, et qu'il les engageait, comme à l'ordinaire, à s'abandonner entièrement aux soins de la Providence, un des jeunes maîtres s'enhardit à lui répondre avec un sentiment de naïf égoïsme : « Vous parlez bien à votre « aise de l'avenir, tandis que vous ne manquez de « rien. Riche d'un patrimoine considérable, pourvu « d'un bon canonicat, vous êtes à couvert des « atteintes de l'indigence. Que notre établissement « tombe, vous n'en souffrez en rien. Nous, au con-

« traire, notre sort est attaché à votre existence. « Si, par un malheur qu'il est sage de prévoir, vous « venez à nous manquer, nous tombons dans la plus « affreuse détresse, et la misère sera la récompense « de nos travaux et de notre jeunesse épuisée dans « un emploi pénible et stérile. »

Il y avait dans cette rude réponse un fonds de vérité qui ne pouvait manquer d'agir sur un cœur aussi droit que celui du pieux chanoine. Sans être blessé de ce que pouvait avoir d'odieux un tel rapprochement, il en pesa toute la force, et dans sa candeur il avoua que les novices avaient raison. Il sentait qu'il n'y avait qu'une réponse à faire, c'était de se rendre volontairement pauvre comme eux, et de prouver par un dépouillement complet combien était entière sa confiance dans l'inépuisable bonté de la Providence.

D'un autre côté, se démettre de son canonicat, se dépouiller de son patrimoine, pour se livrer tout entier aux soins d'une œuvre qui ne faisait que d'éclore, c'était une grave détermination, et il comprit qu'il avait besoin, avant de la prendre, de recevoir à la fois les lumières du ciel et les avis de la terre.

C'est ici que se place un des incidents les plus touchants de la vie du saint fondateur. Pour se procurer toute la liberté d'esprit et tout l'isolement que nécessitait la résolution qu'il voulait prendre, il loua, près des Augustins, un petit jardin fort retiré, et ce nouveau jardin des Oliviers fut le premier témoin de ses transports de ferveur et de ses mortifications. « Ah! dit un biographe, si les murailles du petit « cabinet qui lui servait de cellule pouvaient parler, « que ne diraient-elles pas de ses sanglantes disci- « plines et des autres pieux excès dans lesquels le « jetait l'ivresse spirituelle du vin nouveau qu'il com- « mençait à goûter! » Le sang dont le plancher de ce petit cabinet était rougi, témoigna, après son départ, des saintes cruautés qu'il exerçait sur sa chair et des sacrifices qu'il offrait à Dieu pour se préparer à un dernier sacrifice.

Dès qu'il se sentit assez fortifié contre les tentations du monde, il songea à s'autoriser des conseils de personnages connus par leur sagesse et par leur piété.

Le R. P. Barré fut le premier consulté. M. de La Salle avait songé d'abord à se défaire seulement de son patrimoine et à en consacrer le produit à fonder de nouvelles écoles, à développer les premières et à assurer l'avenir des maîtres.

Le P. Barré ne partagea point ces pensées; il fut d'avis que l'abbé de La Salle, pour donner dans sa personne le modèle d'un renoncement général, devait se démettre de sa prébende et distribuer aux pauvres le produit intégral de la vente de son patrimoine.

Mais M. de La Salle, qui ne prenait jamais aucune détermination importante sans l'avis de son directeur, laissa mûrir quelque temps ces projets, ne cessant de demander à Dieu des lumières et des inspirations.

Enfin, après bien des méditations et des prières, « il lui parut visiblement, dit-il lui-même, sur la « fin de l'année 1682, que Dieu l'appelait à prendre « soin des écoles; et que devant être le premier à « tous les exercices de la communauté, il ne pou- « vait assister à l'office canonial aussi assidûment « que son directeur l'exigeait. »

Ainsi persuadé, il résolut de se démettre de son canonicat; mais il ne trouva pas son père spirituel disposé à y consentir. Ce sage ecclésiastique croyait qu'il était prudent d'examiner longuement le principe et le vrai motif d'une telle détermination, et d'éprouver si elle était l'effet précipité d'une ferveur passagère ou le fruit mûr de la grâce divine.

M. de La Salle, toujours humble et docile, se vit donc obligé de suspendre l'exécution de son dessein. Mais dans la crainte de résister à l'Esprit-Saint en écoutant la voix de la raison humaine, il voulut rassurer sa conscience en consultant les personnes les plus sages et les plus éclairées du royaume. Il fit donc le voyage de Paris; mais loin d'y trouver la solution des difficultés qui l'arrêtaient, il sentit croître ses perplexités au milieu des opinions diverses des hommes qu'il consulta.

Cependant la pensée de renoncer à tous ses avantages temporels le tourmentait de plus en plus, et il ne cessait de solliciter avec instances son directeur d'acquiescer à ses désirs. Enfin, il rencontra un pieux ecclésiastique qui entra complètement dans ses vues, et qui représenta si bien au directeur l'impossibilité où se trouvait M. de La Salle de concilier ses devoirs de chanoine et ses obligations de fondateur de communauté, qu'il se rendit à ses raisons après un nouvel et plus sérieux examen.

Le bruit d'une détermination si étrange se répandit bientôt dans la ville de Reims, et souleva parmi les confrères, les amis et les parents de l'abbé de La Salle une véritable tempête. Aux yeux des gens du monde, il avait la cervelle détraquée; pour les hommes qui rient de tout, le jeune chanoine, d'un esprit vif et bouillant, s'ennuyait d'un bonheur si calme, et était las de n'exercer son zèle qu'en chantant à l'ombre du sanctuaire les louanges de Dieu. Les indifférents ne voyaient là qu'un coup de tête et la séduction exercée sur son imagination par un plan de vie extraordinaire. Pour les plus sages et les politiques, qui avaient la prétention de porter leurs vues plus loin et plus haut que le vulgaire, M. de Le Salle obéissait à son génie, qui donnait toujours dans les extrémités. Ainsi parlait le monde, et le saint fondateur, sachant bien ce qu'il faisait et pourquoi il le faisait, laissait parler et n'opposait à tout que le silence.

Enfin, déterminé à marcher sur les traces de Jésus nu et pauvre, il revint à Paris, au mois de juillet 1683, pour prier son archevêque d'accorder son agrément à la démission qu'il voulait faire de son canonicat. Mais il ne put lui parler, et quelques jours après le prélat partit lui-même pour Reims.

Pendant ce voyage, M. de La Salle vit M. de La

Barmondière *, alors curé de Saint-Sulpice, et conféra avec lui sur sa résolution. Le saint prêtre donna toute son approbation à un dessein si condamné par le monde, et combla de louanges une œuvre qui promettait à Dieu tant d'honneur et aux pauvres tant de services. Pour confirmer son opinion par des actes, M. de La Barmondière prit des arrangements avec l'abbé de La Salle, pour l'ouverture prochaine d'une école gratuite dans sa paroisse. Mais l'exécution de ce projet ne se réalisa, malgré le désir du saint curé et la bonne volonté de M. de La Salle, que six ans après.

CHAPITRE VIII.

M. de La Salle, obligé de revenir à Reims pour s'entendre avec l'archevêque au sujet de sa démission, se hâta de se présenter à l'archevêché; mais le prélat, qui avait été prévenu, faisait naître prétextes sur prétextes pour ne pas le recevoir, afin de lui donner le temps de faire de nouvelles réflexions. Enfin, ne pouvant plus différer de donner audience à un ecclésiastique si éminent par sa vertu et par son mérite,

* Claude Bottu de La Barmondière, docteur en Sorbonne, naquit à Villefranche, diocèse de Lyon, en 1631. Il entra au séminaire le 7 avril 1665, fut nommé curé de Saint-Sulpice en 1678, et mourut accablé d'infirmités et chargé de bonnes œuvres, le 18 septembre 1694.

il lui fit entendre qu'il était de l'avis du public au sujet de sa demande, espérant par cette résistance lui en faire perdre l'idée. Mais ne pouvant y réussir, il l'engagea à consulter de nouveau des personnes graves, promettant d'accepter enfin cette démission, si elle était approuvée par des juges considérables.

M. de La Salle se prêta humblement aux désirs de son archevêque, et consulta de nouveau plusieurs personnes pleines d'expérience, à la tête desquelles se trouvait M. Philbert, l'homme de confiance de l'archevêque, chanoine et professeur de théologie au séminaire. Singulier revirement d'opinions, et qu'on ne peut expliquer que par une espèce de miracle ! A peine M. de La Salle eut-il expliqué ses projets, que tous y souscrivirent, et lui conseillèrent même de se retirer à Paris, soit pour échapper à tous les reproches qu'il aurait à essuyer dans le lieu de sa naissance, soit pour avoir plus de facilité de multiplier ses disciples et d'en envoyer sur tous les points du royaume. Tant il est vrai que les ouvrages de Dieu ne font que croître par les obstacles et que les conseils du Très-Haut ne peuvent être dérangés par ceux des hommes!

Cette nouvelle consultation exerça une grande influence sur la ville et sur l'archevêque, et leva tous les doutes que l'humble chanoine pouvait avoir conservés encore sur le principe saint de sa résolution. Ainsi encouragé, il se présenta à l'archevêché ; mais il en trouva encore les portes fermées. Alors il se rendit à l'église, et là, prosterné durant plusieurs heures au pied des autels, il demanda au Seigneur des forces et du courage pour surmonter les nouvelles difficultés qu'il prévoyait.

Au sortir de cette longue oraison, le saint fondateur n'hésita pas à se représenter à l'archevêché : cette fois les portes lui en furent ouvertes ; le prélat l'écouta avec bonté, et ayant appris de la bouche même de M. Philbert l'approbation que celui-ci donnait au projet de M. de La Salle, il consentit à agréer enfin sa démission.

Aussitôt le vertueux chanoine supplia l'archevêque de faire passer son canonicat sur la tête de M. Faubert, homme pauvre et d'humble naissance, mais très distingué par son éloquence et par une régularité exemplaire. M. de La Salle, en faisant une telle demande, ne prenait avis ni de son propre cœur ni des sentiments de la nature ; car il avait un frère dans les ordres et fort en état de remplir cette charge. Mais cet homme, digne des temps apostoliques, se plaça au-dessus des préjugés vulgaires, au-dessus des intérêts et des complaisances de famille, et préféra un étranger d'un mérite connu à un parent d'un mérite inférieur. M. Le Tellier, surpris d'entendre le pieux chanoine se nommer pour successeur un homme qui ne se recommandait à lui que par son mérite personnel, par préférence à son propre frère ou à tant d'autres enfants de famille qui, à cette époque, formaient des vœux dès le berceau, ne put s'empêcher de lui parler lui-même en faveur de son frère. Enfin, voyant que sa résolution était bien arrétée et basée sur les motifs les plus purs, il lui laissa toute liberté; mais quelque temps après, il accorda à son frère un nouveau canonicat, comme pour le dédommager de celui que le choix de son aîné lui faisait perdre.

Libre enfin de devenir pauvre, M. de La Salle, à peine de retour chez lui, réunit ses disciples pour leur faire part de cette bonne nouvelle, et sa joie était si grande qu'il chanta avec eux un *Te Deum* en forme d'action de grâce.

Mais cette joie fut bientôt troublée. A la nouvelle de la démission de M. de La Salle et de la nomination de M. Faubert, on n'entendit partout que plaintes et murmures. On mit tout en œuvre pour engager le démissionnaire à rentrer dans son canonicat ou du moins à en transmettre le titre à son frère. Ses confrères du chapitre, humiliés de voir s'asseoir auprès d'eux un M. Faubert, sans fortune et sans aïeux, écrivirent à M. Le Tellier pour lui faire connaître à quel point la nomination de M. Faubert leur était peu agréable, et le supplier de ne pas ratifier un choix que la noble compagnie regardait comme une flétrissure. L'archevêque, qui pensait un peu comme son chapitre, résolut de faire de nouvelles tentatives auprès de M. de La Salle.

M. Callou, son grand-vicaire et supérieur du séminaire de Reims, lui parut l'homme le plus propre à faire réussir une pareille négociation. Le grand-vicaire ne négligea rien en effet pour s'acquitter de sa mission au gré de M. l'archevêque; après avoir épuisé sans succès tous les arguments qui militaient en faveur de sa thèse, il en vint enfin jusqu'à dire à M. de La Salle qu'en se démettant de sa charge en faveur d'un étranger, il ne faisait pas seulement injure à son sang, mais qu'il deshonorait encore son frère par les soupçons qu'une si étrange exclusion ne pouvait manquer de faire naître.

C'etait soumettre à une bien rude épreuve le cœur si bon du pieux fondateur. Mais fortifié dans sa résolution par le Saint-Esprit dont il se sentait inspiré, il se borna à répondre : « Si mon frère n'était pas « mon frère, je n'aurais aucune répugnance à le « choisir pour me succéder, et à lui donner la « préférence sur celui que j'ai nommé. Mais pour « satisfaire aux désirs de M. l'archevêque, puis-je « et dois-je écouter la voix de la nature et les sol- « licitations qui l'appuient, lorsque j'entends en « moi la voix de l'Esprit-Saint qui me dicte une « tout autre conduite ? »

Cette réponse annonçait un cœur si supérieur aux sentiments humains, qu'elle ferma la bouche à M. Callou. Édifié par tant de calme et de fermeté, ce vertueux ecclésiastique changea de langage et approuva le dessein qu'il était venu combattre : « A « Dieu ne plaise, dit-il au pieux chanoine, que je « vous conseille de faire ce que tant de monde « désire de vous ! Exécutez ce que l'esprit de Dieu « vous inspire. Ce conseil, contraire à celui que je « vous apportais, est le seul qu'il faut écouter. »

M. Callou rendit compte à l'archevêque du peu de

succès de sa négociation. Alors le prélat, perdant toute espérance de faire changer une détermination si ferme, envoya les provisions à M. Faubert, qui prit possession de son canonicat le 16 août 1683.

Ainsi M. de La Salle se vit déchargé à 33 ans d'un riche et honorable fardeau, et il en fut plus heureux que d'autres ne l'auraient été de l'obtenir après l'avoir sollicité avec ardeur.

Il lui reste encore son patrimoine ; mais il ne tardera pas à s'en dépouiller également, afin de se rendre en tout semblable à ses disciples, exposé comme eux et avec eux aux nécessités de la vie, sans autre ressource que la divine Providence.

A peine débarrassé de son canonicat, il conçut le dessein de se rendre à Paris : il l'avait promis à M. de La Barmondière, M. Philbert le lui avait conseillé et le R. P. Barré désirait avec ardeur faire sortir de Reims le flambeau qui y demeurait caché sous le boisseau, et le placer dans la capitale, comme sur une haute montagne d'où il pourrait répandre sa lumière dans toutes les parties du royaume. M. de La Salle était personnellement très porté à se rendre aux vœux du P. Barré : il sentait son zèle à l'étroit.

Mais quel que soit son désir, quelque graves que soient les raisons qui lui font une loi de ce voyage, modèle parfait d'obéissance et de soumission, il n'écoutera ni ses propres aspirations ni les conseils des personnes les plus considérables, si son directeur spirituel n'y joint pas son approbation. Il regardait celui-ci comme l'organe des volontés de Jésus-Christ. Dans toutes les circonstances importantes de sa vie, il consultait des personnes éclairées et éminentes en vertu ; mais leurs avis ne devenaient des décisions pour lui, que lorsque l'autorité de son directeur les avait pour ainsi dire consacrés.

Dans cette occasion, l'avis du directeur se trouva contraire à celui de M. Philbert, de M. de La Barmondière et du P. Barré, et il faut convenir qu'il se fondait sur des raisons bien faites pour convaincre un esprit aussi droit que M. de La Salle.

« Votre Institut, lui dit-il, est à peine conçu. Il « faut laisser à cette plante, qui promet de si beaux « fruits, le temps de se fortifier et de pousser de « bonnes racines avant de penser à la transplanter. « Si vous agissez avant le temps, vous la faites périr.

« Votre petit troupeau, ajoutait le savant directeur, se compose d'une quinzaine de sujets au « plus, dispersés à Réthel, à Laon, à Guise, à « Reims ; si vous en emmenez quelques-uns avec « vous à Paris, vous l'affaiblissez encore et vous l'abandonnez sans défense aux artifices du loup infernal. Ainsi, en portant vos services à Paris, vous « les retirez à votre ville natale. Des disciples qui n'en « sont encore qu'aux premiers éléments de la vertu « ont un besoin absolu d'un maître qui les enseigne, « d'un guide qui les dirige. Craignez donc que ceux « des vôtres que vous laisserez à eux-mêmes ne s'écartent de la droite voie et ne s'égarent dans une « route si pleine d'obstacles et de périls. »

Ces graves raisons et surtout le principe d'obéissance firent renoncer M. de La Salle à son projet. Il écrivit aussitôt à M. de La Barmondière pour s'excuser de ne pas tenir sa promesse, et le prier d'attendre, comme lui, le moment de la Providence, qui sait, quand il lui plaît, conduire tout à ses fins.

Le P. Barré fut inconsolable de cette détermination. Selon lui, Reims n'était pas un berceau convenable pour un Institut qu'il prévoyait devoir être universel. Il en témoigna hautement sa peine à tous ceux qui, comme lui, attendaient avec impatience les heureux fruits que devait produire le nouvel Institut.

CHAPITRE IX.

M. de La Salle, fixé à Reims par la décision de son père spirituel, ne pensa plus qu'à se livrer tout entier à l'œuvre dont le ciel même semblait l'avoir chargé. Pour arriver à la perfection nécessaire à un fondateur, il faut ne tenir à rien de terrestre. S'il n'avait plus les biens de l'église, il avait encore ceux de son patrimoine, et il sentait que l'heure était venue pour lui de s'en dépouiller. Jésus-Christ lui-même lui donnait ce conseil : « Si vous voulez « être parfait, a dit le Divin Maître, allez, vendez « votre bien, faites-en présent aux pauvres ; puis

« venez et me suivez. » Il comprenait aussi que ce désir de la perfection évangélique ne pouvait prendre racine dans le cœur de ses disciples, tant qu'il y resterait les sollicitudes du présent et les inquiétudes de l'avenir. Leur foi n'était pas assez vive, leur charité pas assez parfaite pour leur faire sentir que la confiance en Dieu est la clé qui ouvre tous les trésors du ciel. Et si les leçons qu'il leur faisait sans cesse sur ce sujet n'obtenaient pas plus d'effet, c'est que son exemple ne les avait encore confirmées qu'à demi.

Il déclara donc son dessein à son directeur qui, reconnaissant à ce nouveau signe un vrai fils de la grâce, et craignant de résister aux ordres du ciel en résistant aux désirs de son pénitent, consentit à la demande de M. de La Salle.

Il arriva ici une chose étrange. Cette résolution de M. de La Salle était aux yeux du monde bien plus extraordinaire que la démission de son canonicat, et pourtant les mêmes hommes qui avaient fait tant d'opposition à sa démission gardèrent le silence, lorsqu'il fut question de distribuer aux pauvres le produit de la vente de ses biens. Sa famille elle-même se vit dépouiller sans rien dire d'un patrimoine dont elle devait naturellement espérer l'héritage.

Quoi qu'il en soit, M. de La Salle, bien résolu de se rendre pauvre, ne sut pas d'abord l'usage qu'il ferait de ses richesses. Les destinerait-il à assurer l'avenir de sa communauté? Les distribuerait-il réellement aux pauvres?

Il lui parut plus parfait de renoncer pour lui et pour ses disciples à tous les secours terrestres, et de se reposer exclusivement sur les bienfaits de la Providence. Et il était confirmé dans cette héroïque pensée par les conseils du R. P. Barré qui avaient toujours tant d'autorité sur son esprit.

Les circonstances favorisaient d'ailleurs cette libéralité. L'année 1684, féconde en malheurs, faisait sentir à la Champagne toute la misère qu'une longue stérilité causait dans toutes les parties du royaume. Reims était devenu un immense hôpital. La plupart des habitants, réduits à la mendicité par la cessation des travaux, cherchaient avec confusion un peu de pain; la famine était si grande, que bien des riches ne purent la soutenir, et se trouvèrent au rang des misérables, sans pain et sans le courage d'en demander. Le prix excessif des denrées alimentaires ne tardait pas à épuiser toutes les réserves; et ceux qui n'avaient qu'un bien médiocre se voyaient bientôt en proie à la misère. Des communautés entières, riches dans les temps ordinaires, étaient forcées de se ruiner par des ventes et des emprunts.

Cette année si désastreuse fournit l'occasion à M. de La Salle d'exercer de grandes œuvres de miséricorde dans une ville où il avait été si maltraité. Il ne sut qu'il avait de la fortune que lorsqu'il se vit libre de la distribuer aux pauvres, et l'on ne saurait dire lequel fut plus doux à son cœur de devenir pauvre, ou d'être riche pour pouvoir secourir les pauvres. Il ne fit pas pourtant la distribution de ses biens au hasard ni avec précipitation : il mit beaucoup d'ordre dans ses charités, et pour observer la justice même dans la pratique de la bienfaisance, il divisa en trois catégories les pauvres qu'il voulait assister. Ceux de la première étaient les enfants mêmes des écoles gratuites qui, au sortir des classes, emportaient chaque jour une portion de pain capable de les soutenir et de venir ainsi en aide à leurs familles. Les pauvres honteux composaient la seconde ; pour les connaître, il fallait ou les deviner ou se livrer à leur égard à des recherches délicates ; car la plupart, par un orgueil que nous n'avons pas le courage de condamner, cachés au sein de leur détresse, aimaient mieux périr que de la révéler. Le charitable prêtre fit des efforts incroyables pour connaître ces infortunés si faciles à blesser, et n'en être point connu, pour les assister efficacement et leur dérober la main bienfaisante qui respectait leur pudeur en rassasiant leur faim. La troisième classe se composait de pauvres, qu'il réunissait dans sa maison, et auxquels il distribuait avec l'aumône la nourriture de l'âme, dont ils avaient plus de besoin encore que de celle du corps.

Cette affreuse disette dura deux années entières, pendant lesquelles M. de La Salle eut tout le temps d'épuiser jusqu'à la dernière obole son opulent patrimoine. Alors seulement il se trouva dans l'état que son cœur avait désiré. Content de n'avoir plus que Dieu pour appui et pour réfuge, il put dire avec saint François : « Dieu m'est toutes choses. Si j'ai « tout perdu pour lui, je retrouve tout en lui ; lui « seul me suffit. »

Les témoins des pieuses prodigalités du charitable prêtre. avaient de la peine à en croire leurs yeux : ils ne pouvaient concevoir qu'il existât sur la terre un homme qui donnait tout sans se rien réserver, qui n'était avare que pour lui et pour les siens, qui, sans penser au lendemain, laissait à Dieu le soin d'y pourvoir, dans un temps où ceux qui avaient des ressources pour le jour présent n'étaient pas sans inquiétudes pour celui qui devait suivre.

Ses disciples mêmes, qui le voyaient de plus près, ne pouvaient s'empêcher de lui témoigner leur surprise de ce qu'ils appelaient ses excès de charité. Ils venaient, grâce à la Providence, de traverser sans manquer de rien deux années effroyables où le nécessaire avait manqué à bien d'autres. Malgré ce miracle de tous les jours, ils n'étaient pas encore sans souci pour l'avenir. L'état de pauvreté auquel ils avaient en quelque sorte condamné eux-mêmes leur fondateur était devenu pour eux un nouveau sujet d'alarmes. C'était là que les attendait l'homme de Dieu.

« Revenez, leur dit-il, mes chers frères, sur les « tristes jours dont nous sommes à peine sortis. La « famine vient de mettre sous vos yeux tous les « maux qu'elle peut faire endurer aux pauvres et

« aux riches. Pendant tout ce temps où les riches « n'étaient pas assurés de trouver à prix d'or un pain « devenu aussi rare que précieux, que nous a- « t-il manqué ? Grâces à Dieu, quoique nous n'ayons « ni revenus ni fonds, nous avons vu ces deux fâ- « cheuses années se passer sans manquer du néces- « saire. Nous ne devons rien à personne, tandis que « plusieurs communautés opulentes se sont ruinées « par des emprunts ou par des ventes désavanta- « geuses *. »

En leur rendant ainsi palpables les miracles de la divine Providence en leur faveur, il leur apprit enfin à s'abandonner à elle avec confiance. A partir de ce moment, toutes les inquiétudes disparurent de leurs cœurs, et ils ne conçurent plus de doutes injurieux sur la bonté de Dieu qui, en donnant la vie à ses créatures, s'est chargé de pourvoir à leurs besoins.

C'est sur un tel fondement que M. de La Salle éleva l'édifice de son glorieux Institut. Il fit de la pauvreté la règle même de son ordre : « Nos frères, « disait-il, ne se soutiendront qu'autant qu'ils se- « ront pauvres. Ils perdront l'esprit de leur état dès « qu'ils travailleront à se procurer les commodités « non nécessaires à la vie. »

* Toutes les paroles que nous mettons dans la bouche du vénérable fondateur sont religieusement extraites des mémoires autographes qu'il a laissés.

CHAPITRE X.

Nous n'avons jusqu'ici considéré M. de La Salle que comme un homme sur lequel le ciel avait de grands desseins, et qu'il préparait par l'exercice des vertus les plus éminentes à devenir l'instrument d'une œuvre destinée à l'instruction et à la sanctification des enfants des pauvres. Nous allons l'envisager maintenant comme le fondateur d'un Institut qu'il élève par l'inspiration du Saint-Esprit, qu'il conduit avec la plus rare prudence, et qu'il soutient par ses exemples.

Le vénérable fondateur, désormais déchu de son rang et dépouillé de ses biens, n'avait à offrir à ceux qui voudraient le suivre que la croix de Jésus-Christ, et n'avait à leur demander en retour qu'une abnégation entière et perpétuelle. Et pourtant en peu de temps son petit troupeau s'accrut de plusieurs jeunes gens que son exemple invitait à tout quitter pour Dieu. Parmi eux, il s'en trouvait qui renoncèrent à leurs études, persuadés qu'ils seraient assez savants s'ils savaient bien la doctrine chrétienne qu'ils étaient chargés d'enseigner. Nous avons vu ailleurs que la maison de M. de La Salle * se trouva bientôt trop étroite, et qu'il se vit obligé d'en louer une

* Le premier établissement des Frères à Reims était situé rue des Tournelles; c'est aujourd'hui une maison bourgeoise.

plus vaste. Cette maison, qui est aujourd'hui une filature, se trouvait dans la Rue Neuve, n° 89, en face de la maison de Sainte-Claire. Après l'avoir habitée comme locataire pendant 18 ans, il l'acheta en 1700 à l'aide des libéralités de quelques personnes pieuses. C'est cette maison que les Frères honorent à juste titre comme le berceau de leur Institut. C'est elle qui va devenir le théâtre des plus rudes austérités, des plus héroïques sacrifices. Elevé avec délicatesse, le saint fondateur va se condamner à un genre de vie qui lui interdira l'usage du feu, et presque celui du vin, du linge et de tous les aliments ordinaires; il va accoutumer son corps à des disciplines sanglantes, à de longues insomnies, à la terre nue, à un costume fait pour exciter les huées de la multitude.

Lorsqu'en 1681 M. de La Salle avait réuni chez lui les maîtres d'école, il n'avait rien changé à son propre genre de vie; mais lorsqu'il adopta la vie commune, il retrancha de sa table tout ce qui pouvait satisfaire les sens : il voulut vivre en pauvre et user de la nourriture des pauvres.

Cette résolution fut pour sa nature délicate la plus pénible de toutes les épreuves. Il allait au réfectoire comme on va au supplice; il faisait pitié à voir. Contemplez le héros, le martyr ! Sa main tremble en portant à la bouche une nourriture que son estomac révolté repousse. Néanmoins il se fait violence, il mange : mais la nature est plus forte que la volonté : des vomissements convulsifs arrachent de ses entrailles tout ce qu'il avale. Cèdera-t-il à cette nature qu'il s'agit de dompter ? Non ! il revient au combat avec un nouveau courage. Chose incroyable ! Mortification sans exemple avant lui et que la délicatesse de notre langue refuse presque de peindre ! il recueille ce qu'il a rejeté et l'avale de nouveau ; il vomit encore ; il renouvelle sa lutte héroïque, et continue pendant plusieurs jours sans pouvoir empêcher les vomissements, mais aussi sans vouloir abandonner le terrain à la nature. Enfin lassé, mais non rassasié d'un combat si prolongé, il a recours à la faim pour s'assurer la victoire. Et, en effet, une diète rigoureuse de plusieurs jours fit cette espèce de miracle, et apprit à son corps rebelle à manger avec goût ce que les yeux ne pouvaient pas même regarder auparavant. Ce triomphe dura autant que sa vie.

Mais ce ne fut pas seulement le sens du goût que le vénérable fondateur mortifia en lui. Continuellement enveloppé d'un cilice, ceint d'une ceinture de cuivre jaune garnie de pointes aiguës, il se déchirait en outre toutes les parties du corps avec une espèce de fouet dont chaque lanière était armée à son extrémité d'une molette d'éperon. Les taches de sang dont le pavé de sa cellule était marqué disaient à tous ses frères ses saintes et impitoyables sévérités. Mais du moins après avoir ainsi maltraité son corps pendant le jour, cherchait-il à réparer ses forces dans le repos de la nuit ? M. de La Salle passait en prières une grande partie de ses nuits, et quand la nécessité l'obligeait de payer au sommeil le tribut que lui doit la nature, il se couchait à terre ou sur deux chaises et n'avait pas d'autre lit.

Au sein de sa ville natale, de sa famille et de ses amis, il vivait comme un anachorète dans sa Thébaïde. Et lorsque, malgré lui, quelques-unes de ses anciennes connaissances parvenaient à franchir la barrière qui le séparait du monde, il ne répondait rien à tous les reproches aimables qu'on lui faisait sur sa sauvagerie, ne témoignant par aucun signe de mauvaise humeur le déplaisir que pouvaient lui faire ces visites importunes. Un air gai, serein et gracieux rendait sa présence agréable à ses visiteurs, et prouvait à tous que la solitude et les austérités n'avaient rien ôté ni à ses manières ni à son esprit de leur urbanité naturelle.

Pour rendre ses mortifications plus agréables à Dieu et ses prières plus efficaces, le pieux fondateur se plaisait à aller tous les jours prier devant le tombeau de saint Remy. Il y passait même secrètement une partie des nuits, ayant obtenu du sacristain de la basilique qu'il l'y enfermât, ce qui avait lieu régulièrement le vendredi et le samedi de chaque semaine.

Ce grand attrait pour la solitude et pour l'oraison l'attira pendant quelque temps après dans le monastère des Carmes de Louviers. Ce désert environné d'un perpétuel silence, où l'âme pouvait se repaître d'une contemplation non interrompue, lui parut un paradis. Mais des événements imprévus le rappelèrent au sein de sa communauté.

M. Niel, en quittant Rouen pour aller établir à Reims les écoles gratuites, n'avait pas renoncé à l'espoir d'y revenir. Il avait plusieurs fois pressé M. de La Salle de prendre la direction des écoles nouvellement fondées. Quoique souvent refusé, il revint encore une fois à la charge, appuyant sa demande sur son grand âge et sur l'impossibilité où il se disait de pourvoir de maîtres capables tous ces établissements. M. de La Salle persévérant dans son refus, M. Niel prit le parti d'abandonner les écoles à la Providence et de se retirer à Rouen. Il avait bien prévu que la nécessité ferait la loi à M. de La Salle, et que sa charité l'empêcherait de laisser tomber les écoles abandonnées. Ce fut en effet ce qui arriva. La retraite de M. Niel fut plus efficace auprès de M. de La Salle que ne l'avaient été ses sollicitations. Il fut forcé d'entendre les prières que M. le curé de Saint-Pierre-de-Laon, son ami, lui fit en faveur de ses écoles : il lui sembla que la Providence elle-même les avait préparées pour lui être offertes, quand M. Niel cessait de les diriger.

Dès que, par la retraite de son collaborateur le plus actif, M. de La Salle se vit à la tête d'un nombre de maîtres dispersés en plusieurs villes, il comprit l'urgence de les réunir en congrégation et de leur prescrire un régime uniforme. Jusqu'alors vêtus chacun à sa manière, faisant l'école d'après leur inspiration personnelle, libres de sortir de la maison, sans vœux, sans engagements, sans subordination, ils étaient loin de former ce qu'on appelle *un corps de communauté.* Il s'agissait d'organiser ces éléments épars, de faire de l'assemblée des maîtres une communauté régulière, de leur donner un costume, des règles, et d'établir, en un mot, parmi eux, une uniformité complète d'existence en rapport avec leur vocation. Mais telle était l'humilité du vénérable fondateur, qu'il ne voulut rien imposer de son autorité à ses disciples. Il les convoqua au nombre de douze, afin de conférer ensemble sur les moyens les plus propres à donner une forme définitive à l'établissement et à y attacher des sujets. Pour attirer sur cette importante affaire les bénédictions de Dieu, il leur proposa d'entrer en retraite. Elle commença en effet la veille de l'Ascension de l'année 1684 et se prolongea jusqu'à la Trinité.

M. de La Salle ne se hâta pas de donner à ses disciples une constitution : il savait qu'une telle œuvre ne pouvait être que le fruit du temps et de l'expérience : il n'ignorait pas qu'il est plus aisé de faire pratiquer un règlement que de l'établir. Aussi, plus tard, quand il fallut mettre par écrit les règles qui depuis plusieurs années présidaient à la conduite de l'Institut, il lui suffit de relater les usages observés ; en s'y soumettant, les Frères ne s'obligèrent qu'à ce qu'ils avaient de tout temps pratiqué.

Il ne fut donc question, quant aux règlements, que de convenir de respecter ceux qui étaient implicitement en usage, en les modifiant avec prudence, selon que la pratique l'exigerait.

Le second objet des délibérations regardait la

nourriture. Toute volaille et tous mets délicats en furent formellement exclus. La grosse viande la plus commune fut seule permise ; pour les jours maigres on n'accorda que des légumes et ceux des poissons que leur vil prix met à la portée des pauvres. En outre, il fut réglé que cette nourriture si peu sensuelle serait prise dans la mesure exactement nécessaire pour soutenir le corps.

Le troisième point, relatif au costume, divisa fort l'assemblée des douze et ne put pas avoir de solution pour le moment.

Le vénérable fondateur mit ensuite en délibération si on ferait des vœux, quels vœux on ferait, pour combien de temps on les ferait.

On décida qu'on ferait les vœux de pauvreté et d'obéissance ; que ces vœux seraient pour trois ans, mais avec obligation de les renouveler chaque année.

Les vœux furent faits à l'issue de la retraite, jour de la Sainte-Trinité. M. de La Salle formula les siens le premier, et après lui les douze les firent pour trois ans. Mais l'année suivante, en 1685, au jour marqué, huit seulement d'entr'eux les renouvelèrent. Les quatre autres avaient changé de sentiments, et ils changèrent d'état en quittant la maison.

La rigueur de l'hiver fit décider la question du costume sur laquelle les douze n'avaient pu tomber d'accord. La plupart des maîtres étant fort mal vêtus, M. le maire de Reims en eut compassion, et pria M. de La Salle de leur donner une espèce de vêtement très chaud, qu'on portait alors communément à Reims et qu'on nommait *Capote*. Le pieux instituteur regarda cette demande comme une inspiration d'en-haut et adopta la capote pour lui et pour les siens ; seulement il la fit faire d'une étoffe grossière et de couleur noire. Il ajouta à ce surtout, pour remplacer l'habit de dessous, une soutane noire de la même étoffe. Ce double vêtement, pauvre et uniforme, distinguait les Frères de tous les autres corps, soit laïques, soit religieux ; il leur est devenu propre, et ils le portent encore aujourd'hui sans aucun changement : et c'est vraiment la livrée de la simplicité, de la modestie et de la pauvreté. Cet habit, aujourd'hui vénéré de tous, ce glorieux uniforme des instituteurs du pauvre, choqua dès son apparition les gens du monde, et on fit de nombreuses tentatives auprès du fondateur pour l'engager à le modifier. Mais il demeura inflexible, sachant bien que plus le costume des Frères était désagréable au monde, plus il était propre à les en tenir éloignés.

Le changement d'habit amena le changement de nom. Ils laissèrent le nom de *maîtres d'école* à ceux qui retirent un profit de ces fonctions, et prirent le nom de *Frères des Ecoles Chrétiennes et gratuites*, qui renferme la définition exacte de leur état, en marque les devoirs, et leur rappelle sans cesse que c'est la charité qui a donné naissance à leur Institut, et qu'elle doit en être l'âme et la vie.

A la capote et à la soutane noires, M. de La Salle

ajouta un grand chapeau à très larges bords, et des souliers forts et épais, tels que ceux que portent les gens de la campagne.

Un costume si étrange ne pouvait manquer d'exciter la malignité et la moquerie. Dès que les pauvres Frères paraissaient en public, on les montrait au doigt, on les escortait avec des cris et des huées. Les enfants se faisaient un jeu de les suivre en les outrageant. Cette ignoble farce recommençait chaque jour, et dura des années entières. Pendant tout ce temps, ces martyrs de la patience chrétienne eurent à souffrir de la part de leurs compatriotes, à l'exception de la prison et des tortures, tout ce que les premiers chrétiens endurèrent de la part des payens.

M. de La Salle avait la meilleure part des ignominies dont on accablait ses disciples. S'il sortait de la maison, au premier pas qu'il faisait, il trouvait des hommes qu'on eût dit apostés pour lui faire affront; les injures étaient toujours prêtes. Ce peuple ingrat, que tout récemment, au milieu des horreurs de la famine, il avait nourri de son pain, avait déjà oublié et le bienfait et le bienfaiteur, et n'avait à lui prodiguer pour récompense que les outrages et les mauvais traitements.

CHAPITRE XI.

Cependant quelques-uns des disciples de M. de La Salle, qui avaient voulu marcher d'un pas plus rapide dans les voies de la perfection, ne tardèrent pas à sentir leurs forces épuisées et trouvèrent la mort au sein de leurs travaux. N'ayant pas encore assez de maîtres pour combler les vides que la mort faisait dans leurs rangs, le saint instituteur résolut d'y suppléer de sa personne, et de se constituer maître d'école. Il revêtit donc la longue soutane et la capote, prit le large chapeau et les lourds souliers, et s'en alla avec ce costume remplir ses nouvelles fonctions dans la paroisse Saint-Jacques.

Dès qu'il parut dans les rues avec cet accoutrement, il excita d'universelles railleries ; la canaille, les enfants l'accompagnèrent de leurs huées jusqu'à la porte de l'école; et cette rude épreuve se renouvela quatre fois par jour pendant plusieurs mois. Rien ne put rebuter son zèle : non content de faire la classe, il conduisait les enfants à la messe, les menait à tous les offices du dimanche et des fêtes, marchant à leur tête avec un air de modestie et de recueillement qui faisait l'admiration de tous les gens de bien. Ce qu'il y avait de plus pénible pour lui, c'était de passer sous les yeux de personnes autrefois ses amies, et que son changement extraordinaire de condition avait irritées à l'excès contre lui. Loin de se dérober à leurs regards, il les affrontait avec une douce allégresse, sous la livrée des humbles Frères des Écoles Chrétiennes.

Dès qu'il eut pourvu aux besoins de l'école Saint-Jacques, il rentra dans la retraite, et reprit ses exercices pieux dans la petite cellule écartée qu'il s'était choisie; ce lieu était si resserré qu'il n'y avait pas de place pour deux personnes. C'est là qu'il passait les jours et les nuits dans la contemplation, n'en sortant que pour prendre part aux exercices communs, et y trouvant tant d'attraits qu'on avait de la peine à l'en arracher pour lui faire prendre quelque nourriture.

Les disciples du saint fondateur ne pouvaient pas être témoins de ses austérités sans se sentir irrésistiblement entraînés à les imiter. Ces rigueurs, jointes à leurs pénibles travaux et à l'insuffisance calculée de la nourriture, conduisirent prématurément au tombeau plusieurs des novices. En sept ou huit ans, c'est-à-dire depuis 1681 jusqu'à 1688, où M. de La Salle alla établir les Frères à Paris, des quinze premiers Frères que comptait l'Institut à Reims, à Laon, à Guise et à Réthel, il en perdit plus de six d'une mort prématurée, au-dessous de l'âge de trente ans, sans compter ceux que l'épuisement de leurs forces obligea de sortir de l'établissement. Depuis 1688 jusqu'en 1719, époque de sa mort, il eut la douleur d'en voir mourir quarante-cinq, et parmi ceux-là huit ou neuf seulement avaient dépassé l'âge de trente ans.

Nous avons dit que M. de La Salle avait ainsi que tous les Frêres fait vœu d'obéissance. Mais comment mettre ce vœu à exécution ? Son titre de supérieur, qui le mettait en droit de commander, lui ôtait le pouvoir d'obéir. Il fallait donc, pour satisfaire son humilité, déposer sa supériorité. Mais qui mettre à sa place ? Il était le seul prêtre de la communauté, le seul instruit et lettré. Convenait-il qu'un prêtre, un chanoine, un docteur se plaçât sous l'obéissance d'un simple Frère, sans titre et sans qualité ? Cette difficulté l'arrêtait. Mais après quelques réflexions, l'exemple du Sauveur aux pieds des apôtres, leur lavant les pieds, les essuyant de ses mains et les baisant de ses lèvres adorables, vainquit ses derniers scrupules ; il se reprocha d'avoir si longtemps écouté les conseils de la sagesse humaine au lieu d'obéir à l'inspiration divine, et il résolut de se démettre de son titre de supérieur.

Dans cet objet, après avoir convoqué ses disciples et les avoir mis en retraite spirituelle, il leur expliqua son dessein, et leur fit une exhortation touchante pour le leur faire approuver. Il leur représenta avec tant de force que la prospérité à venir des écoles était attachée à cette décision, que les bons Frères, édifiés du nouveau trait de vertu dont M. de La Salle leur donnait l'exemple, consentirent à sa démission et à l'élection d'un nouveau supérieur. Le choix tomba sur le frère Henry l'Heureux. Ce Frère avait un mérite réel, et était bien celui par qui M. de La Salle désirait se voir remplacé. Sage, modéré, humble et solidement vertueux, il avait tout ce qu'il fallait pour conduire la communauté après les premières difficultés de sa fondation. Ses excellentes qualités lui acquirent la confiance et l'estime de tous les Frères. M. de La Salle fut le premier à lui donner des marques de déférence et de soumission : il oublia ce qu'il avait été pour ne plus agir que d'après les ordres du nouveau supérieur. Son humilité faisait l'admiration de la petite communauté. Ce qu'il y avait de plus vil, de plus répugnant dans la maison était de son goût : balayer, laver la vaisselle, ôter les immondices, telles étaient les charges qu'il ambitionnait, et il usait d'industrie pour les avoir toujours en partage. L'enfant le plus soumis ne donna jamais tant de marques de docilité ; le novice le plus fervent ne parut jamais renoncer plus complètement à l'exercice de sa volonté. Le frère l'Heureux, qui voyait à chaque heure du jour quelque fait nouveau de la soumission de M. de La Salle, en éprouvait un véritable chagrin : il le suppliait de lui épargner la peine qu'une obéissance si parfaite lui faisait éprouver ; mais M. de La Salle le pria à son tour de ne pas le priver du mérite de cette obéissance, qu'il était d'ailleurs heureux de lui montrer.

Mais la Providence ne l'avait pas chargé de la direction du nouvel Institut pour qu'il se déchargeât sur un autre de cette mission. L'acte d'humilité qui l'avait engagé à se démettre de son titre de supérieur resta quelque temps secret ; le peu de rapport que les Frères avaient avec le dehors favorisait ce mystère ; et peut-être aurait-il été ignoré longtemps encore si M. de La Salle ne l'eût révélé lui-même par sa simplicité à obéir. Voici ce qui arriva. Quelques-uns de ses amis étant venus pour le voir, voulurent entrer en conversation avec lui ; mais il resta d'abord sans répondre à aucune de leurs questions, et comme ils lui en témoignaient leur surprise et leur mécontentement, il leur dit avec naïveté qu'il ne pouvait parler sans en avoir obtenu la permission de son supérieur ; et il les quitta en effet pour aller chercher cette permission. Ces personnes, qui tenaient un certain rang dans la ville, ne pouvaient en croire leurs yeux ni leurs oreilles. Et quand il revint, elles passèrent de la stupéfaction aux reproches : elles se récrièrent avec beaucoup de vivacité contre une pareille conduite, et blâmèrent une humilité qui dépassait toutes les bornes. Elles virent là un véritable désordre, un renversement de tous les principes en fait de gouvernement. Le bruit ne tarda pas à s'en répandre dans la ville et parvint aux oreilles de l'autorité ecclésiastique. MM. les grands-vicaires n'approuvèrent pas l'acte excessif d'humilité de M. de La Salle, et comme ils étaient en droit de remettre l'ordre dans la petite communauté, ils se rendirent au siége de l'Institut, et rétablirent à son grand regret M. de La Salle dans la place de supérieur. L'humble fondateur fut donc obligé de reprendre le premier rang, dont il était descendu avec tant de joie. Au reste, cet exemple fut d'un merveilleux profit pour les Frères ; ils se sentirent tous animés d'une ferveur nouvelle pour marcher à la suite de leur guide dans les voies de l'humiliation et de l'obéissance.

Ce que l'on avait principalement blâmé dans la démission de M. de La Salle, c'était d'avoir mis un prêtre, un dignitaire de l'Église, sous la dépendance d'un simple Frère, c'est-à-dire d'un homme dépourvu de tout caractère sacré. Il ne pouvait plus songer à commettre la même faute ; mais s'il ne pouvait pas effacer en lui le caractère sacerdotal, il pouvait du moins élever un des Frères à cette sublime dignité, le placer d'abord à son niveau, et bientôt au-dessus de lui, sans que personne y pût trouver à redire.

Il arrêta ses vues sur le frère l'Heureux ; mais ce plan présentait une grande difficulté d'exécution : le frère l'Heureux, qui avait une piété solide, une grande prudence, ne savait pas le latin. Il fallait donc le lui apprendre. Le pieux fondateur ne recula pas, et en moins de deux ans son élève fut en état d'entrer en théologie, et il y obtint tant de succès, qu'il fit l'étonnement de tous ses condisciples. Mais Dieu avait d'autres desseins.

Quelque soin que prît M. de La Salle de se renfermer dans son œuvre, il n'avait pu fermer entièrement l'accès de sa maison à quelques personnes qui lui avaient autrefois donné leur confiance. Ainsi il unissait à la direction de son Institut et de la communauté des Orphelines, celle d'un grand nombre de dames distinguées par leur piété. Une seule chose désolait ces pieuses pénitentes, c'est le refus constant qu'il leur fit, malgré leurs supplications, de leur donner sa bénédiction. Ses disciples eux-mêmes ne furent pas plus heureux. L'un d'eux, qu'il envoyait à Rome, s'étant jeté à ses pieds, au moment de son départ, pour recevoir sa bénédiction, il se contenta de le marquer au front avec le pouce du signe de la croix, pratique touchante qu'il a continuée jusqu'à sa mort.

Sa vertu, après avoir eu tant de censeurs, finit par rencontrer des admirateurs et des panégyristes. L'odeur qui s'en répandit au-dehors obligea ceux qui l'avaient taxé d'ambition de rendre hommage à son désintéressement et à son humilité. Les personnes de la première distinction cultivèrent avec soin son amitié. M. le duc de Mazarin, toutes les fois qu'il venait à Reims, ne manquait jamais de le visiter. Tout le monde voulut se ranger sous sa direction spirituelle ; mais il n'accepta qu'un très petit nombre de pénitents, et encore ne s'en chargea-t-il qu'après leur avoir fait subir plusieurs épreuves de mortification. Bientôt, convaincu que les inconvénients attachés pour lui à la direction des consciences l'emportaient sur le bien qu'il pouvait faire, il renvoya les uns après les autres tous ses pénitents.

Les hostilités un moment suspendues à l'égard du saint fondateur ne tardèrent pas à se rallumer plus vives que jamais. Les écoles de Reims étaient peuplées d'enfants méchants, indociles et pervertis au-delà de toute croyance. N'ayant pour la plupart dans la maison paternelle que de détestables exemples, n'entendant que des propos impies ou déshonnêtes, ils portaient au sein des écoles leurs habitudes de grossièreté, de dépravation et leurs blasphèmes. Tous les honnêtes gens de Reims en gémissaient, et attendaient du zèle des Frères la répression d'un désordre qui leur paraissait sans remède.

D'abord les Frères mirent en usage les moyens de correction capables de produire de l'effet sur des âmes qui ne sont pas tout à fait intraitables. Les avertissements, les réprimandes, les marques d'affection avaient précédé : les menaces suivirent ; mais les petits libertins ne faisaient qu'en rire. La douceur n'obtenant rien, il fallut, sous peine de perdre à jamais toute autorité sur les élèves, exécuter la menace si souvent répétée de châtiments corporels *. Ce remède fut efficace sur ceux dont le caractère n'était pas indomptable ; mais ceux qui jusque-là avaient toujours vécu à leur guise, qui ne connaissaient ni le frein de l'autorité paternelle, ni celui de la discipline, ne manquèrent pas d'exagérer au sein de leurs familles les pénitences qu'on leur faisait subir à l'école. Les parents, sans foi ni raison, au lieu d'approuver et d'appuyer de leur autorité la juste sévérité des maîtres, vomirent des injures contre eux et excitèrent eux-mêmes leurs enfants à courir après eux et à leur jeter des pierres et de la boue.

Les pauvres Frères, déjà accoutumés à ces scan-

* Les progrès de la civilisation, l'adoucissement progresif des mœurs publiques ont permis à ceux qui dirigent de haut l'éducation de l'enfance de proscrire tout châtiment corporel. Aujourd'hui l'on ne frappe plus les enfants, ni dans les Écoles Chrétiennes, ni dans les écoles laïques.

dales, opposèrent à ces fureurs un surcroît de douceur et de patience. Nulle parole de colère, nul geste d'indignation ne leur échappèrent contre ces enfants ingrats qui payaient par des outrages et de mauvais traitements les bienfaits dont ils étaient comblés chaque jour.

M. de La Salle eut encore la meilleure part de cette persécution. Comme fondateur des écoles gratuites, on le rendait responsable de tout ce qui pouvait y arriver. C'était à lui, disait-on, à prévenir les excès qui donnaient occasion à ces plaintes, à ces désordres; c'était à lui à apprendre à ses disciples le juste tempérament qui doit toujours exister dans les châtiments infligés à la jeunesse. Il était donc le seul coupable, le seul criminel.

Pendant ces épreuves, la divine Providence procura au vertueux fondateur l'occasion de se signaler par un trait de charité singulière. Pendant l'été de 1687, le directeur des Frères qui conduisaient les écoles de Guise tomba dangereusement malade. Après avoir reçu les derniers sacrements, abandonné des médecins, il n'attendait plus que le moment de rendre son âme à Dieu; mais il témoigna un si vif désir de voir son bon père avant de mourir, que les autres Frères envoyèrent aussitôt un exprès à Reims pour prévenir M. de La Salle. C'était un voyage de dix-huit lieues à entreprendre à pied, au moment des plus grandes chaleurs de l'été. Rien ne put l'arrêter : L'exprès était arrivé à midi, M. de La Salle se mit en route à une heure, et vêtu de sa lourde soutane et de sa capote, ceint d'un affreux cilice qui empêchait tous ses mouvements, il fit le trajet à pied, s'arrêtant à peine pendant la nuit pour prendre quelques instants de repos dans un village, et il arriva à Guise. A la vue du vénérable supérieur, le pauvre malade sembla revenir à la vie. M. de La Salle l'embrassa avec tendresse, et sous la douce influence de ces caresses, celui qui quelques moments auparavant était à l'agonie, déclara sans hésitation qu'il se sentait guéri ; et, en effet, peu de jours après, il fut complètement rétabli et en état de faire la classe. M. de La Salle avait alors trente-six ans.

L'odeur de ses vertus et les merveilleux résultats obtenus par ses disciples s'étant répandus de tous côtés, un grand nombre de curés de campagne des environs de Reims le sollicitèrent de leur envoyer de ses disciples pour former à la piété les enfants des paroisses jusque-là abandonnés sans ressource à l'ignorance et à l'irreligion. Mais comment pourvoir dans les villages à l'entretien de deux Frères ? Et si deux Frères étaient utiles dans les villes, l'un des deux était de trop dans les communes rurales. Il aurait donc fallu les envoyer isolés : or, c'était à quoi le sage fondateur ne put jamais se résoudre ; les dangers de relâchement ou de perversion lui paraissaient trop évidents pour des Frères solitaires, abandonnés à eux-mêmes, sans témoins, sans bons exemples et presque sans secours. Ces motifs parurent si puissants à M. de La Salle, qu'il se fit une loi de n'envoyer jamais un Frère seul, et que jamais il n'a voulu s'en départir.

Les bons curés, trompés dans leur espérance, eurent recours à un expédient ingénieux. Ils choisirent parmi les jeunes gens de leurs villages ceux qui paraissaient les plus sages, les plus réguliers, les plus disposés à s'instruire, et les envoyèrent au siége de l'Institut pour se former à la méthode d'instruction pratiquée par les Frères *. Bientôt la maison en fut pleine, et le zélé supérieur, ravi de penser que ces disciples d'une nouvelle espèce pourraient remplacer ses Frères dans chaque village, les reçut de grand cœur, et en forma une nouvelle communauté séparée de la première. Il leur donna le nom de *Maîtres de campagne*. Elle se composa d'abord de trente élèves, eut ses règlements particuliers et ses exercices à part. On leur apprenait la lecture, l'écriture, le catéchisme et le plain-chant. La prière, les lectures spirituelles et tous les autres devoirs de la piété chrétienne avaient des heures réglées. Un Frère désigné par M. de La Salle veillait sur ce nouveau troupeau.

Mais ce surcroît de bonnes œuvres était un surcroît de dépenses pour le serviteur de Dieu. Les curés étaient trop pauvres pour subvenir aux besoins de ces jeunes gens, et ils comptaient sur la charité bien connue de M. de La Salle. Ils ne se trompèrent pas. Celui qui nourrit les oiseaux du ciel étendit sa

* C'est là évidemment l'origine de nos modernes écoles normales primaires.

protection sur un homme qui s'abandonnait à lui avec tant de confiance, et ne laissa manquer de rien ceux qu'il avait mis entre ses mains. Les résultats de cette culture furent immenses : ces jeunes maîtres d'école, de retour dans leurs villages, y produisirent le plus grand bien, et devinrent un objet d'édification par leur piété, leur zèle et leur sollicitude à remplir les devoirs de leur profession. Plusieurs d'entre eux ne voulurent plus sortir d'une maison où ils avaient trouvé l'esprit de Dieu : ils supplièrent le pieux fondateur de les admettre au rang des véritables Frères, ce qui leur fut accordé.

Un établissement si nécessaire n'eut pas une fin aussi heureuse que son commencement. A peine M. de La Salle eut-il quitté Reims pour se rendre à Paris, que cette petite pépinière de maîtres disparut. Comme il en connaissait mieux que personne toute l'utilité, il tenta plusieurs fois de la rétablir, mais tout son zèle échoua contre des impossibilités matérielles.

Une troisième communauté, distincte des deux autres, se forma vers le même temps dans la maison de M. de La Salle : elle était composée d'un certain nombre de jeunes garçons de quatorze à quinze ans, que l'esprit de Dieu poussait vers le nouvel Institut. Le sage directeur redoutait les inconvénients de leur trop grande jeunesse ; mais d'un autre côté il remarquait en eux tant de bonne volonté et de résolution, qu'il finit par se laisser gagner et les admit aux épreuves.

Il en fit un corps à part et leur donna des exercices

proportionnés à leur âge, mais propres à nourrir leur vocation et à les préparer au ministère de l'enseignement. Il leur assigna un corps de logis séparé ; leur laissa le costume que chacun d'eux avait en entrant, n'y ajoutant comme signe distinctif que le rabat et les cheveux courts. Leur manière de vivre était celle des noviciats de nos jours. A l'âge de seize ou de dix-sept ans, M. de La Salle choisissait ceux qui paraissaient les mieux disposés, les faisait passer dans les rangs des Frères, leur en donnait l'habit et les employait aux écoles. Ce petit séminaire de jeunes gens, qui servait de préparation et de noviciat pour l'Institut, était le lieu de délices du serviteur de Dieu. Son bonheur était d'assister à leurs exercices de piété et de leur faire des exhortations.

Le jour de Noël, il se consacra et les consacra tous à l'Enfant Jésus. Pour rendre cet acte de dévotion plus sensible, il avait fait placer dans leur oratoire une image du divin enfant. Le pieux instituteur commença la cérémonie, et vint aux pieds de la sainte image se consacrer à haute voix, avec le même air de foi et de respect que s'il se fût trouvé en la présence même de Jésus. A son exemple, tous les novices vinrent tour à tour faire cette consécration avec une ferveur qui n'était que le rayonnement de celle de leur supérieur. Rien de touchant comme la vue de ces jeunes gens portant sur leur visage toutes les grâces de la jeunesse et montrant le recueillement, la modestie des plus austères religieux.

Cette petite communauté subsista à Reims deux

ans environ après le départ de M. de La Salle. Lorsqu'il fut fixé à Paris, il jugea à propos de l'appeler auprès de lui.

CHAPITRE XII.

M. Niel, qui avait jeté les premiers fondements de l'Institut à Reims, était retourné à Rouen, ainsi que nous l'avons dit, abandonnant les nouveaux établissements aux soins de M. de La Salle. Il ne jouit pas longtemps du repos qu'il y était venu chercher : il y mourut le 31 mai de l'année 1687. La nouvelle de cette mort fut très sensible à M. de La Salle : il se hâta d'ordonner des prières publiques et particulières ; pour honorer la mémoire du pieux défunt, il fit tendre de deuil l'église des *Sœurs de l'Enfant de Jésus*, et y chanta lui-même une messe solennelle, où tous ses disciples assistèrent avec leurs écoliers. Ce n'était pas trop pour reconnaître l'activité, le zèle et le désintéressement que M. Niel avait montrés lors de la fondation des premières écoles, qualités qui, mélangées de quelques défauts peu importants, ont valu à ce vertueux laïque l'honneur immortel d'être associé à l'illustre fondateur pour l'établissement d'un des ordres les plus utiles à l'humanité et les plus propres à faire fleurir la religion.

Nous avons vu que l'obéissance seule avait retenu M. de La Salle à Reims : mais son cœur était à Paris, et le bien de l'œuvre qu'il avait entreprise exigeait ce déplacement. Il n'y avait que Paris qui fût un centre d'où la lumière du nouvel Institut pût se répandre en rayonnant sur toutes les provinces du royaume. La ville de Reims, qui lui avait donné naissance, en serait devenu le tombeau, s'il n'en était pas sorti. Soumis à des supérieurs ecclésiastiques variables, il n'aurait pas pu vivre sous ses propres lois, ou il aurait été obligé de les modifier à chaque instant. Le chef de l'Institut, placé dans la dépendance de supérieurs particuliers, éprouvant leurs caprices, eût été exposé à voir la subordination s'altérer et son autorité s'affaiblir. D'ailleurs, la ville de Reims ne pouvait pas être la tutrice d'un ordre destiné à couvrir de ses écoles toute la catholicité. Paris seul pouvait lui fournir les secours et la protection dont il avait besoin. M. de La Salle en était persuadé ; mais esclave de la Providence, il attendait qu'elle lui marquât l'heure convenable, prêt à partir au premier signal que Dieu lui donnerait.

Ce projet, qu'il ne songea pas à dissimuler, ne tarda pas à parvenir aux oreilles de M. le Tellier, archevêque de Reims. Il ne connut bien tout le prix du vertueux instituteur que lorsqu'il se vit menacé de le perdre. Quoiqu'il n'eût vu qu'une espèce de folie dans la sublime sagesse de cet homme qui s'était volontairement dépouillé de tout, il n'avait pu s'empêcher d'estimer et d'aimer un prêtre qu'il avait vu si soumis à ses ordres et qui avait recherché son agrément pour tous ses projets. Il avait eu d'ailleurs le temps de se désabuser de ses préventions et de se convaincre que M. de La Salle n'avait pas eu tort de placer sa confiance en Dieu et de chercher des trésors dans sa Providence, puisque cette Providence inépuisable lui fournissait pour nourrir trois communautés des secours qu'il n'aurait jamais trouvés ni dans son canonicat, ni dans son patrimoine, ni dans sa famille.

Le prélat, qui savait gouverner et qui se connaissait en mérite, songea à faire tourner au profit de son diocèse les admirables résultats de l'œuvre de M. de La Salle. Il fallait pour cela borner le zèle du pieux fondateur en lui donnant pour limites les limites mêmes du diocèse de Reims. Plein de ce désir, il offrit à M. de La Salle de prendre à sa charge les intérêts matériels de toutes ses écoles et de contribuer à les étendre et développer, à la seule condition de circonscrire ce bienfait à l'étendue de sa juridiction.

Mais M. de La Salle, indifférent pour tous les intérêts qui n'étaient pas ceux de Dieu, refusa avec une politesse pleine de fermeté ces offres généreuses, donnant pour raison qu'il ne voulait pas borner à un seul diocèse les bienfaits d'une entreprise que Dieu lui avait inspirée pour le profit de la France tout entière, et ajoutant l'obligation où il se trouvait de tenir enfin la promesse faite depuis près de six ans à M. de la Barmondière.

Ce vénérable ecclésiastique n'avait jamais perdu l'espérance de voir s'accomplir la parole que M. de

La Salle lui avait donnée. M. Compagnon, qui dirigeait les écoles établies sur la paroisse de Saint-Sulpice, était écrasé sous le poids des deux cents écoliers qui étaient confiés à ses soins. Dans le courant de juillet 1687, il écrivit à M. de La Salle pour lui demander un aide. Mais le sage supérieur, qui ne voulait pas envoyer un Frère seul, et qui cependant sentait que cette occasion lui ouvrait pour ainsi dire la porte de Paris, répondit qu'il était prêt à se rendre à son désir, si M. le curé agréait deux Frères et lui avec eux. M. de la Barmondière accepta avec empressement, et M. Compagnon écrivit à M. de La Salle qu'il pouvait partir avec ses deux Frères, qu'ils seraient tous les trois les bien venus. Mais le saint fondateur était trop prudent pour faire à la légère une démarche si décisive. Il exigea que le curé lui-même lui écrivît pour l'inviter à venir ; ce qui eut lieu ; M. de la Barmondière, qui se démit en ce temps-là de sa cure en faveur de M. Baudran *, pria son successeur de mander de sa part M. de La Salle et deux de ses Frères.

Sur cet ordre formel, le pieux instituteur prit avec deux de ses disciples la route de Paris : il y arriva le 23 février 1688, la veille de saint Mathias. Ils furent accueillis avec la plus grande bonté par M. le curé de

* Henri Baudran naquit à Paris en 1637 ; il entra clerc au séminaire de Saint-Sulpice le 26 janvier 1659, fit ses études avec le plus grand succès à l'université de Paris, et y prit le grade de docteur en 1666. En 1689, il fut fait curé de Saint-Sulpice ; frappé de paralysie, il se démit de sa cure en 1696, et mourut le 18 octobre 1699, âgé de 70 ans.

Saint-Sulpice, et logés dans la maison des écoles, où M. Compagnon pourvut à leur nourriture, en leur adjoignant un jeune homme qui leur servait d'aide et un ouvrier bonnetier.

Pour rendre ceci intelligible, il faut dire que M. de la Barmondière avait établi dans cette maison une manufacture de laine, pour occuper les enfants dans l'intervalle des classes et leur donner ainsi un état.

Quel ne dut pas être le chagrin du vénérable instituteur, lorsque, à peine entré dans cette maison, il découvrit que tout n'y était que désordre et confusion. La règle, l'ordre, si nécessaires dans une grande réunion d'enfants, n'y étaient nullement observés ; aucune discipline ne soumettait ces jeunes têtes à un joug uniforme. La porte était ouverte depuis cinq heures du matin jusqu'à dix, et depuis une heure jusqu'à quatre du soir ; les écoliers entraient à leur volonté et sortaient de même. Aucun exercice ne s'y faisait à heure fixe. L'école commençait et finissait tantôt à une heure, tantôt à une autre. Le catéchisme se faisait rarement. Les écoliers, attroupés dans la cour, entre les heures de classe, y jouaient de l'argent ; ils n'entendaient jamais la messe les jours ouvrables ; en un mot, on ne remarquait dans cette multitude d'enfants ni conduite, ni piété.

M. de La Salle, témoin de ces désordres, en gémit en secret avec ses deux Frères, cherchant les moyens d'y porter remède. Du premier coup d'œil, il entrevit les souffrances et les amertumes qui l'attendaient dans la voie des réformes où il était bien résolu d'entrer.

Mais comme la prudence était égale à son zèle, il se tut et ordonna aux Frères de l'imiter, en ne se mêlant que de leur ministère d'instituteurs, laissant à la divine Providence le soin de l'avenir.

Les deux Frères se mirent aussitôt à l'œuvre avec le jeune maître qui déjà avait travaillé sous les ordres de M. Compagnon. Pour mettre dès le premier jour un peu d'ordre dans ce chaos, ils divisèrent les élèves en trois classes, selon leur âge et le degré d'instruction de chacun. Ce premier arrangement si simple attira tant d'écoliers, que les deux pauvres Frères se trouvèrent surchargés, et bientôt l'un d'eux succomba au fardeau, et demeura si épuisé dans la suite qu'il ne lui fut plus possible de reprendre ses fonctions.

Cette place vide fut bientôt remplie. M. de La Salle prit la place du Frère malade, et ce premier acte d'humilité et de zèle fit comprendre à M. Compagnon quelle distance le séparait du pieux fondateur. Au lieu de se régler sur ce modèle, il trouva plus facile de prier M. de La Salle de le remplacer complètement dans la direction de la maison. Mais le sage instituteur, qui lisait dans le cœur de celui qui lui faisait une telle proposition, s'en défendit avec beaucoup de modestie, ne voulant pas devancer le moment où la Providence applanirait elle-même ces premières difficultés. En attendant, il se contentait de paraître dans les écoles, de passer dans les rangs des écoliers, de leur enseigner la doctrine chrétienne et de leur faire aimer le Dieu par ses discours et par ses exemples. Bientôt on vit les enfants plus traitables, leurs mœurs plus douces, leurs habitudes plus réglées.

Il y avait à peine deux mois que les Frères avaient le soin des écoles, lorsque le vénérable curé de Saint-Sulpice, accompagné d'un ecclésiastique, nommé M. Métais, vint en faire la visite. Il fut frappé du peu de discipline qui y régnait, et comprit avec sagacité que le seul remède à tant de mal était de remettre exclusivement aux Frères la conduite des écoles. Il s'en ouvrit à M. de La Salle, et celui-ci lui ayant représenté que deux Frères étaient loin de suffire à un si grand nombre d'écoliers, il l'autorisa à en faire venir autant que la bonne tenue des classes l'exigeait, s'engageant à payer deux cent cinquante livres pour chacun.

M. Compagnon était présent, et ce nouvel arrangement produisit en lui une irritation dont nous ne tarderons pas à voir les suites. M. de La Salle, toujours soumis à ceux qu'il regardait comme ses supérieurs, consentit à faire ce qu'on exigeait de lui. Son premier soin, afin d'établir la règle dans la maison qui lui était confiée, fut de prêcher d'exemple. Il vécut donc avec ses Frères comme ils vivaient à Reims : mêmes exercices, même régularité, même esprit de recueillement, de silence, d'oraison, de mortification et d'obéissance. Il s'appliqua ensuite à distribuer le temps de manière que chaque exercice des écoliers eût sa durée fixe et son moment marqué. La maison fut ouverte et fermée à des heures réglées, et les écoliers se virent forcés d'être ponctuels, sous peine de n'être pas admis. La louable pratique d'aller tous les jours entendre la messe fut introduite, et devint tout à la fois une loi pour les écoles et un spectacle édifiant pour Paris. On vit des centaines d'enfants, turbulents par caractère, dissipés par habitude, impies par imitation, marcher deux à deux dans les rues, avec un ordre admirable, en silence et avec modestie, suivis et précédés des Frères, pour aller assister dans l'église paroissiale au sacrifice de nos autels. Le catéchisme eut ses heures fixes ; la lecture, l'écriture, l'ortographe et le calcul furent distribués de manière à donner aux enfants une instruction suffisante sans jamais engendrer la satiété ou l'ennui.

Le reste de la journée fut consacré au travail manuel. Mais on comprend que les écoliers, appliqués successivement aux exercices si multipliés des classes, ne pouvaient pas donner au travail autant de temps qu'auparavant. La diminution de l'ouvrage diminuait les profits de la manufacture. C'était là ce qu'attendait M. Compagnon, pour faire tomber sur M. de La Salle la responsabilité d'un tel résultat. Mais l'artifice ne réussit pas. M. de la Barmondière, en établissant une manufacture à côté de ses écoles, n'avait eu en vue que de préserver les enfants de l'oisiveté ; il n'avait nullement songé à un gain matériel. Il vit bien que si le travail n'allait plus si bien, les écoles allaient mieux ; que les enfants acquéraient de l'instruction, que leurs mœurs s'adoucissaient, et qu'en conséquence le bien moral compensait amplement la perte matérielle. Il approuva donc tout ce qui s'était fait.

Ce n'était pas là le compte des ennemis du pieux instituteur. On espéra que la cessation complète du travail frapperait M. de la Barmondière, et l'engagerait à retirer la direction de la maison à un homme incapable de faire marcher de concert les écoles et les métiers. M. Compagnon intrigua sourdement auprès d'un nommé Rafrond, contre-maître de la manufacture, pour l'engager à se retirer. Il se retira en effet, et la manufacture cessa de travailler, sans que M. de la Barmondière s'en émût.

M. de La Salle entreprit de la relever sans compromettre en rien la marche des écoles, et il y réussit. Rafond, se trouvant sans ressources à la suite de son coup de tête, consentit, moyennant une certaine somme d'argent, à initier un des Frères aux secrets de la filature et du tissage. En trois semaines, l'apprenti devint maître et rendit le service de Rafond inutile. On fit venir de Reims un autre Frère que l'on adjoignit au premier pour la direction des travaux manuels, et bientôt la manufacture fut plus florissante que jamais, sans que les écoles en eussent rien souffert.

CHAPITRE XIII.

La maison était donc en pleine prospérité ; la piété s'y introduisait insensiblement, et ce succès faisait, mieux que tout ce qu'on aurait pu dire, l'éloge de celui à qui il était dû. La jalousie de M. Compagnon n'en devint que plus active, et sachant bien que la présence seule de M. de La Salle suffirait pour faire tomber toutes les accusations ouvertes qu'il pourrait imaginer, il s'abaissa jusqu'à profiter de son absence pour donner crédit à ses calomnies. Un jour qu'une assemblée de dames de charité se tenait chez M. de la Barmondière, M. Compagnon se porta l'accusateur du directeur des écoles, et il sut donner à sa calomnie un tel air de vraisemblance, que personne ne songea à en soupçonner la vérité, ni à mettre en doute la parfaite bonne foi du calomniateur. On n'a jamais su sur quoi portait la calomnie ; mais quel qu'en fût l'objet, elle eut tout l'effet qu'en attendait son auteur. M. de la Barmondière lui-même en demeura convaincu : comme tous les hommes de bien, le curé de Saint-Sulpice, exempt personnellement de ressentiment et de jalousie, ne croyait pas que ces vices pussent faire agir un homme qu'il avait jugé digne de toute sa confiance ; simple et candide comme un enfant, il se laissa prévenir contre l'humble serviteur de Dieu.

M. Compagnon, au comble de ses désirs, et assuré désormais d'un triomphe complet, ne put pas contenir la joie qu'il en ressentait, et alla répandre dans les écoles la nouvelle du prochain renvoi des Frères et de leur supérieur. Il avait, en effet, obtenu de M. le curé cette cruelle décision. Seulement M. de la Barmondière, comme s'il eût reculé devant l'exécution de cette mesure extrême, chargea M. Baudran, alors directeur de M. de La Salle, de lui en porter la nouvelle. Celui-ci obéit, et conseilla au supérieur de profiter de l'ouverture des vacances (on touchait au mois de septembre) pour retourner sans éclat à Reims. Le pieux instituteur, sans se révolter contre une telle injustice, s'humilia devant l'affront qu'il recevait d'une main vénérée, et demanda seulement la faveur de faire ses adieux à M. le curé. M. Baudran consentit à l'accompagner. La vue de la victime fit une telle impression sur le cœur honnête de M. de la Barmondière, qu'il lui fit dire par M. Baudran de ne pas précipiter son départ, disant qu'il voulait y penser encore. « Il y pensera bien pendant trois ans, dit en sortant M. Baudran à M. de La Salle, avant de se décider à se séparer de vous ; ainsi, demeurez tranquille. » C'est le parti que prit le vertueux supérieur.

M. Compagnon, voyant l'édifice si péniblement échaffaudé par sa calomnie à la veille de s'écrouler, redoubla d'activité pour noircir M. de La Salle dans l'esprit de M. de la Barmondière. Enfin, celui-ci, pour mettre un terme à la mésintelligence qui divisait ceux à qui il avait confié, à des titres différents, le gouvernement de ses écoles, et à sa propre anxiété, pria M. l'abbé de Janson, qui fut depuis archevêque d'Arles, d'aller visiter la maison, afin de découvrir de quel côté étaient les torts. Cet ecclésiastique, aussi éminent par ses lumières que par sa piété, n'eut pas de peine à démêler la vérité. Tout parlait dans la maison en faveur des Frères. M. de Janson renouvela plusieurs fois ses visites et fut toujours édifié de ce qu'il y vit. Une circonstance surtout le touchait jusqu'au fond du cœur, c'est que M. de La Salle et les Frères n'ouvraient jamais la bouche pour se laver des calomnies dont on les avait noircis, laissant à la Providence le soin de les justifier. Et lorsque, pressant M. de La Salle de sortir de son rôle d'accusé, il le somma d'exprimer ce qu'il pensait de M. Compagnon qui ne gardait aucune mesure envers lui, le pieux fondateur, avec une magnanimité pleine de sagesse et de dignité, répondit : « n'étant pas chargé de la conduite de M. Compagnon, je ne l'ai point examinée ; mais comme les accusations portées contre moi doivent avoir quelque fondement, je demande en grâce qu'on me fasse connaître les défauts qu'on a remarqués dans ma conduite et qu'on me donne les avis dont je reconnais avoir grand besoin. »

Cette douceur et cette humilité firent connaître à M. l'abbé de Janson l'homme dont la vertu était mise depuis si longtemps à l'épreuve. Il s'empressa de désabuser M. de la Barmondière, en lui rendant le témoignage le plus favorable du pieux supérieur. Le vertueux curé, rentrant aussitôt dans ses premiers sentiments à l'égard des Frères, concerta les moyens de les mettre à l'avenir à l'abri des persécutions ; mais la démission qu'il donna à cette époque en faveur de M. Baudran, laissa à celui-ci le soin de mettre ce projet à exécution. Il ne pouvait venir en de meilleures mains : car directeur de l'innocent calomnié, il connaissait mieux que personne son éminente vertu. Cependant, afin d'agir avec maturité, il voulut prendre une année entière pour examiner de près la conduite de M. Compagnon. Entré en possesssion de la cure au mois de janvier 1689, il s'assura que cet ecclésiastique n'était propre qu'à mettre le désordre et le trouble dans un établissement dont le calme et l'ordre sont la première loi, et à la Noël de la même année, il transféra M. Compagnon à la maîtrise des enfants de chœur.

M. de La Salle, ainsi délivré d'un ennemi si dangereux, loin d'en faire paraître aucune joie, profita de la paix qui lui était accordée pour établir dans sa maison toute la ferveur et dans les écoles toute la discipline qu'il y désirait.

Ces améliorations firent accourir une multitude d'enfants, et bientôt les classes ne furent plus assez vastes pour les recevoir tous. M. Baudran, témoin de ces merveilleux résultats, ne put contenir sa joie, et prit aussitôt la résolution d'établir une nouvelle école dans la rue du Bac, près du Pont-Royal. Cette école fut ouverte, en effet, dans les premiers jours de l'année 1690 et prospéra comme les autres.

M. de La Salle se croyait désormais en paix. Il se

trompait, car il ne connaissait pas encore ce que peut la passion irritée par l'intérêt.

Les maîtres d'école de Paris, qui vivaient et faisaient vivre leurs familles du produit de leurs classes, effrayés des rapides progrès des Écoles Chrétiennes, entrevirent le moment prochain où leurs établissements seraient déserts et leurs familles réduites à la misère. Ils étaient entretenus dans leurs alarmes par l'ancien préposé des écoles sulpiciennes, qui ne pouvait pardonner à M. de La Salle le triomphe qu'il avait remporté sur lui. Les maîtres d'école, sans perdre de temps, firent tout saisir dans les Écoles Chrétiennes, et firent assigner les Frères et leur supérieur comme attentant à leurs priviléges et s'arrogeant illégalement le titre d'instituteurs. Les premières poursuites eurent lieu devant M. l'écolâtre de la Cathédrale, qui se prononça en leur faveur contre les Frères. Ce grave incident faillit déconcerter M. de La Salle et étouffer à sa naissance l'œuvre miraculeuse qu'il venait de fonder. L'horreur qu'il avait pour les procès lui aurait fait tout abandonner, s'il eût cru pouvoir le faire sans trahir la cause même de Dieu. Il ne pouvait se résoudre à plaider ; cependant on lui représenta avec tant de vivacité que sa cause était celle des pauvres, qu'il s'agissait de leurs intérêts les plus précieux ; qu'après avoir tout sacrifié pour fonder les écoles gratuites, il y aurait pusillanimité et inconséquence à se retirer devant le premier obstacle ; qu'il avait bien dû prévoir que les maîtres lésés dans leurs intérêts ne verraient pas sans alarmes la création des écoles gratuites ; son directeur lui-même lui fit si formellement un cas de conscience et un devoir de soutenir sa cause, qu'il se résigna à plaider malgré sa répugnance. Cette détermination une fois prise, il mena le procès avec tant de vigueur, qu'il fut en peu de temps terminé à son avantage.

A peine sorti de cette épineuse affaire, M. de La Salle se vit exposé à une difficulté bien inattendue, et qui fut le premier anneau de cette longue chaîne de persécutions qu'il eut à endurer dans la paroisse de Saint-Sulpice.

M. Baudran, comme curé de la paroisse sur laquelle les Écoles Chrétiennes étaient établies, comme leur bienfaiteur et leur protecteur, se croyait en droit de faire des modifications aux règles fondamentales de l'Institut. Il avait remarqué que le costume des Frères leur attirait les risées de la populace et même les railleries des gens du monde. Il craignit que la forme de ce vêtement extraordinaire n'attirât le mépris sur les hommes utiles qui le portaient et ne compromît à la longue le succès de leur zèle. Il demanda donc à M. de La Salle de consentir à remplacer l'ancien costume des Frères par le manteau long et l'habit ecclésiastique. Mais le saint fondateur, qui prévit les conséquences futures de cette mesure, s'y opposa avec fermeté et exposa par écrit les raisons péremptoires de sa résistance. Il communiqua son mémoire à un homme qu'il avait coutume de consulter dans toutes les affaires graves, M. Tronson, le célèbre supérieur du séminaire de Saint-Sulpice, et cet homme, si renommé par sa sagesse, et qu'on regardait comme un des oracles du clergé de France, approuva ses raisons et lui conseilla de tenir ferme.

Cette résistance aux volontés de celui qui était jusqu'à un certain point son supérieur, et comme curé, et comme directeur, et comme protecteur de l'Institut, ce défaut apparent de soumission fut taxé d'opiniâtreté et d'entêtement. Cet homme si humble et si soumis fut accusé de vouloir faire prévaloir en tout son sentiment et de ne céder à aucune représentation ; on le lui dit à lui-même avec beaucoup d'amertume. Mais soutenu par les conseils des personnes les plus sages, rassuré contre lui-même par le sentiment de ses bonnes intentions, il ne céda point.

A ces tracasseries extérieures, vint se joindre un incident, pour ainsi dire domestique, qui fut pour M. de La Salle un sujet de vive affliction.

Nous avons déjà dit que le nombre des écoliers s'était considérablement accru. Deux Frères ne pouvant plus suffire, le supérieur en fit venir deux autres de Reims pour partager le travail et aider les anciens à recueillir la moisson. Or, un de ces derniers, égal en talents aux deux premiers, leur était supérieur en piété. M. de La Salle, n'oubliant pas que ses Écoles étaient avant tout des écoles chrétiennes, lui donna la préférence et le mit à la tête des trois autres Frères.

L'amour propre des deux Frères fut profondément blessé de voir au-dessus d'eux le dernier venu dans un lieu où ils avaient les premiers travaillé avec tant de succès et partagé avec leur père les humiliations et les peines. La jalousie les aigrit contre leur supérieur et les poussa à la révolte. L'un d'eux, après avoir quelque temps exercé la vertu et la patience de M. de La Salle, quitta la maison au grand chagrin du pieux fondateur, qui avait pour lui une grande estime. Outre le scandale que cette sortie donnait aux autres Frères, elle ne pouvait arriver dans des circonstances plus défavorables.

Il était impossible de le remplacer sur-le-champ, les écoles de Champagne n'ayant que le nombre de Frères strictement nécessaire à leurs nombreux élèves. M. de La Salle occupa pendant plusieurs mois la place vacante, ravi de montrer à ses Frères combien il honorait leurs fonctions, et avec quel plaisir il les exerçait à leur défaut.

Le second ne suivit pas tout d'abord l'exemple de son Frère : il resta près de trois ans encore dans la société ; mais ce ne fut que pour faire le tourment du vénérable supérieur et mettre sa vertu aux plus rudes épreuves. Ce fils dénaturé, après avoir causé toute sorte de chagrins à son père, porta l'insolence et l'impiété jusqu'à le frapper. Après ce crime, il sortit de la communauté en 1692, montrant à tous par ses funestes égarements que les talents ne servent qu'à la perte de celui qui les possède, s'il n'y joint l'humilité du cœur.

CHAPITRE XIV.

Ces luttes, ces chagrins et ces travaux ne pouvaient manquer d'affaiblir les forces du pieux fondateur. Vers la fin de 1690, il tomba malade et pensa mourir. La sévérité extraordinaire dont il usait à l'égard de son corps, ses veilles, ses jeûnes, ses cruelles macérations, la grossière nourriture qu'il prenait pour se sustenter, l'habitude de coucher tout habillé sur le plancher ou sur la dure, tout contribuait à aggraver encore le mal. Les Frères craignirent pour sa vie.

Malgré l'altération sensible de sa santé, M. de La Salle voulut faire à pied le voyage de Paris à Reims, où l'appelaient les affaires de l'Institut. La maladie ne tarda pas à se déclarer. D'abord, il voulut lutter contre le mal ; mais cette fois il fut obligé de céder et il s'alita. Cette circonstance dans un homme qui s'était montré jusque-là aussi impitoyable pour lui-même qu'indulgent pour les autres, révéla mieux que les plus graves symptômes le danger qu'il courait. Les larmes de joie que son retour avait fait couler à ses chers Frères de Reims se changèrent bientôt en larmes de tristesse. Cependant sa constance, sa sérénité au milieu des souffrances les rassuraient.

Il signala le commencement de sa maladie par un bel exemple de régularité. Sa vénérable aïeule était encore vivante et avait pour lui une singulière tendresse. A la première nouvelle de la maladie, cette excellente dame accourut à la maison des Frères, et déjà, rassurée par son titre d'aïeule, elle prenait le chemin de la pauvre chambre où son petit-fils était couché, lorsque le malade, informé de cette visite, lui fit dire qu'elle ne pouvait dépasser le parloir et qu'il la priait de l'y attendre. En effet, recueillant le peu de forces que la maladie lui laissait, il s'habilla et descendit pour aller recevoir la visite de son aïeule. Il eut d'abord à essuyer ses reproches au sujet de l'interdiction qui venait de lui être faite ; mais lui pour se justifier allégua la défense expresse qu'il avait faite d'introduire les femmes dans la maison, et la nécessité où il s'était cru placé de sanctionner cette règle par son exemple. « Il n'y a assu« rément aucun mal à ce que vous veniez me voir « malade dans mon lit ; mais c'est donner un grand « exemple que de nous priver, vous et moi, de cette « douceur. Nul Frère à l'avenir ne trouvera mau« vais que l'entrée de sa chambre soit fermée même « à ses proches parentes, lorsqu'il saura que ma « grand'mère n'a pas eu le privilége de me voir ail« leurs que dans le parloir. » Puis il chercha à rassurer la bonne dame sur son état, et causa avec elle aussi librement que s'il eût été en effet en parfaite santé.

Cependant les bons Frères ne cessaient de demander à Dieu, par d'ardentes prières, le rétablissement de leur père bien-aimé. Abandonné, oublié de sa famille, il était réduit aux soins bien bornés que leur pauvreté permettait aux Frères de lui prodiguer. Mais comme ce corps était surtout épuisé par les fatigues et par les privations, le repos seul, une nourriture moins grossière et l'interruption des macérations suffirent pour l'arracher des portes de la mort. Chose étrange ! le saint instituteur s'affligeait de ces attentions ; tous les soulagements qu'on procurait à son corps paraissaient offenser sa ferveur. Aussi à peine se crut-il un peu soulagé qu'il pensa à retourner à Paris.

Il partit en effet ; mais il y arriva si fatigué et si malade qu'il fut obligé de se mettre au lit à son arrivée. Au bout de six semaines, une rétention d'urine se déclara et le réduisit à l'extrémité. Cette nouvelle maladie mit la consternation parmi les Frères ; ne plaçant leur espoir qu'en Dieu, ils lui demandèrent par de ferventes et continuelles prières le rétablissement de celui qu'ils regardaient non pas seulement comme leur chef, mais comme le meilleur des pères.

M. Helvétius, médecin hollandais, qui jouissait alors à Paris d'une très grande réputation, le visita et proposa un remède ; mais il avertit que ce remède devait décider de la vie ou de la mort du malade. Il conseilla donc de lui donner le saint viatique avant de faire l'épreuve terrible, afin d'attirer sur le remède la bénédiction du ciel et de mettre le malade en garde contre le péril. M. Baudran se fit un devoir de venir lui-même, avec la plus grande solennité, donner la communion à M. de La Salle. Ce fut une véritable procession composée d'un grand nombre de prêtres de Saint-Sulpice, tous en surplis et un cierge à la main. Plusieurs personnes de toutes les conditions suivirent le Saint Sacrement, soit pour faire honneur au malade, soit pour s'édifier par le spectacle d'un saint aux portes de l'éternité. Les Frères, à genoux autour de la couche d'agonie, pleuraient comme des enfants. Le médecin était présent.

M. Baudran, dans la pensée de consoler les Frères, qui se regardaient déjà comme orphelins, ordonna au malade de bénir ses disciples ; mais il était si faible qu'il ne put prononcer que ces mots : « Je vous « recommande l'union et l'obéissance, et je vous « bénis. » Quand il voulut lever la main pour joindre le geste aux paroles, il n'en eut pas la force, et M. Baudran fut obligé de lui soutenir le bras. Ce testament sublime étant fait, il s'assit sur son séant, revêtu du surplis et de l'étole, et il reçut son créateur avec cet air de foi, de respect et de dévotion qui ne le quittait jamais. Puis, M. Baudran ayant béni le redoutable remède, le malade l'avala sans hésitation et sans peur. M. Helvétius ne le quittait pas des yeux, attendant avec anxiété les résultats de la crise qu'il avait annoncée, et péniblement suspendu entre la crainte et l'espérance.

Bientôt il fut rassuré. Le remède eut un plein succès ; le malade, miraculeusement soulagé, fut en état, au bout de quelques jours, de prendre de la nourriture, et après une convalescence rapide, il put recommencer ses travaux. Pendant sa maladie, témoin des soins que les Frères se donnaient pour le soulager, il les pria à plusieurs reprises de le faire porter à l'hôpital de la Charité. Mais les bons Frères n'eurent garde cette fois d'obéir et de confier à des mains étrangères un malade qui leur était si cher.

Pendant un nouveau voyage qu'il fit à Reims, il reçut la nouvelle que le plus aimé de ses disciples, celui que dans sa pensée il désignait à l'avance pour son successeur, le frère l'Heureux, dont il a été question ailleurs, et qui en ce moment le remplaçait à Paris, était dangereusement malade; une seconde lettre lui apprit que les médecins n'avaient plus d'espoir. Il reprit aussitôt le chemin de Paris; mais lorsqu'il arriva, vers minuit, il y avait deux jours que le frère l'Heureux était dans le tombeau. Ce fut la première nouvelle qu'il apprit en mettant le pied dans la maison. Elle lui perça le cœur, et jamais en sa vie il ne reçut une blessure pareille. Il ne put retenir ses larmes; mais bientôt, comme honteux de cette faiblesse, il en demanda pardon à Dieu, s'humiliant devant sa sainte volonté, et il rentra presque aussitôt dans sa sérénité habituelle. Bien plus, croyant voir dans la mort inattendue du frère l'Heureux une défense divine de penser jamais dans la suite à élever quelqu'un des Frères au sacerdoce, il renonça à ce projet, et par une règle expresse, il interdit aux siens l'entrée dans les ordres sacrés. Il poussa la précaution jusqu'à leur interdire le désir d'apprendre la langue latine, et à en défendre l'usage à ceux qui la savent, voulant les tenir tous au même niveau, dans l'esprit de simplicité, qui est le caractère de leur état.

L'expérience de près de deux siècles a prouvé la sagesse de ces prohibitions.

Quoi qu'il en soit, M. Baudran fit faire au défunt d'honorables obsèques, dont il régla lui-même le cérémonial, voulant par cette marque de sympathie distinguer ceux que le monde prenait plaisir à humilier, et donner une preuve éclatante de l'estime qu'il avait pour l'Institut. Du reste, le frère l'Heureux méritait personnellement cette distinction par son caractère et par ses éminentes vertus.

CHAPITRE XV.

On a déjà vu tout ce que M. de La Salle a souffert depuis quinze ans pour son œuvre; et pourtant l'édifice qui doit un jour abriter l'univers entier sous son ombre n'avance pas beaucoup. A chaque pierre que pose l'infatigable architecte, il trouve un obstacle nouveau, et tandis que sa main charitable l'élève au prix de ses sueurs et de ses larmes, le génie du mal l'ébranle et le démolit.

Au moment où le saint fondateur se rendit à Paris pour y diriger les écoles de la paroisse de Saint-Sulpice, il laissait à Reims, sans compter les Frères détachés à Laon, à Guise et à Réthel, une communauté divisée en trois et composée de près de cinquante personnes. Au bout de trois ans d'absence, cette triple communauté avait disparu. Le noviciat des *Maîtres de la campagne*, qu'il avait laissé animé d'une si grande ferveur, privé de son guide et de son soutien, se dispersa presque aussitôt. Celui des *Jeunes Frères* n'eut pas un meilleur sort. Appelés à Paris par M. de La Salle, et distraits de leur vocation par l'obligation où on les plaça d'aller servir les messes à la paroisse, ils trouvèrent au dehors des occasions de dissipation incompatibles avec leur avenir et ils renoncèrent.

Enfin, M. de La Salle, en quittant Reims, y avait laissé seize Frères, sans compter les deux qu'il amenait avec lui à Paris; mais dans l'année même de son départ, huit quittèrent la maison à cause de la dureté de celui que le fondateur leur avait donné pour supérieur. De 1688 à 1692, un seul novice entra dans la communauté pour remplacer les déserteurs. Ainsi, à la fin de 1690, le pieux instituteur, après tant de sacrifices et de persécutions, se trouvait à peu près dans la même situation que dix ans auparavant. Il se voyait presque seul, abandonné et sans secours, à peine échappé des bras de la mort. Le frère l'Heureux, sa seule espérance, n'était plus. Plusieurs de ceux qui restaient étaient malades, épuisés ou déchus de leur première ferveur. Tout cela lui causait les plus vives alarmes sur l'avenir de son entreprise. Après de longues méditations et de ferventes prières, il s'arrêta aux mesures suivantes, qui lui parurent les seules propres à soutenir la communauté naissante.

D'abord il songea à assurer à l'Institut deux Frères

capables de continuer son œuvre après lui. Son choix se fixa sur les frères Nicolas Wiart et Gabriel Drolin; et dans la crainte que, rebutés par les difficultés, ils n'abandonnassent tôt ou tard la pieuse entreprise, il voulut les lier par un vœu solennel, qui nous a été conservé :

« Très-Sainte-Trinité, Père, Fils et Saint-Esprit, « prosternés dans un profond respect devant votre « infinie et adorable majesté, nous nous consacrons « entièrement à vous pour procurer de tout notre « pouvoir et de tous nos soins l'établissement de la « société des Écoles Chrétiennes en la manière qui « nous paraîtra vous être la plus agréable et la plus « avantageuse à ladite société; et pour cet effet, moi, « Jean-Baptiste de La Salle, prêtre ; moi, Nicolas « Wiart, et moi, Gabriel Drolin, nous, dès à présent « et pour toujours jusqu'au dernier vivant et jusqu'à « l'entière consommation de l'établissement de la- « dite société, faisons vœu d'association et d'union « pour procurer et maintenir ledit établissement, « sans nous en pouvoir départir, quand même nous « ne resterions que nous trois dans ladite société, et « que nous serions obligés de demander l'aumône et « de vivre de pain seulement. En vue de quoi, nous « promettons de faire unanimement et d'un commun « consentement tout ce que nous croirons en con- « science et sans aucune considération humaine être « pour le plus grand bien de ladite société. Fait ce 21 « novembre, jour de la présentation de la Très-Sainte « Vierge, 1691. En foi de quoi nous avons signé. »

Nous verrons plus loin comment ce vœu sublime fut observé !

Après avoir ainsi pourvu, autant qu'il était en son pouvoir, à ne pas laisser l'Institut sans gouvernement, s'il plaisait à Dieu de l'en séparer, M. de La Salle s'occupa de chercher à Issy ou à Vaugirard une petite maison pour y transporter les Frères malades. Leur grossière et insuffisante nourriture, le travail des Écoles, une vie tout intérieure passée dans une atmosphère viciée contribuaient à miner rapidement les constitutions les plus robustes. Il leur fallait un bon air et un peu de repos. Il trouva à l'entrée de Vaugirard une maison solitaire bien exposée et de pauvre apparence. Ce fut le second berceau de l'Institut.

L'isolement de cette maison donna l'idée à M. de La Salle d'y réunir sous ses yeux tous ceux qui étaient entrés dans la communauté depuis trois ou quatre ans pour renouveler leur esprit par la retraite. Le temps des vacances favorisait ce dessein. Il l'exécuta, et le premier fruit qu'il en retira fut de faire connaître à ses disciples, par des exhortations pleines de l'esprit de Dieu, combien ils étaient déchus de leur première ferveur et combien ils avaient besoin d'un bon noviciat pour ranimer le feu céleste qui commençait à s'éteindre dans leurs cœurs.

Ce noviciat s'ouvrit en effet le 8 octobre 1691, les Frères de Reims, de Laon, de Réthel et de Guise ayant été momentanément remplacés par les aides que la communauté des *Maîtres de campagne* leur avait fournis. A la fin de l'année, c'est-à-dire après trois mois de noviciat, tous les Frères parurent des hommes nouveaux. Le saint fondateur les vit tels qu'il les avait désirés, recueillis, humbles et d'une obéissance aveugle. En les congédiant, il leur donna ordre de lui écrire tous les mois pour lui rendre compte de leurs dispositions intérieures et recevoir ses avis. Il attachait la plus grande importance à cette reddition de compte, et il l'a consignée dans le règlement de l'ordre ; il était fort exact à y répondre, et ses lettres pleines de piété et d'onction servaient à maintenir dans la ferveur ceux qui étaient éloignés de lui. D'un autre côté, le séjour d'un mois qu'ils faisaient tous les ans pendant les vacances à Vaugirard renouvelait en eux l'esprit et la grâce de leur état. Ainsi, absents ou présents, il veillait sur eux, dirigeait leurs pas et conduisait leurs consciences.

Non content de ces paternelles précautions, le saint fondateur s'imposa le devoir d'aller tous les ans faire la visite des Écoles et l'inspection des Frères qui les dirigeaient.

Ce premier essai lui fit comprendre la nécessité d'établir un noviciat en forme et d'y soumettre tous les postulants, afin de sonder leurs dispositions et d'éprouver leur vocation avant de les admettre définitivement dans la société. Il se crut obligé de demander à M. Baudran la permission d'établir ce noviciat. Mais, soit que cet ecclésiastique redoutât que le surcroît de frais de cette nouvelle entreprise ne tombât à sa charge, soit qu'il eût la vue secrète de borner dans les limites de sa vaste paroisse les travaux des bons Frères, soit enfin qu'il prévît qu'il aurait bientôt besoin pour de nombreuses misères de toutes les ressources de sa charité, il refusa l'autorisation demandée et défendit à M. de La Salle d'y penser.

Mais le pieux fondateur, aussi persévérant dans les projets qu'il croyait utiles que soumis envers ceux qu'il regardait comme ses supérieurs, eut recours, pour triompher de ce nouvel obstacle, à l'arme puissante dont il avait tant de fois éprouvé les miraculeux effets. Durant une année entière, il jeûna tous les jours, passa toutes les nuits en prières et coucha sur le sol humide de sa pauvre cellule. Il ne cessa ses macérations que lorsqu'il ne vit plus d'opposition à l'établissement du noviciat. En même temps qu'il obtenait de M. Baudran l'autorisation si désirée, il se faisait accorder par M. de Harlai, archevêque de Paris, la permission de donner à sa maison les formes régulières d'une communauté.

Mais qui croira, sans en avoir été le témoin, à la pauvreté, à la misère de cette maison ? A demi-ruinée, ouverte à tous les vents, laissant pénétrer par le toit effondré la pluie et la neige, c'était un asile de pénitence et non un lieu de repos. Quelques bancs grossiers, quelques mauvaises paillasses rangées sur des planches soutenues par deux tréteaux, des draps de la plus grosse toile, une seule couverture en toute saison, tel était le misérable ameublement de cette thébaïde. Il n'y avait dans la maison que deux matelas, un pour les Frères malades, l'autre pour M. de La Salle, auquel les Frères l'avaient imposé, mais qui ne manquait jamais de le retirer au moment de se coucher. Le feu y était inconnu. Pendant sept ans que les Frères y ont demeuré, on n'y a jamais fait de cuisine, ni rien de ce qui regarde le ménage. On y apportait tous les jours de la maison des Frères établie *Rue-Princesse* le pain, la soupe et les misérables aliments dont on se nourrissait, et qui se composaient des restes de la communauté des prêtres de Saint-Sulpice et de quelques autres communautés. L'eau pure était la seule boisson. Et ce que l'on aura de la peine à croire, c'est que M. de La Salle et ses novices, se croyant encore trop bien nourris, se privaient volontairement d'une partie de leur pauvre ration. Comme si ce n'était pas encore assez de tant de privations, ils exerçaient tous à l'envi les plus cruelles rigueurs contre leur corps. L'usage des haires, des cilices, des disciplines était devenu commun parmi eux. Ils prolongeaient l'oraison jusqu'à onze heures ou minuit ; ils disaient lentement l'office de la Vierge debout et sans appui. Tout le temps qu'ils n'employaient pas aux exercices des classes était consacré à des lectures spirituelles.

Par la rigueur de la vie, par la pauvreté de la maison et de la nourriture, on peut juger de celle des vêtements. Les plus pauvres mendiants n'auraient pas daigné ramasser la dépouille des Frères et de leur supérieur. Des pieds à la tête, tout leur costume faisait horreur et compassion. M. de La

Salle, le noble descendant des preux, l'ex-chanoine, aussi misérable que le plus misérable de ses disciples, ne couvrait sa pauvre soutane que d'une capote qui ne valait pas mieux et dont la vétusté avait changé la couleur. Quand ils sortaient tous ensemble pour aller entendre la messe et recevoir la communion de leur supérieur à une paroisse voisine, on eût cru voir des pauvres sortant de l'hôpital.

Mais, ô prodige de ferveur ! ces mendiants volontaires regardaient leur misère comme un trésor, et paraissaient plus heureux sous leurs haillons que Salomon dans tout l'éclat de sa royauté. Au surplus, la Providence veillait visiblement sur ce petit troupeau : aucun des Frères ne fut malade pendant les sept années que dura le noviciat de Vaugirard, malgré une pauvreté si excessive et des austérités incroyables pour nos cœurs attiédis.

M. de La Salle, heureux des résultats obtenus, faisait venir toutes les semaines dans cette maison d'épreuve tous les Frères qui étaient à Paris, et y appelait tous les ans, pendant les vacances, ceux du district de Reims. En arrivant au noviciat, ils prenaient place parmi les novices et en suivaient tous les exercices. Pendant leur séjour, nulle différence entr'eux et les novices : ils ne s'en distinguaient que par une plus grande ferveur : ils leur servaient de modèles, et les animaient par leurs exemples à la pratique de la mortification et de la pénitence. Par cette sage combinaison, le bienfait du noviciat de Vaugirard s'étendait à tout l'Institut.

Ces nouveaux cénobites, malgré le silence et l'obscurité dont ils aimaient à s'environner, ne purent néanmoins se dérober aux regards des habitants de Vaugirard. En voyant M. de La Salle à la tête de ses disciples, qui ne sortaient de leur maison que pour aller à l'église, on crut que la célèbre maison des Trappistes s'était transportée aux portes de Paris pour édifier la capitale, en faisant revivre sous ses yeux les vertus des premiers siècles. Des jeunes gens, touchés de l'esprit de Dieu, demandèrent à être admis au nombre des novices l'année même qui suivit l'érection du noviciat; et le 1er novembre 1692, M. de La Salle donna l'habit à cinq novices et à un Frère servant. L'épreuve des vocations n'était ni longue, ni difficile. Ceux que la curiosité ou le caprice amenait recevaient en entrant le châtiment de leur témérité. La vie qu'on y menait, la compagnie et les exemples de ces jeunes martyrs leur paraissaient un supplice insupportable, et les obligeaient de demander qu'on leur ouvrît au plus tôt la porte de cette prison. Les plus résolus n'y pouvaient passer plus d'une semaine ou deux. La famine de 1693 et de 1694 y amena quelques faméliques qui venaient y chercher le pain qui leur manquait; mais les rigueurs de la pénitence, qui constituaient la vie même des novices, chassèrent bientôt ceux que la faim y avait attirés. En sorte que sur douze qui se présentaient, il en restait à peine un ou deux. Cette petite troupe d'élus monta jusqu'au nombre de trente-cinq, qui persévérèrent avec un courage invincible dans les voies de la pauvreté et des mortifications.

Une circonstance bien remarquable, et qui faisait bien voir que le doigt de Dieu était dans l'œuvre, c'est que dans ce nombre il n'y en avait que deux qui fussent pauvres. Tous les autres jouissaient d'une certaine aisance et auraient pu vivre heureux dans le monde. Mais une vocation réelle leur faisait regarder comme un séjour de délices une maison qui n'était en réalité que la demeure de la misère et des douleurs. Là était la véritable récompense réservée par le ciel au vertueux fondateur. « Depuis que j'ai « tout quitté, dit-il dans le mémoire qui a servi de « base à ce livre, je n'ai pas connu un seul de mes « Frères qui ait été tenté de sortir par le prétexte « que notre communauté n'était pas encore fondée. »

Dans le voisinage du noviciat habitait un seigneur éminent par sa vertu, qui vivait dans une retraite profonde ; c'était M. le comte de Charmel ; il avait l'habitude d'aller passer le carême à la Trappe, et il employait le reste de l'année à toute sorte de bonnes œuvres. Précisément à cause de son goût pour la solitude, il resta longtemps sans connaître ses voisins. Une circonstance fortuite lui révéla qu'il avait presque à la porte de son château une communauté qu'on pouvait regarder comme une image de l'abbaye de la Trappe, placée sous la direction d'un ecclésiastique, qui était presque son compatriote. Il alla aussitôt visiter M. de La Salle, lui fit présent d'un devant d'autel et d'une chasuble fort riches, et lia avec lui des rapports de piété qui ne finirent qu'avec la vie.

L'éclat des vertus de M. de La Salle rayonnait au

loin à son insu. De pieux ecclésiastiques venaient faire des retraites au noviciat sous la direction de ce grand maître de la vie spirituelle. De grands pécheurs venaient réclamer les soins de sa charité et chercher auprès de lui le remède aux plaies de leur âme ; et on le vit opérer des conversions désespérées qui peuvent être considérées comme des miracles de la bonté divine.

Mais le soin des âmes pénitentes ne le détournait pas de l'attention qu'il devait à son noviciat. Il savait que toute l'espérance de la communauté était fondée sur les épreuves préalables auxquelles il soumettait ses disciples ; aussi ne s'en rapportait-il qu'à lui-même de l'éducation des novices. Il les accompagnait partout, les consolait, les animait, leur adressait des exhortations touchantes, présidait à tous leurs exercices, les devançait dans l'exécution des travaux les plus pénibles et des offices les plus vils. Son zèle était béni de Dieu : sa parole, tombée dans un terrain fécond, portait des fruits au centuple : ses novices, comme de tendres arbrisseaux, prenaient avec docilité le pli que sa main leur donnait. Formés sur un tel modèle, ils montraient par leur conduite qu'ils étaient à l'école d'un excellent maître dans la vertu. Lorsqu'ils paraissaient en public, leur silence, leur modestie, leur recueillement, leur douceur inaltérable au milieu des outrages apprenaient à tout le monde, mieux encore que leur humble costume, qu'ils étaient Frères du nouvel Institut.

CHAPITRE XVI.

La pauvre maison de Vaugirard était le séjour de prédilection de M. de La Salle. Il fallut pourtant la quitter. L'horrible famine de 1693 en chassa les Frères. Voici comment : nous avons déjà dit que l'on portait tous les jours la nourriture toute préparée de Paris à Vaugirard. Quelque grossière qu'elle fût, elle était un objet d'envie pour les malheureux que la détresse du temps privait de toute ressource. Déjà le Frère qui la portait avait été arrêté et dévalisé. M. de La Salle comprit qu'il n'y avait plus de sécurité pour les Frères à Vaugirard, et résolut de rentrer à Paris, où l'attendaient les rigueurs de la famine. Lorsque riches et pauvres craignaient également de manquer de pain, lui, toujours confiant en la Providence, se plaisait à répéter chaque jour à ses disciples, moins rassurés que lui, ces paroles du divin maître : « Gardez-vous de vous inquiéter et de « dire : Qu'est-ce que nous mangerons, ou qu'est-ce « que nous boirons, et de quoi nous couvrirons-nous? « car c'est ainsi que parlent les païens. Votre père « céleste sait que vous avez besoin de tout cela. »

Mais avant de raconter les luttes héroïques que le vénérable instituteur soutint contre la famine, il faut se rappeler les petits différends qu'il avait eus avec M. Baudran au sujet de l'habit des Frères et de l'institution du noviciat. Depuis ce temps, ce vertueux prêtre, si zélé d'ailleurs pour le bien, ne donnait plus à M. de La Salle les marques accoutumées de sa bienveillance. Il lui fit sentir particulièrement les effets rigoureux de sa prévention en retranchant les 500 livres de pension aux deux Frères qui tenaient l'école de la rue du Bac. Cette diminution imprévue de ressources, la cessation presque absolue des aumônes qu'en qualité de pauvres les Frères attendaient de la bonté de M. le curé, les laissèrent en proie à la misère. Mais M. de La Salle ne perdit rien de sa tranquillité et de sa confiance en Dieu. Et cependant un jour vint où le pain, même le plus noir, manqua complètement, et où les malheureux Frères n'eurent pour se soutenir qu'un peu de bouillon d'herbes, sans aucun ingrédient.

Ce fut en ce moment, et lorsque les plus fervents de ses disciples commençaient à murmurer, que la Providence montra à son pieux serviteur qu'elle ne l'avait pas oublié.

Un jour qu'il n'y avait plus chez les Frères ni pain, ni argent, à la réserve de quatre sous, le Frère pourvoyeur sortit pour aller avec cette faible somme acheter des légumes. Comme il passait devant la porte d'une riche dame, il vit une multitude de pauvres attendant le moment de recevoir l'aumône. Il s'arrêta, et son habit attirant l'attention de la charitable dame, elle le fit entrer et lui demanda quelle circonstance l'obligeait à solliciter une légère charité, confondu avec cette tourbe misérable. — Le Frère répondit avec simplicité que la communauté était réduite à l'extrémité, et que depuis longtemps elle ressentait toutes les horreurs de la famine. La vertueuse dame, encore plus surprise d'apprendre que M. le curé de Saint-Sulpice laissait ainsi mourir de faim les instituteurs qu'il avait chargés de l'instruction des enfants de la paroisse, dit au Frère : « Allez en paix, « je vais y donner ordre. » Elle se rendit aussitôt chez M. Baudran, et comme elle était une des sources les plus abondantes des aumônes qu'il distribuait, il ne put pas refuser, à sa demande, de venir momentanément au secours des Frères. Il donna ordre au boulanger de leur fournir le pain nécessaire. Mais par un triste retour, il voulut plus tard, lorsque le prix du blé eut diminué, rentrer dans les sommes que ce pain lui avait coûtées en retenant la pension des Frères.

En effet, les six premiers mois de l'année 1695 les Frères ne reçurent rien du pasteur qui les employait. En outre, M. Baudran refusa de payer plus longtemps le loyer de la maison qu'il avait lui-même louée pour eux, et laissa même à leur charge le paiement du loyer dû pour l'année antérieure. Il prit pour prétexte le refus que fit M. de La Salle de quitter la maison de la Rue-Princesse pour aller s'établir rue Guisarde, dans une maison tout à fait impropre à une communauté. Dans cette extrémité, le fondateur se défiant de ses lumières, demanda avis à ses conseillers ordinaires sur ce qu'il devait faire. On lui conseilla de renouveler le bail de la maison de la Rue-Princesse. Contre toute attente, le propriétaire consentit à le renouveler par convention verbale, quoiqu'il sût parfaitement au milieu de quel dénûment vivaient les malheureux Frères.

Pendant ces tribulations, le temps de la misère était passé. M. de La Salle soupirait après la solitude de Vaugirard. Aussi se hâta-t-il d'y retourner avec cinq ou six novices et Frères. Là, tranquille dans le lieu de son repos, il parut oublier de nouveau qu'il était au monde, qu'il y avait un monde autour de lui, et il se remit au travail comme un homme qui n'a qu'une affaire et qu'il la fait passer avant toutes les autres. Ce fut alors qu'il songea à écrire les règles de son ordre. Comme il avait eu soin de les faire pratiquer avant de les écrire, il n'eut qu'à rédiger les pratiques déjà consacrées par la ferveur et par l'expérience de plusieurs années. Mais avant de mettre la main à la plume, il eut recours, comme à l'ordinaire, aux lumières du Saint-Esprit, et, pour les mériter, au jeûne, à la prière et à des pénitences nouvelles. Lorsqu'il sentit son cœur ouvert à l'inspiration céleste, il composa le recueil de ses règles. Ce n'était pas assez : l'humble serviteur de Dieu ne voulait rien établir par autorité ; aussi, ayant convoqué en une assemblée générale tous les Frères anciens, il leur remit le code de l'Institut, les priant de le lire et de l'examiner attentivement. Il leur laissa toute liberté de faire leurs observations, et de lui dire avec franchise ce qu'ils trouveraient à ajouter ou à retrancher. Mais ces pieux disciples, bien convaincus que leur père avait à lui seul plus de lumières qu'eux tous ensemble, et qu'il n'y avait pas un seul article de ces règles qui n'eût été dicté par l'Esprit saint, reçurent cette communication avec respect, et approuvèrent toutes les règles unanimement ; ensorte que le recueil qui régit l'Institut encore aujourd'hui est tel que le saint fondateur l'a primitivement arrêté.

Après que M. de La Salle eut rédigé en corps de règles toutes les pratiques de la communauté, il travailla à l'enrichir de plusieurs autres ouvrages, dont il avait reconnu la nécessité. C'est ainsi qu'il composa la *Civilité Chrétienne*, des *Instructions sur la messe*, deux *Catéchismes*, l'un pour les enfants, l'autre pour les Frères ; des *Méditations* et d'autres livres de piété à l'usage particulier de ses disciples.

Nous avons vu que M. de La Salle, dans sa parfaite connaissance des faiblesses du cœur humain, n'avait voulu permettre que des vœux triennaux, renouvelés tous les ans. Mais ces vœux paraissaient aux Frères fermes dans leur vocation des engagements trop courts : ils brûlaient du désir d'en contracter d'éternels avec un maître immuable par sa nature et souverainement bon par son essence. Ils ne croyaient lui appartenir qu'à demi, tant que les liens qui les attachaient à lui ne seraient pas indissolubles. De pareils désirs étaient agréables au vertueux fondateur ; mais incertain s'ils prenaient leur source dans une vertu bien ferme ou dans une passagère ardeur, il feignait de n'y pas faire attention, voulant éprouver par cette apparente indifférence la persévérance de ses disciples. Enfin, pressé de leur donner une réponse, il leur déclara au commence-

9

ment de l'année 1694, qu'il leur laissait pour bien réfléchir les quatre mois qui les séparaient encore de la Trinité. Il écrivit en même temps aux Frères anciens des quatre maisons de province de faire à ce sujet de sérieuses réflexions et d'invoquer les lumières du Saint-Esprit. Quant à lui, il eut recours, comme toujours, aux veilles, aux jeûnes, aux oraisons, parce qu'il regardait l'article des vœux comme un point de la dernière importance. Il fit entrer en retraite pendant ces quatre mois, les uns après les autres, ceux des Frères qu'il croyait les mieux disposés à contracter des engagements irrévocables. Huit jours avant le terme fixé, il appela tous les Frères à Vaugirard et les mit en retraite jusqu'à la veille de la Sainte-Trinité. Pendant cette retraite, il ne cessa de faire à ses disciples toutes les observations qu'il jugea nécessaires sur la gravité des engagements qu'ils méditaient : il leur représenta avec force que ces liens ne sont souvent que des piéges tendus par le démon aux âmes présomptueuses; qu'il n'est pas donné à tous de faire des vœux perpétuels, que ceux à qui cette grâce n'est pas accordée ne les font que pour leur malheur; qu'un délai pour s'éprouver soi-même n'a aucune suite fâcheuse, tandis que la précipitation expose à d'amers repentirs, à d'odieux sacriléges ou tout au moins à la triste et difficile ressource des dispenses.

L'expérience démontra la sagesse de ces conseils.

Par un sentiment de prévoyance qu'on ne peut assez admirer, M. de La Salle voulut que la cérémonie des vœux fût cachée au reste de la communauté : il fit donc promettre à tous un secret inviolable, et choisit pour la cérémonie le lieu le plus retiré de la maison. Il prononça ses vœux le premier, et il le fit avec tant d'onction qu'il arracha des larmes à tous les assistants.

La formule de ce vœu, la même pour tous, contenait en substance « Qu'il se consacrait à Dieu pour « procurer sa gloire autant qu'il lui serait possible, « et que, pour cet effet, il s'unissait à tels et tels, en « nommant les douze Frères, pour tenir ensemble et « par association les Écoles gratuites, etc. ; qu'il fai- « sait vœu d'obéissance tant au corps de cette so- « ciété qu'aux supérieurs, et qu'il ajoutait celui de « stabilité dans la société pendant tout le temps de « sa vie. »

L'acte de ce vœu était signé : « J.-B. de La Salle, « prêtre romain. »

Tous les autres Frères prononcèrent le même vœu et en signèrent l'acte.

M. de La Salle essaya encore, dans cette occasion, de quitter la première place. Comptant sur l'influence qu'il savait exercer sur ses Frères, il tenta, par un discours plein d'éloquence et de logique, de les faire de nouveau consentir à son abaissement. Mais les bons Frères se souvenaient de la faute qu'ils avaient commise une première fois, et, quelle que fût leur déférence pour leur supérieur, ils restèrent sourds à sa voix.

Cependant affligés de la peine que ce refus lui causait, et ne voulant plus le contredire, ils parurent se rendre à ses raisons et consentirent à procéder à une nouvelle élection, bien déterminés à ne jamais avoir d'autre supérieur que lui. On procéda au scrutin, et les voix ayant été recueillies, M. de La Salle se trouva confirmé dans son poste par l'unanimité des suffrages.

L'humble serviteur de Dieu éprouva un véritable chagrin de ce résultat : on ne l'avait jamais vu dans une telle émotion. Aussi, après avoir fait à ses Frères de tendres reproches, il les supplia de renouveler l'épreuve. Ils y consentirent, et le second scrutin, comme le premier, le désigna supérieur par l'unanimité des voix. Alors les Frères, autorisés par des signes si manifestes de la volonté de Dieu, prirent la liberté de représenter à leur père qu'il était obligé de s'y soumettre, et que résister à leur choix, c'était contredire celui de Dieu même. Ils ajoutèrent que sa mort, quelque tard qu'elle pût arriver, ne viendrait que trop tôt leur rendre la liberté de lui donner un successeur, et que la grâce qu'ils lui demandaient, c'était de ne pas faire ce changement avant la fin de ses jours.

Le saint fondateur se rendit enfin aux pieux désirs de ses enfants, et levant les yeux et les mains au ciel, il adora les desseins de Dieu et reprit sa tranquillité habituelle. Il mit pourtant une condition à son acceptation : il voulut que les douze électeurs signassent l'acte de son élection et ajoutassent à cet acte l'engagement formel d'exclure à l'avenir des fonctions de supérieur-général tout prêtre ou tout autre ecclésiastique engagé dans les ordres sacrés.

Ils acceptèrent de grand cœur cette condition, et signèrent en conséquence l'acte suivant :

« Nous soussignés, Nicolas Huyart, Gabriel Drolin, « etc., après nous être associés avec M. J.-B. de La « Salle, prêtre, pour tenir ensemble les Écoles gra- « tuites par les vœux que nous avons faits le jour « d'hier, reconnaissons que, en conséquence de ces « vœux et de l'association que nous avons contractée « par eux, nous avons choisi pour supérieur M. J.-B. « de la Salle, auquel nous promettons obéir avec une « entière soumission, aussi bien qu'à ceux qui nous « seront donnés par lui pour supérieurs. Nous décla- « rons aussi que nous prétendons que la présente « élection n'aura dans la suite aucune conséquence, « notre intention étant qu'après mondit sieur de La « Salle et à l'avenir pour toujours il n'y ait aucun ni « reçu parmi nous, ni choisi pour supérieur, qui soit « prêtre ou qui ait reçu les ordres sacrés ; que nous « n'aurons et n'admettrons aucun supérieur qui ne « soit associé et qui n'ait fait vœu comme nous et « comme tous les autres qui nous seront associés « dans la suite. Fait à Vaugirard le 7 juin 1694. »

Ainsi condamné à garder la première place, M. de La Salle s'appliqua avec un nouveau zèle à la remplir dignement. Le nombre de ses disciples augmentait ; mais ses ressources restaient les mêmes : ses obligations, sa responsabilité devenaient immenses.

CHAPITRE XVII.

Près de deux ans se passèrent dans la paix et dans l'étude des vertus chrétiennes. Vers ce temps, M. Louis-Antoine de Noailles, évêque de Châlons-sur-Marne, ayant été promu à l'archevêché de Paris, vacant par la mort de M. François de Harlai, rendit une ordonnance qui frappait d'interdit les chapelles particulières, abusivement multipliées sur tous les points de son diocèse. La chapelle du noviciat des Frères fut comprise dans la mesure générale. M. de La Salle, vivement contrarié par cette interdiction, eut recours à la bonté du nouvel archevêque, et après lui avoir exposé sa peine, lui demanda la permission d'ériger une chapelle dans la maison de Vaugirard, avec pouvoir d'y célébrer la sainte messe. M. de Noailles, plein d'estime et de vénération pour un homme qu'il avait entendu louer comme un véritable apôtre, fut heureux de pouvoir lui donner des marques de sa considération ; en lui accordant sa demande, il confirma par écrit le pouvoir verbal que son prédécesseur lui avait donné d'établir une communauté dans Paris, et il y ajouta pour toujours tous les pouvoirs nécessaires pour exercer le saint ministère, grâce qu'il n'accordait presque à personne.

Ces sentiments de M. de Noailles pour M. de La Salle durèrent jusqu'à sa mort, et un jour ayant rencontré quelques Frères sur la route de Saint-Denis, il leur demanda des nouvelles de leur supérieur, et ajouta : « C'est un saint homme : je me recommande « à ses prières. »

Muni des pleins pouvoirs de son archevêque, M. de La Salle s'empressa de préparer un oratoire dans la partie la plus décente de la maison, et y travailla de ses propres mains. La chapelle fut bénite par un des grands-vicaires. Mais la joie du petit troupeau et de son pasteur fut de courte durée. M. le curé de Vaugirard, quoique ami de M. de La Salle, fut choqué de cette nouveauté, et vint lui en faire des plaintes, sans égard pour l'autorité si respectable qui avait permis l'érection de la chapelle. Le principal motif qu'il fit valoir pour alarmer la conscience du pieux fondateur, c'est qu'il privait ainsi les Frères du mérite que l'Église a attaché à l'assistance à la messe de paroisse, et ses paroissiens de l'édification que la présence des Frères excitait parmi eux. M. de La Salle objecta d'abord le privilége accordé à sa communauté par leur supérieur commun, Monseigneur l'archevêque ; mais il insista principalement sur le danger que couraient ses disciples à se trouver mêlés à une foule de personnes suspectes et dangereuses que les loisirs du dimanche attiraient à Vaugirard avec de toutes autres intentions que le service de Dieu. Cependant, pour ne pas contrarier entièrement le curé, qu'il honorait beaucoup, il s'engagea à aller le premier jeudi de chaque mois célébrer à la paroisse une messe solennelle du Saint-Sacrement et à y mener les Frères. Mais cette concession ne put calmer le mécontentement du curé, qui le fit éclater quelque temps après.

C'était la fête du Saint-Sacrement. Mortifié de ce que les Frères avaient refusé de se joindre à la procession solennelle, le pasteur, oubliant toute retenue, pénétra dans la chapelle du noviciat, au moment même où les Frères psalmodiaient leur office, et leur reprocha à haute voix et d'un ton colère le scandale qu'ils causaient, disait-il, en n'assistant pas à la procession. D'abord, absorbés par l'attention qu'ils prêtaient aux psaumes, ils n'entendirent pas les cris du curé, ce qui redoubla encore son mécontentement. En vain M. de La Salle tâcha de le calmer : il ne voulut rien écouter, et se retira plus irrité qu'il n'était venu. Cependant, quelques jours après, honteux de son emportement, il rendit son amitié à M. de La Salle, qui, de son côté, afin de le ménager, menait de temps en temps sa communauté à la paroisse, surtout le jour de Pâques et de Saint-Lambert, patron de Vaugirard.

Ce n'est pas à Vaugirard seulement que le pieux instituteur rencontra des difficultés à ce sujet. Comme les pasteurs les plus pieux sont aussi les plus rigoureux pour l'assistance à la messe paroissiale, plusieurs ont fait souffrir le serviteur de Dieu par des exigences importunes. Ces bons curés montraient par là que s'ils attachaient, comme on le doit, une très grande importance aux offices de la paroisse, ils ne favorisaient pas assez l'esprit de communauté en voulant obliger à se produire régulièrement en public des hommes dont le silence et la retraite étaient les premières obligations.

Ce n'est pas que les Frères s'éloignent des églises paroissiales ; ils en sont au contraire les plus assidus assistants ; ils s'y rendent régulièrement les dimanches et les fêtes à la tête de leurs enfants ; mais leur règle est, et elle ne peut être autre, d'adopter pour paroisse, quant aux offices, non celle sur laquelle leur maison se trouve, mais celle sur laquelle ils tiennent leurs Écoles *. C'est qu'un de leurs principaux devoirs est de mener leurs écoliers à la grand'messe et aux vêpres, et que, obligés de les surveiller pendant les offices, ils ne peuvent raisonnablement se trouver ailleurs pendant ce temps-là. Au reste, dans la suite, la Providence mit fin à ces contestations au moyen de la profession religieuse, qui, assimilant les Frères à tous les autres corps religieux, les a affranchis en partie de la juridiction curiale et de l'obligation paroissiale.

L'odeur de sainteté qui se répandait au loin attira bientôt à Vaugirard un si grand nombre de postulants, que la maison ne put plus les contenir. M. de La Salle se vit donc dans la nécessité d'en chercher une plus spacieuse. Mais quelle apparence de pouvoir trouver une maison convenable, et, l'ayant trouvée, de pouvoir, dans l'état d'indigence où se trouvait l'Institut, en payer le loyer ? La Providence manifesta encore dans cette circonstance la constante protection dont elle couvrait la communauté. M. de la Chétardie succéda en 1697 à M. Baudran dans la

* Il ne faut pas oublier que Vaugirard était un noviciat et non une école.

cure de Saint-Sulpice, et l'Institut compta dans ce digne pasteur un ami, un bienfaiteur de plus.

M. de La Salle avait en vue une vaste maison, au-dessus de la barrière des Carmes, dans la grande rue qui conduit à Vaugirard. Elle avait été longtemps occupée par des religieuses. Retirée, solitaire, fermée de tous côtés par une enceinte de murailles, ornée de cours et de jardins, à proximité de la ville, elle offrait de grands avantages. Mais le prix ôtait au pauvre supérieur l'espérance de l'avoir : le loyer était de 1,600 livres, somme fabuleuse pour les Frères ! Cependant, après avoir adressé à Dieu de ferventes prières, il s'enhardit, et communiqua son dessein à M. de la Chétardie, qui, pour en faciliter l'exécution, augmenta de 50 livres la pension annuelle de chacun des Frères qui tenaient les Écoles sur sa paroisse. Le bail fut passé aussitôt, et la communauté entra en possession au mois d'avril 1698.

Les voilà dans une vaste maison, mais nue et dégarnie, car les meubles qui garnissaient le noviciat de Vaugirard ne valaient pas la peine d'être transportés. M. le curé de Saint-Sulpice, touché de cette extrême pauvreté, s'adressa à une dame très charitable, madame Voisin, qui donna sur-le-champ 7,000 livres pour meubler convenablement le logement des Frères. Grâce à ce secours, la maison prit une nouvelle face, et fit sentir à ses habitants les douceurs et les commodités de la situation. Mais en transplantant ses disciples dans une maison plus vaste, le saint fondateur n'avait voulu que les loger tous et non les amollir par un meilleur régime. Ici, comme à Vaugirard, on ne buvait que de l'eau et la nourriture n'était pas moins grossière. Les exercices de piété et les mortifications étaient les mêmes. La ferveur augmentait avec le nombre des novices ; l'Institut n'avait jamais été si florissant, et, en peu de temps, il allait comme un grand arbre s'étendre dans tout Paris et sur toute la France, si l'ennemi du salut n'eût pas su en arrêter les progrès.

Il y avait dans la nouvelle maison une petite chapelle qui avait servi aux religieuses ; on l'agrandit en y ajoutant un chœur, et quand elle fut en état, un des grands-vicaires de l'archevêque vint la bénir et la consacrer à Dieu, sous l'invocation de saint Cassien, martyr, que M. de La Salle choisit parce qu'il avait, comme lui et ses Frères, enseigné les principes du christianisme.

M. de La Salle, trouvant dans M. de la Chétardie un zèle pour les Écoles Chrétiennes qui semblait vouloir l'emporter sur le sien, en profita pour établir une école dans la rue Saint-Placide, au faubourg Saint-Germain, qui n'était pas alors, comme aujourd'hui, le séjour du luxe et de l'opulence. Le pieux curé consentit de grand cœur, et une nouvelle école fut fondée. Le nombre des enfants qui y accoururent fut si grand, que les quatre Frères qu'on y plaça d'abord se trouvèrent surchargés, et qu'on fut obligé de leur en adjoindre deux autres.

Mais cette affluence d'élèves, qui venaient peupler les Écoles gratuites aux dépens des écoles payantes, alarma de nouveau les maîtres d'école de Paris. Cette fois encore ils commencèrent par se faire justice de leurs propres mains, en enlevant de l'école de la rue Saint-Placide tout le matériel de l'enseignement. M. de La Salle arriva au moment même de la saisie, et de l'air le plus tranquille, il dit à ses rivaux : « Tenez ! prenez-moi aussi ! »

Les maîtres d'école, sans se déconcerter, continuèrent leur œuvre, citèrent les Frères en justice, et pendant les trois mois que dura le procès, les Écoles gratuites demeurèrent fermées.

Le jour fixé pour les plaidoiries, les Frères comparurent, assistés de leur supérieur, qui demanda au tribunal la permission de mettre en évidence son bon droit. Les maîtres d'école, sachant que la cause des Écoles gratuites était la cause du public et des pauvres, et qu'à ce titre toutes les sympathies étaient pour les Frères, s'avisèrent de soutenir que les Frères n'étaient pas moins intéressés qu'eux et qu'ils tiraient aussi bien qu'eux un salaire de leur enseignement. M. de La Salle fit donc rouler tout son discours sur la gratuité absolue de ses Écoles ; celui qui avait tout quitté pour les établir, famille, honneur, patrimoine ; qui, docteur, avait consenti à devenir humble maître d'école, trouva dans son cœur une éloquence si entraînante, que le juge exigea sur-le-champ des maîtres d'école la preuve de leur assertion. Ils ne surent que répondre, et ne recueillirent de leur persécution qu'un arrêt et de la honte.

Les Écoles gratuites, délivrées encore une fois des

injustes poursuites de leurs rivaux, reprirent leur premier éclat et produisirent les fruits les plus abondants. M. le curé de Saint-Sulpice se plaisait à les visiter et à encourager les écoliers par de petites récompenses. Il faisait cette visite régulièrement tous les mois avec madame Voisin, la pieuse bienfaitrice des Frères.

Dans une de ces visites, M. de La Salle se trouva présent. M. de la Chétardie, à la vue du grand nombre d'enfants qui remplissaient les classes (ils étaient plus de quatre cents), ne put contenir sa joie, et s'écria, en adressant la parole à l'auteur de tant de biens : « Ah ! monsieur ! quelle œuvre ! Où serait mainte-« nant cette foule d'enfants, si elle n'était pas ici « réunie ? On les verrait courir les rues, se battre, « et faire à leurs dépens le funeste apprentissage du « mal et du péché. »

Ensuite il interrogea les élèves, et, charmé de leurs réponses, non moins que de leur tenue modeste, il embrassa les Frères les uns après les autres. Pour faire éclater encore mieux au-dehors les bienfaits des Écoles Chrétiennes, il ordonna une procession des enfants des diverses classes pour le premier samedi de chaque mois. Les Frères les amenaient, rangés deux à deux, à la paroisse, où ils assistaient à une messe solennelle de la Très-Sainte Vierge, pendant laquelle on leur distribuait à chacun une part du pain bénit. C'était un bonheur, dans ces occasions, pour le pieux curé, de voir réunis sous ses yeux près de mille enfants que sa charité faisait instruire, et de montrer aux âmes pieuses le bel ordre, la modestie et le silence qui régnaient dans cette foule jugée auparavant indisciplinable.

Madame Voisin rivalisait de zèle et d'affection avec M. de la Chétardie pour les Écoles gratuites : comme le pain était encore une fois devenu très cher, elle en fit distribuer une livre par jour à chacun des écoliers des Frères.

CHAPITRE XVIII.

Cependant, le plan que le saint fondateur avait conçu pour son Institut n'était encore exécuté qu'à moitié : car il avait en vue de former des maîtres, non-seulement pour les Écoles des villes, mais aussi pour celles de la campagne. Le succès qu'avait eu la tentative qu'il en avait faite à Reims, la persuasion où il était que le séminaire des maîtres de la campagne n'avait péri que par son absence, lui donnaient un vif désir de renouveler l'expérience. Dieu lui donna cette joie.

M. le curé de Saint-Hippolyte, instruit des bons résultats que produisaient les Écoles gratuites sur la paroisse Saint-Sulpice, désira procurer à la sienne les mêmes avantages. Il trouva M. de La Salle disposé à lui fournir deux Frères, et il pourvut à leur entretien avec une libéralité vraiment chrétienne. Bientôt il souhaita d'étendre aux paroisses de la campagne les bénédictions que le Seigneur répandait sur la sienne, et il conféra avec le pieux supérieur sur les moyens d'exécuter ses pensées. On juge de la joie qu'une telle communication causa à M. de La Salle. Tout fut bientôt réglé. A la sollicitation du vertueux pasteur, un particulier donna une maison et un généreux ecclésiastique 800 livres de rente pour la fondation du *Séminaire des maîtres d'école pour la campagne*. Dès que la maison fut en état, M. de La Salle y admit des sujets, tous venus de la campagne, et les plaça sous la direction d'un des plus anciens Frères, en qui il avait une entière confiance. Une école fut annexée à la maison : chaque novice à tour de rôle faisait la classe sous les yeux du préposé, et se formait ainsi par une pratique de chaque jour à l'excellente méthode des Frères. Le lever était marqué à quatre heures et demie, le coucher à neuf. Les prières, les lectures spirituelles, l'examen de conscience, judicieusement mêlés aux exercices des classes, se partageaient la journée. Les novices portaient l'habit séculier : du reste, ils étaient nourris, logés et instruits gratuitement.

Mais la mort du vertueux curé de Saint-Hippolyte vint compromettre presque à sa naissance ce nouvel établissement, et les dispositions mêmes qu'il prit pour en assurer après lui la conservation contribuèrent à sa ruine. Comptant sur la droiture du Frère-directeur, il l'institua, par son testament, héritier du fonds qui constituait l'existence du Séminaire. Pouvait-il croire que ce Frère, l'élu du fondateur, son bras droit, qui, avec M. de La Salle et le frère Gabriel, formait le triumvirat de l'Institut, abuserait de sa confiance au point de s'approprier un bien donné pour le Séminaire des maîtres pour la campagne ?

Après les obsèques du curé de Saint-Hippolyte, M. de La Salle vint pour prendre des arrangements avec le Frère-directeur. Que l'on juge de sa surprise et de sa douleur, lorsqu'il entendit ce perfide disciple le renier, lui dire avec hauteur qu'il ne le reconnaissait plus pour son supérieur, qu'il saurait bien se passer de lui, et qu'en conséquence il ne voulait plus avoir avec lui aucun rapport. Ce fut en cette occasion que l'éminente vertu de M. de La Salle brilla de tout son éclat. Certes, contre une fourberie si impudente, contre une trahison si noire, l'indignation était légitime. Mais le saint fondateur, touché d'avoir un trait de ressemblance de plus avec son divin modèle, puisque, lui aussi, il avait rencontré un Judas parmi ses disciples, reçut avec calme et dans un silence plein de dignité l'étrange déclaration du perfide directeur, et se retira sans faire entendre une plainte. Il ne fut sensible qu'à la ruine d'un établissement si utile, ruine qu'il était bien aisé de prévoir.

En effet, le Frère prévaricateur quitta l'habit qu'il déshonorait, se fit relever de ses vœux et ne s'occupa que de jouir du bien qu'il avait usurpé. Mais le vertueux ecclésiastique, qui, à la prière de M. de la

Chétardie, avait doté l'établissement d'une rente de 800 livres, scandalisé de la conduite du Frère, révoqua sa donation, et précipita ainsi la chûte d'un établissement qui devait, dans la pensée de son fondateur, produire des fruits abondants. Le sacrilége usurpateur essaya de continuer au moins les Écoles sur la paroisse où elles étaient établies, et quelque temps après, soit qu'il eût déjà dissipé le legs usurpé, soit qu'il voulût apaiser les remords de sa conscience troublée, il eut l'audace de solliciter sa réintégration dans l'Institut, dont il était la honte et le scandale. M. de La Salle aurait tendu les bras à cet enfant dénaturé ; mais il en fut empêché par les représentations des autres Frères et des personnes sages dont il prenait toujours les avis dans les occasions délicates.

Ce perfide disciple eut une fin bien déplorable, il continua pendant près de vingt ans à tenir école sur la paroisse Saint-Hippolyte ; mais le lendemain même de la mort du bienheureux fondateur, il tomba malade, comme si le ciel eût voulu venger une injure que M. de La Salle avait pardonnée de bon cœur pendant sa vie. Après cinq mois de cruelles souffrances, ce malheureux alla rendre compte à Dieu de l'injustice qu'il avait faite à l'Église, de sa scandaleuse désertion et de la ruine d'un établissement utile causée par sa faute.

Vers le temps où s'accomplit cette iniquité, M. de La Salle ouvrit sa maison à cinquante jeunes Irlandais, émigrés depuis peu en France pour y conserver leur religion. La proposition lui en avait été faite au nom de l'archevêque par M. le curé de Saint-Sulpice. M. de Noailles avait voulu lui donner une nouvelle preuve de sa confiance, en lui remettant l'éducation de ces jeunes catholiques, que le malheureux roi d'Angleterre, exilé de son royaume, lui avait confiés à lui-même. M. de La Salle prit à cœur de répondre à la confiance de l'illustre prélat. Il se chargea personnellement de leur éducation, et en peu de temps les jeunes émigrés se trouvèrent en état de remplir avec honneur les divers emplois qui leur furent assignés.

Pendant qu'ils étaient à une si sainte école, le roi d'Angleterre, Jacques II, accompagné de l'archevêque, les honora de sa visite. Ce prince, victime de son attachement pour la religion catholique, et qui avait sacrifié son trône aux intérêts de la foi, s'intéressait beaucoup à l'éducation chrétienne d'une jeunesse persécutée pour la même cause. Il avait voulu voir de ses propres yeux le lieu qu'habitaient les jeunes émigrés et les soins qu'ils y recevaient. Témoin de l'admirable tenue de la maison, il en témoigna sa vive satisfaction à M. de La Salle.

Plusieurs évêques, informés du bien produit par les bons Frères, demandèrent des maîtres à leur vertueux supérieur. Dès l'année 1694, M. Godet-Desmarets, évêque de Chartres, en avait demandé. Mais M. de La Salle ne crut pas devoir à cette époque accéder à la prière de l'illustre prélat. Il voulait se donner le temps nécessaire pour bien former ses disciples, et en faire des maîtres en humilité et en charité, avant de leur confier la conduite des Écoles. Il était persuadé que leur ministère ne serait véritablement utile au peuple, que lorsqu'ils confirmeraient leurs leçons par leurs exemples.

En 1699, le vertueux évêque, qui avait connu M. de La Salle au séminaire de Saint-Sulpice, renouvela ses instances d'une manière si pressante, que le saint fondateur ne put plus reculer. Il soumit la demande aux Frères, et après leur avoir fait un éloge mérité de la piété et des vertus de M. l'évêque de Chartres, il leur laissa pleine liberté d'accepter ou de refuser. Les Frères, trop heureux de devenir les auxiliaires d'un prélat que les catholiques regardaient comme le bouclier de la foi, s'offrirent avec empressement à leur supérieur. D'un autre côté, tous les curés de Chartres se hâtèrent de concourir au pieux dessein de leur évêque. M. de La Salle envoya donc six Frères pour tenir les Écoles gratuites et un septième pour le service domestique de la maison. Le vertueux prélat les accueillit avec de grands sentiments de joie, et prit toutes les mesures nécessaires pour rendre leur présence utile à la jeunesse. Il prit à sa charge exclusive toutes les dépenses du nouvel établissement, et autorisa, par un mandement public, l'ouverture des Écoles Chrétiennes le 4 octobre 1699. Par ce mandement, l'ouverture des classes était fixée au 12 du même mois.

Le mandement eut tout l'effet désirable. Dociles à

la voix de leur premier pasteur, les parents s'empressèrent d'envoyer leurs enfants aux Écoles gratuites. Les fruits merveilleux que l'éducation chrétienne produisit sur une jeunesse jusque-là abandonnée, furent pour le pieux évêque un grand sujet de joie. Il se plaisait à visiter les Écoles ; il parlait aux enfants avec une bienveillance et une douceur toutes paternelles, exhortant les uns, consolant les autres, les animant tous à la persévérance. Quant aux bons Frères, dont il voyait avec chagrin la santé chancelante, persuadé que leur trop grande ferveur en était la principale cause, il les priait avec tendresse de la contenir dans de justes bornes, leur disant qu'il était de leur devoir d'attendre le moment de Dieu pour le sacrifice, sans rien faire pour l'avancer ; qu'ils devaient se souvenir que l'éducation chrétienne de la jeunesse étant le but de leur vocation, c'était aller contre cette vocation même que de se mettre hors d'état par des austérités excessives d'en remplir les saintes obligations.

Lorsque M. de La Salle visitait les Écoles de Chartres, l'évêque le recevait comme un envoyé du ciel et en même temps comme un ancien condisciple, c'est-à-dire avec cette familiarité noble que les grandes âmes conservent dans l'élévation des plus hautes dignités. Il l'invitait toujours à sa table, sans pouvoir jamais réussir à vaincre ses scrupules. Un jour, il résolut d'obtenir de force ce qu'il ne pouvait gagner par l'amitié. M. de La Salle, s'étant présenté pour voir l'évêque, trouva la porte tout ouverte ; mais lorsqu'il voulut sortir, il se vit retenu prisonnier, et comprit bien la douce violence dont le prélat usait pour triompher de ses refus. Il céda donc et s'assit à la table épiscopale. Pendant le dîner, Monseigneur remarqua que le manteau de l'humble serviteur de Dieu était complètement usé et hors de service. Il lui en fit faire aussitôt un autre, et, de peur d'être refusé, il le commanda d'une étoffe grossière. M. de La Salle l'accepta avec reconnaissance comme une aumône. Quelque temps après ce manteau lui fut volé par des rodeurs de nuit.

L'illustre évêque vécut trop peu pour le bien des Écoles Chrétiennes. Après sa mort, les pauvres Frères se trouvèrent sans aucune ressource, et les administrateurs de la ville crurent leur faire une grande faveur en ne les chassant pas d'une localité où, disaient-ils, ils ne les avaient pas appelés. Dans cette situation, il était naturel de penser que le supérieur-général les rappellerait. Mais cet homme extraordinaire, qui n'écoutait ni les ressentiments de la nature, ni les sujets de mécontentement que le monde lui donnait, n'obéissant qu'aux inspirations de la sagesse divine, aima mieux abandonner ses disciples à la plus grande pauvreté que de délaisser les Écoles fondées par son vertueux condisciple et ami. Seulement, forcé par la nécessité, il réduisit le nombre des Frères à quatre, en attendant que la Providence changeât les dispositions de la ville à leur égard.

Quelque temps après, des personnes pieuses, entre autres le neveu et successeur de l'évêque défunt, l'abbé de Truchis, et M. le duc d'Orléans vinrent en aide aux Écoles de Chartres, et permirent d'y envoyer un Frère de plus.

Tant que Monseigneur Godet-Desmarets vécut, les maîtres des écoles payantes, retenus par la protection dont cet illustre prélat couvrait les Frères, n'osèrent témoigner contre eux leurs mauvaises dispositions. Mais aussitôt qu'il fut mort, ils les déférèrent aux magistrats. Ceux-ci ordonnèrent aux Frères de ne recevoir à l'avenir dans leurs écoles que les enfants dont les parents étaient inscrits sur le registre des indigents; fixèrent à quatre le nombre des Frères dont la présence serait autorisée à Chartres; leur firent défense d'arborer la croix au-dessus des portes de leurs établissements, et couronnèrent le tout en ordonnant que la sentence serait lue au prône de toutes les paroisses.

M. de La Salle, quand on lui communiqua cette odieuse sentence, refusa d'y croire, surtout en ce qui concernait la lecture publique de la sentence dans les églises, article qui n'avait pu être ajouté que par une insolente usurpation de l'autorité épiscopale.

Le nouvel évêque, digne neveu de son prédécesseur, blessé dans ses prérogatives et dans sa dignité, déféra la sentence au parlement de Paris, qui fit défense de l'exécuter.

Tant de tracasseries, au lieu de refroidir le zèle de M. de La Salle, ne firent que l'enflammer encore. Sa charité pour cette ville ingrate alla si loin, que, en 1705, il y laisssa ses Frères exposés à une affreuse contagion qui décimait les habitants et qui lui enleva en moins de six mois quatre de ses principaux disciples.

L'accueil que les Calaisiens réservaient aux disciples de M. de La Salle devait dédommager le pieux fondateur de toutes les contradictions qu'il avait rencontrées dans la capitale de la Beauce. Attendu à Calais, demandé avec une bienveillante impatience, reçu avec honneur, il put dire, avec saint Paul, qu'il avait été accueilli comme un ange du ciel, comme un ministre de Jésus-Christ.

Voici quelle fut l'occasion de ce nouvel établissement : M. Ponthon, neveu du curé de Calais, étudiait à Paris la théologie au séminaire des Bons-Enfants, fondé par Saint-Vincent-de-Paul. Un jour, sur la fin de l'année 1699, passant par hasard dans la paroisse de Saint-Sulpice, il fut frappé du recueillement vraiment extraordinaire avec lequel une multitude d'enfants, sous la conduite de quelques Frères, entendaient la sainte messe. Ce spectacle si inattendu lui inspira sur-le-champ le désir de procurer cet objet d'édification à la ville de Calais, dont il était désigné curé par la démission que son oncle avait faite de ce poste en sa faveur. Dans ce but, il lui écrivit ce qu'il avait vu, et sur le portrait qu'il lui fit des bons Frères, ce zélé pasteur, craignant de mourir avant d'avoir assuré à sa paroisse le bienfait de leur présence, manda sur-le-champ à son neveu de mettre tout en œuvre pour obtenir des maîtres pareils à ceux qu'il avait vus. Le vénérable vieillard écrivait lettres sur lettres pour hâter leur venue, comme s'il n'attendait que leur arrivée pour rendre son âme à Dieu. A ce désir se joignait une circonstance des plus favorables : le maître d'école de la ville venait de mourir, les classes étaient interrompues et les écoliers sans maîtres. A la sollicitation du pasteur, les administrateurs de la ville écrivirent à M. de Béthune, gouverneur de Calais, pour le prier d'employer son crédit à l'exécution de ce dessein. Ce seigneur était encore plus remarquable par sa piété que par sa dignité. Il mit donc beaucoup d'empressement à engager M. de La Salle à se rendre aux pieux désirs de la ville de Calais, et le digne supérieur, qui connaissait le zèle de M. le duc de Béthune pour la gloire de Dieu, envoya sans aucun retard deux de ses disciples à Calais pour y ouvrir les Écoles Chrétiennes. M. de Béthune, de son côté, adressa son consentement aux administrateurs de la ville, signé de sa main et scellé de ses armes, en leur recommandant de favoriser de tout leur pouvoir cette utile fondation. M. de Bignon, alors intendant de Picardie et d'Artois, se fit gloire de protéger les nouveaux maîtres d'école. Monseigneur Delangle, évêque de Boulogne, les accueillit aussi avec bonté, et, par un mandement public, engagea ses ouailles de Calais à confier leurs enfants aux Écoles gratuites.

On logea d'abord les deux Frères dans une partie du Collége, qui leur fut plus tard concédé en entier. Pour accroître leurs ressources, le vénérable curé écrivit à M. le marquis de la Vrillière, ministre de Louis XIV, pour lui recommander le nouvel établissement. Le grand roi, sur la recommandation de son ministre, accorda aux Frères 450 livres en 1701 et pareille somme en 1702.

Le succès des Écoles gratuites fut si prompt et si remarquable, que les magistrats de la ville s'occupèrent de les multiplier. En 1703, ils écrivirent à M. de Pontchartrain, chancelier du royaume, pour lui représenter la nécessité d'établir dans le quartier de la marine une école gratuite pour les enfants des matelots, et pour le prier d'obtenir du roi la concession d'un ancien corps-de-garde qui paraissait propre à cette création. Le roi accorda la demande, et chargea M. de Bignon d'exécuter ses intentions. — La nouvelle école s'ouvrit, en effet, en 1705 et produisit les meilleurs résultats. Une pension de 300 livres fut allouée par le roi pour subvenir à la subsistance des Frères : elle fut exactement payée jusqu'à la mort du grand roi ; suspendue par le régent, pendant la minorité du roi Louis XV, elle fut rétablie à sa majorité, sur la recommandation de M. de la Vrillière. Enfin, les administrateurs de Calais assurèrent pour toujours le sort des Frères, en leur allouant sur les octrois de la ville une somme annuelle de 900 livres.

M. le duc de Béthune étant mort, M. le duc de Charost, son fils, se fit une gloire de continuer à l'Institut la généreuse protection dont son père l'avait constamment honoré. Les Frères ne réclamèrent jamais en vain son appui : aussi la mémoire de ces illustres personnages est-elle en vénération dans leur communauté, qui les regarde à juste titre comme ses plus grands bienfaiteurs.

L'histoire doit enregistrer aussi, à côté de cette puissante famille, un simple laïque qui se montra en toute occasion le zélateur le plus ardent des Écoles gratuites de Calais. Nous voulons parler de M. Gense. Les Frères ne rencontrèrent nulle part en France un ami si dévoué : il s'intéressait à tout ce qui les regardait, faisant son affaire propre de tout ce qui concernait l'Institut ou les Écoles. Son plaisir était d'être sans cesse avec eux, et il ne connaissait pas de plus grand bonheur que d'être admis à leurs prières et à leurs récréations. En 1715, il fit exprès le voyage de Rouen pour pouvoir contempler les traits du saint fondateur, qui se trouvait en ce moment à Saint-Yon. Ce fervent chrétien établit à Calais, dans sa propre maison, les *Filles de la Providence*, qui se vouent à l'éducation gratuite des filles pauvres. M. Gense couronna sa vie exemplaire par une sainte mort, qui arriva quelques années après celle de M. de La Salle.

CHAPITRE XIX.

M. de la Chétardie, que nous avons à regret perdu pendant quelque temps de vue, venait, à l'âge de 66 ans, de refuser l'évêché de Poitiers que Louis XIV lui offrait, il croyait l'administration de la vaste paroisse de Saint-Sulpice suffisante pour ses forces. Ingénieux pour tout ce qui pouvait contribuer à l'instruction des pauvres, il conçut le projet d'établir une école dominicale en faveur des jeunes ouvriers que l'obligation de gagner leur vie occupe tous les jours de la semaine et ne laisse libres que le dimanche pour recevoir un peu d'instruction ou compléter celle qu'ils peuvent avoir reçue *. Nul autre que M. de la Salle, dans les idées de M. de la Chétardie, n'était capable de mener à bonne fin un projet de ce genre. Le serviteur de Dieu se chargea avec empressement d'une œuvre si utile, et après avoir obtenu l'autorisation préalable de l'archevêque, il ouvrit en 1709, un dimanche, à midi, dans la maison du noviciat, une espèce d'académie chrétienne à tous les garçons au-dessous de 21 ans qui se présenteraient. Deux cents adultes profitèrent de ce bienfait, et reçurent une instruction adaptée à leurs besoins et à leur portée. Les moins avancés apprenaient à lire et à écrire. On enseignait aux autres les mathématiques et le dessin.

* Voilà évidemment l'origine des classes d'adultes, que nos modernes législateurs croient avoir inventées.

Les leçons, qui duraient deux heures, étaient suivies du catéchisme et d'une courte instruction sur les devoirs des ouvriers, faite par un des bons Frères.

Il est aisé de concevoir quel bien produisait cette fondation nouvelle : elle retirait du vice et des occasions du péché une multitude de jeunes gens; en leur donnant le goût de l'instruction et des arts, elle les mettait en état de faire des progrès dans leur profession; les écartait des cabarets et des autres lieux funestes à la jeunesse; enfin elle les disposait à la vie chrétienne.

M. de La Salle, plus capable que personne d'apprécier les résultats d'une telle institution, n'épargnait rien pour la soutenir et la développer. Mais Dieu, qui se plaisait à éprouver son serviteur, lui réservait à l'occasion même de cette nouvelle école un de ses plus violents chagrins, comme nous le verrons bientôt.

En 1702, on demanda à M. de La Salle quelques Frères pour établir une École Chrétienne à Troyes. Il en accorda deux qui l'ouvrirent sous la protection de l'évêque, grâce à une pieuse fondation de 200 livres que M. Lebé, curé de la paroisse de Saint-Nizier, avait reçu mission d'employer à cet usage. Etant lui-même logé au grand seminaire en qualité de supérieur, M. Lebé concéda le presbytère pour loger les deux Frères. Plus tard une personne pieuse légua une somme importante pour servir à l'achat d'une maison.

Quelques années après l'établissement de cette

première école, un célèbre oratorien, le R. P. Chantreau, qui s'était acquis par sa vertu et par son éloquence une grande influence sur ses compatriotes, employa tout son crédit à faire venir cinq autres Frères destinés à pourvoir à l'instruction chrétienne de tous les enfants pauvres de la ville. Son zèle ayant excité celui des habitants, on ouvrit deux écoles nouvelles, l'une sur la paroisse de Sainte-Magdeleine, et l'autre sur la paroisse de Saint-Jean.

Depuis longtemps le pieux fondateur avait conçu le désir d'envoyer à Rome deux de ses disciples, afin de planter l'arbre de la société à l'ombre du Saint-Siége, de faire approuver son Institut par le vicaire de Jésus-Christ, et surtout afin de montrer son entière soumission aux décisions du Saint Père, dans un temps où l'on n'était que trop disposé en France à n'en faire aucun cas. Dès l'année 1694, époque où les Frères firent le vœu perpétuel d'obéissance, obtenir l'approbation du Saint-Siége avait été la constante préoccupation du pieux instituteur, et c'était là la signification du titre qu'il prit en signant son vœu : *Prêtre romain.*

Jusqu'ici la pauvreté de l'Institut avait été un obstacle à l'exécution de cette pieuse pensée. Voyant que ses ressources n'augmentaient pas, il se décida à confier ses deux disciples à la garde de Dieu, et il les mit en route pour un si long voyage avec la minime somme de cent livres! Les pauvres Frères firent le voyage en demandant l'aumône, réservant le peu d'argent qu'on avait pu leur donner pour le moment où ils se trouveraient seuls à Rome, en présence des besoins de chaque jour. L'un des deux envoyés ne put soutenir cette rude épreuve, et rentra en France quelques mois après, laissant à Rome le frère Gabriel Drolin ; ce fidèle disciple du fondateur persévéra avec constance pendant 26 ans dans la mission que son supérieur avait confiée à sa foi, et ne rentra en France, âgé de 65 ans, qu'après avoir obtenu l'approbation de l'Institut.

Depuis lontemps M. de La Salle était pressé par des personnes pieuses d'établir des Ecoles gratuites en Provence et en Languedoc. Mais le sage fondateur résistait à ce flatteur empressement dans la crainte que ses disciples, éloignés de lui, ne se fissent des routes nouvelles. Cependant les sollicitations devinrent si nombreuses et si instantes, qu'il crut y voir un ordre d'en haut et qu'il se détermina à céder.

La ville d'Avignon fut la première qui obtint des Frères à la prière de M. de Château-Blanc, trésorier du pape dans le comtat d'Avignon. Sa femme, en mourant, avait légué une certaine somme pour la fondation d'une école gratuite. M. de Château-Blanc ayant eu occasion de voir un des Frères qui, à son retour de Rome, passait par Avignon, conçut une si grande estime pour l'Institut, qu'il écrivit à M. de La Salle pour avoir au plus tôt de ses disciples. Le saint fondateur envoya à Avignon deux Frères qui y furent accueillis avec beaucoup d'affection. M. de Château-Blanc les logea dans une maison qui était à sa disposition, en attendant que celle qu'il avait achetée pour eux fût en état de les recevoir.

Avant d'ouvrir leur école, les bons Frères, fidèles aux instructions de leur supérieur, allèrent se jeter aux pieds de M. Laurent de Fiesque, archevêque d'Avignon, qui leur donna des témoignages de la plus vive affection, et se montra depuis en toute occasion leur premier protecteur. Sous ses auspices, l'école gratuite fut ouverte en 1703, et les résultats en furent si satisfaisants, que M. de Château-Blanc écrivit * à M. de La Salle de lui envoyer deux autres Frères, se chargeant de pourvoir à tous leurs besoins jusqu'à ce que la Providence en disposât autrement. Le vice-légat du pape et M. l'archevêque ne voulurent pas laisser à la charge du pieux trésorier ce surcroît de dépense, et ils pourvurent généreusement à la subsistance des nouveaux Frères. L'illustre prélat allait lui-même visiter les écoles, passait de longues heures à suivre le mouvement des classes, à interroger et à écouter les écoliers. Plus tard, la faveur dont il honorait les Frères ne servit pas peu à faire approuver à Rome leur Institut.

* 17 mars 1705.

CHAPITRE XX.

Nous touchons à l'époque la plus douloureuse de la vie de notre héros. Nous allons le voir, en butte à la plus implacable persécution, opposer à ses ennemis le bouclier d'une conscience pure et, inébranlable dans sa foi, marcher d'un pas toujours ferme, à travers les obstacles, au but glorieux que le Saint-Esprit semblait lui avoir assigné.

Nous avons déjà vu que les Ecoles gratuites se multipliant avaient obligé M. de La Salle à disperser ses disciples sur un grand nombre de points du royaume. La responsabilité qui pesait sur lui lui faisait un devoir rigoureux de voir les choses par lui-même : de là de fréquents déplacements, de là nécessité de déléguer en son absence la direction du Noviciat à l'un de ses disciples. Ce Frère avait un grand fonds de vertu ; mais, dur pour lui-même, il se montrait presque sauvage pour ses subordonnés. Le Frère-directeur des Ecoles de Paris semblait se modeler sur le directeur des novices, et ces deux hommes à l'envi rendaient insupportable un joug déjà si pesant et que la douceur de M. de La Salle pouvait seule faire paraître léger. Leur dureté aigrissait de plus en plus les esprits ; mais M. de La Salle, quand il était présent, guérissait par son ineffable bonté les blessures que ces deux Frères prenaient plaisir à envenimer, et ensevelissait dans l'ombre de la communauté les plaintes qui tendaient à s'exhaler au-dehors. Mais lorsque le pieux fondateur fut parti, la dureté et l'imprudence des préposés arrivèrent à un tel degré, que leurs victimes se plaignirent publiquement des indignes traitements qu'on leur faisait subir.

O étrange et terrible exemple des faiblesses humaines! Un homme d'un mérite solide, d'une piété non douteuse va se laisser prévenir contre le pauvre serviteur de Dieu, au point que d'ami, de bienfaiteur et de protecteur, il deviendra son ennemi et son persécuteur acharné. Ceux qui ont écrit avant nous l'histoire de M. de La Salle n'ont pas voulu flétrir la mémoire de cet homme, en inscrivant son nom dans leurs pages vengeresses : nous imiterons leur réserve, croyant bien comprendre ainsi l'esprit de charité évangélique qui fut un des principaux traits du caractère de notre héros. Son tort fut d'imputer au supérieur innocent des fautes commises par ses subordonnés en son absence, des fautes qu'il ignorait, et qu'il aurait blâmées tout le premier s'il les eût connues. Un tort plus grave fut de condamner sans l'entendre un prêtre si vertueux, un supérieur si sage: la plus vulgaire prudence voulait qu'on fît une information en règle, qu'on entendît des témoins, et qu'on ne condamnât pas un supérieur sur les plaintes non vérifiées de ses inférieurs. Quoi qu'il en soit, voici les faits qui fournirent de prétexte à cette violente persécution.

Le maître des novices, chargé pendant l'absence de M. de La Salle de la direction de l'établissement, n'écoutant que l'amertume de son zèle indiscret, imposa à quelques postulants des pénitences tellement rigoureuses, qu'ils en firent des plaintes publiques, cherchant à se venger de celui qui en était l'auteur. La personne à laquelle ils s'adressèrent, déjà indisposée contre M. de La Salle pour des causes qui sont restées secrètes, accueillit favorablement ces plaintes, et les encouragea d'une façon si manifeste que les novices se crurent autorisés à vomir tout le venin de leur mécontentement ; après les avoir longtemps écoutés, l'ennemi du serviteur de Dieu les invita à rédiger leur plainte par écrit et à la signer, ce qu'ils firent en exagérant les prétendus mauvais traitements qu'ils avaient reçus. Ils ne se doutaient pas, les infortunés, que c'était, non le maître dont ils avaient à se plaindre, mais le père tendre qu'ils chérissaient, qui boirait le calice qu'ils remplissaient du fiel de leur colère !

Cependant ces dépositions n'étaient pas contre M. de La Salle, mais seulement contre le maître des novices ; et il n'était pas facile de rendre le fondateur complice des fautes du disciple aux yeux d'un archevêque exempt de prévention, naturellement bon et modéré, et qui estimait de longue date le pieux fondateur des Écoles gratuites. Il fallait patienter, attendre de nouvelles charges qui pussent impliquer dans une accusation générale un innocent qu'on voulait rendre coupable.

L'occasion ne tarda pas. Le directeur des Écoles de Paris, non moins dur, non moins intolérant que le maître des novices, étant venu, comme à l'ordinaire, passer le dimanche dans la maison du noviciat, condamna à un châtiment corporel un des novices qu'on avait momentanément placé sous son obéissance. Ce jeune homme exaspéré s'évada, et alla montrer les marques visibles du mauvais traitement qu'il avait subi à la même personne qui déjà avait reçu les plaintes des autres novices.

Certes, M. de La Salle, comme supérieur, pouvait être rendu responsable des excessives sévérités de ses subordonnés, s'il les eût autorisées par ses ordres, par son approbation, par ses exemples ou par sa tolérance; mais si le second fait, comme le premier, s'était produit en son absence; si jamais sa conduite n'avait encouragé de telles rigueurs, était-il juste de les faire retomber sur lui? Voilà pourtant ce qui fut fait. On crut que puisqu'un second Frère, préposé aux autres par le supérieur général, se conduisait comme le premier, ce ne pouvait être que par les instructions du fondateur. On voulut voir un système dans ce qui n'était qu'un accident.

L'ennemi du serviteur de Dieu fit écrire et signer par l'auteur cette nouvelle accusation, et des deux il fit un mémoire accompagné de réflexions dont la conclusion était que : « Si M. de La Salle n'était pas di-« rectement coupable, il était du moins responsable « des excès graves de ses disciples; qu'il était urgent « de le déposer et de le remplacer par un homme « sage, capable de gouverner un Institut si utile à « l'Eglise. »

Le mémoire accusateur fut remis à Son Eminence, M. de Noailles, cardinal-archevêque de Paris, et l'ennemi de M. de La Salle, en le présentant, y ajouta de vive voix tous les griefs qu'il avait contre le saint fondateur, dont le seul crime était sans doute de n'avoir pas suivi aveuglément ses conseils et de ne l'avoir pas laissé gouverner à son gré la société nouvelle. Il insista principalement sur la nécessité de retirer à M. de La Salle la direction de l'Institut, si Son Éminence voulait en prévenir la ruine.

L'accusation était d'autant plus redoutable qu'elle avait été instruite à l'insu de M. de La Salle, et que le caractère, les vertus et l'âge de celui qui la soutenait présentaient au cardinal toute sorte de garanties. Le bon prélat ne pouvait revenir de sa douloureuse surprise : il fallait ou que l'un fût coupable ou que l'autre fût un calomniateur, et sa haute raison repoussait l'une et l'autre supposition. Il prit donc le sage parti d'ajourner toute décision et de laisser au temps le soin d'éclaircir ce pénible mystère. Il répondit à l'accusateur qu'il aviserait. Et en effet, peu de temps après, il envoya sur les lieux un de ses grands vicaires, M. Pirot, pour procéder sans éclat à une information.

Le délégué de l'archevêque employa environ un mois à l'examen de cette affaire, venant un jour de chaque semaine au siége de l'Institut et interrogeant chaque Frère en particulier. Afin de forcer, pour ainsi dire, la vérité à venir jusqu'à lui, il exigea que les Frères déposassent sous la foi du serment : précaution sage, mais bien superflue à l'égard d'hommes habitués à découvrir à chaque heure les moindres mouvements de leur cœur !

M. de La Salle était de retour, et quoique surpris et affligé, il vit d'un œil soumis et d'un air tranquille l'espèce de tribunal érigé dans une maison dont il était le seul chef. Il ignorait quels étaient les motifs et l'objet de l'enquête, et jamais il ne se permit la moindre question à ce sujet. Silence admirable ! Quoiqu'il vît l'indignation peinte sur tous les visages de ses disciples, quoiqu'il lui fût bien facile de tout savoir, jamais il ne s'informa de rien, jamais il ne permit à un de ses enfants de lui apprendre qu'il était lui-même l'objet de cette humiliante information, et qu'on lui préparait sans doute quelque catastrophe.

De son côté, M. Pirot continuait son enquête avec la plus grande discrétion. Seul juge et témoin, commissaire et secrétaire, il écrivait de sa main toutes les dépositions, et couvrait d'un secret impénétrable tous les faits qui se révélaient à lui.

Les informations ne se trouvèrent pas conformes au rapport fait à Son Eminence par l'ennemi du serviteur de Dieu : à l'exception des faits révélés par les trois mécontents, aucun des griefs énoncés dans le mémoire ne se trouva vrai. M. le grand vicaire fut au contraire édifié de l'ordre, de la paix et de l'union qui régnaient parmi les Frères.

Et pourtant, soit qu'il se défiât de la vérité qui lui avait été révélée à lui-même, parce qu'elle accusait de mensonge et de calomnie un homme au-dessus d'un tel soupçon ; soit qu'il n'eût pas assez de fermeté pour soutenir l'innocence reconnue du saint instituteur en présence du puissant adversaire qui l'attaquait; soit que la Providence voulût réserver cette nouvelle épreuve à celui dont elle avait déjà si souvent éprouvé la constance, M. Pirot conclut à ce que M. de La Salle fût considéré comme complice de ses deux délégués, et comme tel dégradé avec eux, déposé et déclaré incapable de gouverner la nouvelle communauté !

CHAPITRE XXI.

Cette enquête eut lieu au mois de novembre 1702; dès qu'elle fut terminée, M. de La Salle, qui en ignorait complètement le but, crut qu'il était de son devoir d'aller remercier M. de Noailles des attentions qu'il montrait pour sa communauté en envoyant un de ses vicaires pour l'inspecter avec tant de soin. Le prélat le reçut comme à l'ordinaire avec de grands témoignages d'amitié et d'estime. Qu'on juge donc de la stupéfaction dont le pieux supérieur dut être saisi lorsque, le moment de prendre congé étant venu, il entendit le cardinal-archevêque lui dire avec une froide politesse : « M. de La Salle, vous n'êtes plus « supérieur, j'ai pourvu à votre remplacement ! »

C'était là un de ces instants critiques où la véritable vertu se montre, où la vertu purement humaine trahit ses imperfections. M. de La Salle fut sublime de calme et d'humilité. Il aurait pu demander les motifs de la sentence imprévue qui le frappait, les ennemis secrets qui l'avaient sollicitée contre lui : il aurait pu se défendre et se justifier facilement. Mais Jésus n'avait-il pas écouté en silence la condamnation inique prononcée contre lui? Ne s'était-il pas soumis à la mort avec la douceur de l'agneau? Avait-il essayé l'apologie de sa conduite? Voilà l'exemple que l'humble serviteur de Dieu se plaça aussitôt devant les yeux; et puisant dans ce divin modèle une force surnaturelle, il s'inclina devant son juge, lui rendit grâces, et se retira plus heureux parce qu'il était plus humilié.

L'ennemi de M. de La Salle ne savait pas sans doute que faire descendre du premier rang le vénérable supérieur, c'était exaucer le plus cher, le plus ancien de ses vœux. Il ne savait pas que par deux fois il avait de lui-même demandé à ses disciples de le décharger du fardeau de la supériorité.

De retour à l'Institut, il n'ouvrit pas la bouche sur ce qui venait de se passer : il continua à vaquer comme à l'ordinaire à ses fonctions diverses, ne laissant rien paraître ni sur son visage, ni dans sa conduite, ni dans ses paroles qui pût faire pressentir ce qui allait arriver.

M. Pirot, chargé d'exécuter la sentence qu'il avait lui-même provoquée, fit avertir M. de La Salle du jour et de l'heure qu'il avait choisis pour installer le nouveau supérieur, l'obligeant ainsi à ouvrir lui-même la porte à son successeur. Le pieux instituteur, persuadé que le secret pouvait seul assurer la réussite du mandat de M. Pirot, tint cette mesure si cachée, que pas un Frère ne put même la soupçonner. Il annonça seulement que M. le vicaire-général devait visiter la communauté, et pour qu'il fût reçu avec les honneurs dus à son éminente position, il dit aux Frères de Paris qu'il les priait de se trouver tous réunis à la maison après vêpres, le dimanche suivant.

C'était le premier dimanche de l'avent : quatre heures venaient de sonner, lorsque les Frères, rassemblés dans la cour du noviciat, entendirent rouler un carosse, qui un instant après s'arrêtait à leur porte. C'était M. Pirot, accompagné d'un prêtre qui leur était inconnu.

Sur l'ordre du supérieur toute la communauté se rendit dans une grande salle, où il avait à l'avance fait disposer un fauteuil et deux chaises. Les Frères, surpris et inquiets de tout cet appareil mystérieux, prirent place avec défiance des deux côtés de la salle, laissant percer sur leur physionomie naïve les divers sentiments dont ils étaient agités. M. Pirot, un peu déconcerté, se plaça sur le fauteuil et invita le prêtre qui l'accompagnait à s'asseoir à sa droite, et M. de La Salle à sa gauche. Puis, après avoir fait un maladroit éloge du vertueux fondateur, il aborda directement l'objet de sa mission, en déclarant qu'il était envoyé par Mgr l'archevêque pour installer un nouveau supérieur général. Des larmes furent la première réponse de ces enfants à qui on venait ainsi à l'improviste ravir un père tendrement aimé. Et lorsque ce moment d'émotion se fut calmé, un des principaux Frères se détacha des rangs, et s'avançant avec respect vers M. Pirot lui dit avec modération mais avec fermeté que l'Institut avait le bonheur d'avoir pour supérieur celui qui avec l'aide de Dieu l'avait seul fondé, et qu'au nom de tous les Frères il le suppliait de ne rien changer à cet ordre.

M. Pirot, comme s'il n'eût pas entendu le bon Frère, continua son discours, l'engageant seulement du geste à le délivrer de cette importunité. Mais le Frère, sans se laisser émouvoir par ce dédain affecté, resta immobile à sa place, et dans un moment où le vicaire-général faisait une pause, il éleva de nouveau la voix et renouvela sa prière. M. Pirot, accoutumé aux luttes de la Sorbonne, reprit sa harangue, et il était sur le point d'arriver à la conclusion, lorsque les Frères, qui s'étaient à grand'peine contenus jusque-là, s'avancèrent en tumulte autour de celui qui avait déjà parlé en leur nom, et d'une seule voix déclarèrent qu'ils ne voulaient pas d'autre supérieur que M. de La Salle, ajoutant qu'ils en appelaient à la justice de Mgr l'archevêque mieux informé.

M. Pirot parut enfin ébranlé par l'unanimité de ces regrets, et comprit un peu tard la fausseté des rapports qui lui avaient été faits au sujet de l'insubordination prétendue qui régnait dans la communauté. De son côté, M. de La Salle, spectateur de cette scène pénible, souffrait de voir ses disciples mettre obstacle par leur affection à un abaissement qui était depuis tant d'années son unique ambition. Aussi, commandant d'un signe le silence, ordonna-t-il aux Frères d'obéir à la sentence prononcée contre lui.

« Nous vous avons promis obéissance, lui répondit respectueusement un des Frères, et c'est pour continuer de vous obéir jusqu'à la mort, ainsi que le porte notre vœu, que nous refusons en ce moment de vous obéir. Et si vous croyez devoir insister, nous nous regarderons comme déliés de notre vœu, et nous quitterons l'Institut du jour où un autre que vous en sera le chef. »

Pendant que s'affermissait ainsi la résistance de ces hommes jusqu'alors si humbles et si soumis, le supérieur désigné, M. Bricot, jeune ecclésiastique lyonnais, voyait avec douleur tourner à sa honte un événement préparé pour sa gloire. Aussi pria-t-il M. Pirot de laisser aux Frères le supérieur qu'ils désiraient. Mais le grand-vicaire, qui avait cru pouvoir mener cette affaire à terme sans obstacle, insistait sur l'exécution de la sentence. Les Frères, de leur côté, fermaient l'oreille à tous ses arguments, répétant sur tous les tons qu'ils n'auraient pas d'autre supérieur que M. de La Salle. Cette lutte pénible dura plus de demi-heure.

M. Pirot, voyant qu'il n'avait rien à gagner sur des gens qui fondaient leur résistance sur des principes de piété et sur la reconnaissance, sortit d'un air fort contrarié. M. de La Salle le reconduisit jusqu'à la porte extérieure, et au moment de le quitter : « Attendons tout du temps, lui dit-il ; je saurai bien

« faire entendre raison aux Frères et les amener à « se soumettre aux volontés de Monseigneur. » — « C'est ce que vous ne devez pas promettre, inter- « rompit un des Frères ; notre résolution est liée à « notre vœu. Si malgré notre résistance on introduit « dans la maison le nouveau supérieur, il y pourra « amener de nouveaux sujets, car, pour ce qui nous « regarde, nous sortirons avec celui à qui seul nous « avons promis obéissance. »

Ce concert unanime de sentiments et d'affection était un éclatant démenti à tout ce qu'on avait pu inventer au sujet de la désunion que l'on prétendait exister entre le supérieur et ses subordonnés. Aussi, M. Pirot, quoique mécontent de l'insuccès de sa mission, ne put s'empêcher de dire à Son Eminence, en lui rendant compte de ce qui s'était passé : « Si tous « les inférieurs étaient aussi attachés à leurs supé- « rieurs que les Frères le sont à M. de La Salle, « les communautés seraient un paradis, et l'on n'y « verrait plus que des saints. »

M. le cardinal, peu satisfait de la tournure que cette affaire avait prise, et mécontent de voir son autorité compromise, ne put s'empêcher de le manifester : « Vous vous y êtes mal pris, dit-il à M. Pirot ; « il ne fallait pas procéder de haute lutte ; on aigrit « les gens quand on veut les dominer. Lorsqu'on veut « faire passer des hommes sous un joug nouveau, il « faut que la persuasion prenne la place du com- « mandement. Le cœur humain est porté par lui- « même à la contradiction, quand on veut le con-

« traindre. De tout temps, on a gagné par douceur « ce que l'on n'a pas pu emporter par force. L'au« torité devient odieuse, si on la porte trop loin, et « on la compromet, quand l'usage qu'on en fait est « violent. Voilà ce que vous venez d'éprouver. »

De son côté, l'ennemi du serviteur de Dieu ne restait pas inactif. Irrité du peu de succès de son odieuse intrigue, et non rebuté de son premier échec, il essaya de l'exploiter au profit de son ressentiment, en faisant entendre à Son Éminence que la résistance des Frères avait été organisée par celui-là même qui seul avait intérêt à se maintenir à la tête de la communauté. M. le cardinal ajouta-t-il foi à cette énormité nouvelle? On ne sait. Mais M. de La Salle, tremblant pour l'existence de son Institut, prêt à subir toutes les humiliations pour conserver intacte une œuvre qui lui avait coûté tant de peines, résolut de faire une tentative pour effacer les mauvaises impressions que l'archevêque pouvait avoir reçues. Il se rendit donc à l'archevêché et se jeta aux pieds de Monseigneur, en fondant en larmes, et en le suppliant de ne pas lui imputer la résistance coupable que les Frères avaient opposée à ses ordres. Il protesta qu'il n'avait rien négligé pour faire rendre à Son Éminence une obéissance prompte et aveugle, prenant à témoin de la vérité du fait M. Pirot et le nouveau supérieur. M. le cardinal était près de partir pour Conflans *. Il demeura dans un morne silence

* Maison de campagne des archevêques de Paris.

en voyant à ses pieds cet homme que peu de jours auparavant il vénérait comme un saint, soit qu'il fût attendri, soit que la peine qu'il éprouvait lui fermât la bouche. Cependant l'humble serviteur de Dieu restait toujours prosterné, attendant une parole d'amitié ou de pardon. Les spectateurs de cette scène touchante comprimaient avec peine leurs pleurs et leurs sanglots. Monseigneur continua de garder le silence, et quittant brusquement le salon, il laissa le saint fondateur le front courbé sur le parquet, qu'il arrosait de ses larmes !

Quand M. de La Salle se vit seul, il se releva lentement et rentra à la communauté sans rien laisser apercevoir du nouvel affront qu'il venait de recevoir.

Cinq ou six jours se passèrent. On comprenait bien à l'archevêché que tout ce que l'on pouvait gagner désormais, c'était de sauver les apparences. M. de La Chétardie, dont on connaissait le vif attachement pour les Écoles Chrétiennes, fut prié de négocier un accommodement. Il choisit pour cette démarche délicate M. l'abbé Madot, prêtre de la communauté de Saint-Sulpice, que son rare mérite éleva plus tard à l'évêché de Châlons-sur-Saône. L'affaire ne pouvait être en de meilleures mains. M. l'abbé Madot avait l'esprit délié, insinuant, la parole facile, une éloquence persuasive. Il se rendit seul à la grande maison du noviciat, et après une demi-journée de négociations, il obtint des Frères « qu'ils consentiraient « à recevoir le supérieur désigné par l'archevêque, « à condition que M. de La Salle resterait leur supé-

« rieur de fait; que le nouveau n'en aurait que le « nom sans en faire l'office ; qu'il ne viendrait à « l'Institut qu'une fois par mois, et ne toucherait ni « à leurs pratiques, ni à leurs règlements. »

Le dimanche suivant, M. Pirot amena, pour la seconde fois, M. Bricot dans la maison du noviciat. C'en fut assez pour dissiper l'orage. Le nouveau supérieur se montra encore une fois au bout de trois mois, après quoi il ne reparut plus.

CHAPITRE XXII.

M. de La Salle, averti par l'expérience de ce qu'il avait à craindre de la part de ses ennemis souterrains, résolut de mettre son administration à l'abri de toute censure. Il aima mieux voir la ferveur diminuer un peu parmi ses disciples, que de voir ses disciples eux-mêmes dispersés par la persécution. Il supprima donc les disciplines, les châtiments corporels, les mortifications excessives, et comme un des Frères lui demandait pourquoi il interdisait l'exercice de tant de sortes de pénitences si propres à exciter et à entretenir la ferveur, il se contenta de répondre : « Dieu nous a fait connaître qu'il ne « fallait pas maintenant les continuer. » Dieu, en effet, le voulait ainsi pour faire entrer les pauvres Frères dans un train de vie proportionné à la faiblesse humaine et aux fatigues de leur état. Leur vie, qui était plus pauvre que celle des Trappistes, n'était ni moins mortifiée, ni moins terrible à la nature. Il était donc devenu nécessaire de modérer des austérités dont le premier résultat était d'aller contre le but même de l'institution en diminuant le nombre des maîtres, si nécessaires à la religion. Quoi qu'il en coûtât au pieux fondateur, il fit à l'avenir des siens le sacrifice de ses plus chères convictions, bien qu'il sût que cette condescendance, loin de calmer la fureur de ses ennemis, ne ferait que l'exciter encore et lui fournir des armes nouvelles. Cette triste prévision ne tarda pas à se réaliser.

L'ennemi de M. de La Salle, convaincu que M. Bricot n'était pas l'homme qui convenait à l'exécution de ses desseins, eut l'adresse de le faire remplacer par un autre ecclésiastique entièrement dévoué à ses intérêts. Celui-ci, plein de l'esprit de celui qui l'envoyait, venait de temps en temps à la maison du noviciat, non pour y faire office de supérieur, mais pour examiner ce qui s'y faisait, sonder les dispositions des Frères et préparer les voies à un changement de gouvernement. Son plan était ourdi avec une habileté machiavélique : il consistait à éloigner par la ruse celui que la violence n'avait pu abattre, et à faire servir à son expulsion ceux-là mêmes dont le zèle et l'affection l'avaient retenu en place. Pour faire réussir cette odieuse intrigue, il fallait inspirer aux Frères le dégoût de leur état, rompre les liens qui les unissaient à leur supérieur, faire succéder dans leurs cœurs l'indifférence à l'attachement, la dissimulation à la confiance.

Dans ce but, il ne s'adressait pas aux Frères réunis, il savait que le corps était uni à son chef par des sympathies trop profondes pour que ses conseils pussent avoir sur eux quelque action : il les prenait un à un, deux à deux, reproduisant auprès de chacun les mêmes arguments, les mêmes calomnies. Pour s'insinuer dans ces cœurs simples et confiants, il feignait de s'apitoyer sur leur sort et de les plaindre de leur misère. Il ne négligeait aucun détail de leur triste existence, leur faisant les tableaux les plus exagérés de leur costume grossier et en haillons, de leur nourriture insuffisante et nauséabonde, de la privation absolue de vin, de leur couche dure et froide, de leurs mortifications incessantes. Pour faire suspecter même la probité du fondateur, qui avait renoncé à la fortune et aux dignités pour se vouer à une pauvreté volontaire, l'esprit tentateur faisait hypocritement le calcul des sommes payées à M. de La Salle pour les pensions des Frères, et n'osant pas prétendre qu'il les détournait à son profit, il lui reprochait de les employer à nourrir une foule d'individus qui n'y avaient nul droit.

A côté de ces tristes peintures, il se plaisait à leur représenter par opposition les douceurs de l'existence que leur procurerait un supérieur moins austère et moins absolu dans ses desseins. Il leur rappelait que M. de La Salle s'était successivement aliéné tous ses amis, tous ses protecteurs en résistant avec entêtement à toutes les mesures que ceux-ci lui avaient proposées pour l'amélioration de l'Institut. Il insinuait que ces personnes éminentes voyaient avec peine l'aveuglement des pauvres Frères à l'égard d'un homme qui se montrait si dur pour eux ; qu'elles les plaignaient, et leur tendaient une main secourable pour les aider à briser leur chaîne.

On comprend que cette belle morale débitée avec persévérance par un homme revêtu d'un caractère sacré, n'était pas faite pour augmenter la ferveur dans un moment où, par une concession devenue nécessaire, M. de La Salle s'était un peu relâché de ses premières austérités. Elle fut un piége où les tièdes se laissèrent prendre et où quelques-uns trouvèrent leur perte. Chacune de ces défaillances fut une blessure pour le cœur du saint fondateur, qui pleurait la perte de ses disciples comme une tendre mère pleure la mort de son enfant bien-aimé. Ainsi une souffrance intérieure remplaça les humiliations extérieures qui semblaient finies pour lui : ainsi une croix succédait à une autre sur le sanglant calvaire que M. de La Salle gravissait à l'exemple de son divin modèle.

Le premier qui céda aux malignes suggestions du tentateur, fut un Frère que M. de La Salle regardait comme son bras droit. S'étant évadé de l'Institut, il alla, avec un de ses compagnons qu'il était parvenu à associer à sa désertion, ouvrir une école nouvelle que le curé de la paroisse lui confia comme à un disciple de M. de La Salle. Mais après quelques jours, les supérieurs ecclésiastiques, informés de leur désertion et de leur fourberie, enjoignirent au curé de les chasser honteusement, comme des félons qui s'étaient ingérés dans leur emploi sans mission et à l'insu de leur supérieur. Les deux malheureux, comptant sur l'indulgence de leur supérieur, eurent l'audace de se représenter à la communauté ; mais tous les Frères les repoussèrent et supplièrent M. de La Salle de ne plus recevoir parmi eux ces enfants ingrats qui n'avaient pas craint de le désoler par leur scandaleuse désertion.

Le maître des novices, celui-là même qui, par sa sauvage rigueur, avait attiré sur M. de La Salle une si violente persécution, vint, à son tour, percer le cœur du pieux instituteur. Cet esprit fantasque, ennuyé de son emploi, sollicita de M. de La Salle la direction d'une école. Le prudent supérieur, redoutant l'humeur atrabilaire et l'esprit absolu de ce Frère, refusa. Celui-ci, blessé de ce refus, résolut de quitter l'Institut avec un autre Frère qu'il anima de son esprit. Au lieu de déclarer franchement leur projet à leur supérieur, ils s'évadèrent nuitamment comme deux voleurs en franchissant les murs d'enceinte et allèrent se présenter au supérieur des Trappistes avec le costume de leur ordre. Mais le vénérable abbé, Jacques de Lacour, qui avait succédé à M. de Rancé, et qui connaissait parfaitement le serviteur de Dieu, ne voulut pas les recevoir avant de s'être informé des motifs qui leur avaient fait quitter leur communauté. Il en écrivit à M. de La Salle, qui, après avoir remercié l'abbé de sa prudence, le supplia de lui renvoyer les deux fugitifs et de n'en pas recevoir d'autres à l'avenir sans son agrément ; ce qui fut exécuté.

Ce maître des novices mourut trois ans après dans la maison des Frères à Chartres, d'une maladie si violente, qu'elle lui arrachait de véritables hurlements.

Nous avons vu avec quel zèle M. de La Salle s'était prêté au désir de M. de la Chétardie pour la fondation des écoles dominicales. L'esprit du mal fit tourner contre les écoles du dimanche les moyens mêmes que M. de La Salle employait pour en assurer le succès. Il avait mis à la tête de ces classes deux Frères très capables, très intelligents et nés avec de grandes dispositions pour les beaux-arts. Afin de les mettre en état de mieux remplir les vues charitables de M. de la Chétardie, il leur avait fait apprendre les mathématiques et le dessin. Ces deux Frères, enflés de leur talent et séduits par l'espérance d'un gain sordide, se déshonorèrent par une lâche désertion, et entraînèrent la chûte des Écoles dominicales. Car M. de La Salle n'avait personne pour les remplacer, et pendant qu'il en faisait former d'autres pour cet emploi, les ouvriers, se voyant négligés, quittèrent les classes, prirent d'autres habitudes, et l'on imputa au pieux fondateur un événement dont il était innocent, que toute la sagesse humaine ne pouvait prévoir et qu'il déplorait plus que qui que ce soit.

M. de la Chétardie vit avec un grand mécontentement la désertion des deux Frères et la ruine des écoles dominicales, auxquelles il portait un vif intérêt. Il eut l'injustice d'en accuser M. de La Salle et de lui en faire des reproches amers. Le saint fondateur les écouta avec sa patience et sa douceur ordinaires, et sans se laisser décourager, il renouvela ses efforts pour engager d'autres Frères à se mettre en état de relever les écoles dominicales. Mais l'exemple des deux premiers avait vivement frappé ces cœurs innocents. Non contents de résister aux sollicitations de leur supérieur, ils prirent la liberté de lui représenter que la désertion de ces deux disciples, dont la science avait enflé le cœur, était un avertissement pour les autres de se borner aux humbles fonctions de maîtres d'école, et le supplièrent de les laisser dans leur simplicité. En vain M. de La Salle fit-il appel à la règle d'obéissance, ils ne voulurent point démordre de leur résolution, et ils lui remirent un mémoire où la question était traitée avec tant de force que M. de La Salle, convaincu, se hâta de le porter au curé de Saint-Sulpice, ne doutant pas que la lecture de cet écrit n'opérât sur lui la même conviction.

Les desseins de Dieu sont impénétrables. Pour éprouver ses serviteurs, il permet que ce qui devrait servir à leur justification tourne à leur condamnation. M. de la Chétardie, aveuglé par la prévention, ne voulut voir qu'un grossier artifice dans la démarche du pieux instituteur, et il lui reprocha avec vivacité d'être l'auteur de ce mémoire, disant qu'il y retrouvait tout le caractère de son esprit : l'entêtement et l'opiniâtreté. En vain M. de La Salle protesta-t-il de son innocence, affirmant que, loin d'avoir composé cet écrit ou de l'avoir inspiré, il n'en avait eu connaissance qu'au moment où il l'avait lu ; il ne fut pas cru, et M. de la Chétardie oublia et ce qu'il était et à qui il parlait, au point de dire au pieux fondateur : « Monsieur! *vous mentez* ! » Cet outrage, que les hommes du monde n'effacent qu'avec le sang de l'insulteur, n'arriva pas au cœur du serviteur de Dieu. S'inclinant avec respect devant M. de la Chétardie, il lui répondit, avec un triste sourire : « C'est avec ce « mensonge sur la conscience, monsieur, que je vais « dire la sainte messe ! » Et sortant, il alla, en effet, à la paroisse célébrer le saint sacrifice.

CHAPITRE XXIII.

« Si le grain de froment ne meurt en terre, a dit « Jésus-Christ, il ne produit pas de fruit. » La propagation du Christianisme a été le fruit de la persécution dirigée contre les apôtres. Nous allons voir le vent de l'adversité disperser les membres de l'Institut en différentes villes du royaume, et M. de La Salle laisser la féconde semence des Écoles Chrétiennes dans les lieux mêmes d'où il est obligé de fuir.

Les visites fréquentes du tentateur devinrent enfin tellement intolérables aux Frères, qu'ils supplièrent M. de La Salle de lui céder le terrain et d'aller chercher ailleurs une paix que ses ennemis lui disputaient à Paris avec un acharnement si opiniâtre.

Mais le vénérable supérieur était très attaché à la maison qu'il occupait à Paris à cause des avantages sans nombre qu'elle offrait à une communauté : située à une des barrières de la capitale, dans un air pur et serein, avec de grands jardins et des cours spacieuses, éloignée de tout bruit, elle répondait merveilleusement aux inclinations du pieux serviteur de Dieu.

Malheureusement cette maison était alors en vente, et le propriétaire offrait de la laisser pour 45,000 livres; mais où trouver cette somme énorme. M. de La Salle ne pouvant l'acheter, un acquéreur se présenta, acheta la maison et donna congé aux Frères.

Que faire ? que devenir ? La Providence permit que personne ne se présentât pour louer la maison, et M. de La Salle obtint un délai du nouveau propriétaire. Il en profita pendant six semaines ; et le 20 août 1703, il en sortit pour aller occuper, rue Charonne, faubourg Saint-Antoine, une maison assez peu commode, près du couvent des religieuses de la Croix. M. le curé de Saint-Paul, sur la paroisse duquel se trouvait le nouvel établissement, accueillit M. de La Salle avec une grande bienveillance. Mais le prévoyant supérieur ne passa pas de bail et ne demanda pas l'autorisation de dire la sainte messe dans cette nouvelle demeure, où il ne resta que dix-huit mois environ.

La chapelle du couvent de la Croix étant très voisine, M. de La Salle y allait célébrer le saint sacrifice. Les bonnes religieuses ne tardèrent pas à remarquer la majesté et le saint recueillement du supérieur pendant l'auguste cérémonie. D'abord elles mirent un grand empressement à assister à sa messe; ensuite elles désirèrent se placer sous sa direction, et leurs pieuses instances furent telles que le serviteur de Dieu ne put pas les repousser. La Providence semblait avoir disposé elle-même cet événement. Au moment où la persécution tarissait toutes les sources où l'Institut s'était abreuvé jusqu'alors, le couvent des religieuses de la Croix s'ouvrit pour les pauvres Frères dénués de tout et les nourrit comme autrefois la veuve de Sarephta avait nourri le prophète Élie. Les bonnes sœurs n'attendirent pas que M. de La Salle leur révélât les besoins de ses disciples; informées par quelques personnes du dehors de l'extrémité où ils étaient réduits, elles le prévinrent et pourvurent à la subsistance des pauvres abandonnés. Ce précieux secours dura jusqu'en 1711, sans que la charité des pieuses sœurs se lassât jamais.

Cependant, M. de La Salle, pour avoir fui devant la persécution, ne lui avait pas échappé. Les maîtres d'école de Paris, que la protection ouverte du curé de Saint-Sulpice avait un moment contenus, ne furent pas plus tôt informés des nouveaux sentiments de M. de la Chétardie, qu'ils reprirent les hostilités.

Le 10 janvier 1704, ils présentèrent d'abord au lieutenant de police une requête dans laquelle, après s'être plaints de l'entreprise de M. de La Salle et de ses disciples, qui, sous prétexte de charité, tenaient sans titre plusieurs écoles, ils le priaient de mettre un terme à ces abus si préjudiciables à leurs intérêts, alléguant que dans ces écoles dites gratuites et destinées seulement aux enfants des pauvres, on recevait indistinctement tous ceux qui se présentaient : ils joignaient à leur requête une liste où se trouvaient inscrits un rentier, deux chirurgiens, un maître-charron, un serrurier, un marchand de vin, un épicier, un orfèvre et deux traiteurs, dont les enfants étaient admis chez les Frères.

Cette requête fut accueillie, et le lieutenant de police permit aux maîtres des écoles payantes d'assigner les Frères et leur supérieur. Mais M. de La Salle, ne regardant pas la cause des écoles gratuites comme la sienne, mais comme celle des pauvres, ne crut pas devoir répondre à l'assignation et se dispensa de comparaître. Ses adversaires ne manquèrent pas d'exploiter cette inaction, et le firent condamner par défaut le 22 février 1704. La sentence faisait défense aux Frères de recevoir dans leurs écoles des enfants autres que ceux dont les parents sont véritablement pauvres et certifiés tels. M. de La Salle était en outre condamné aux frais de la procédure et à 50 livres d'amende, ainsi que chacun des Frères. M. de La Salle, sans se laisser intimider par cet arrêt, fit continuer partout les leçons comme à l'ordinaire. Au bout de trois mois, les maîtres des écoles payantes présentèrent au lieutenant de police une nouvelle requête, datée du 7 juin 1704, dans laquelle, renouvelant toutes les plaintes qu'ils avaient déjà faites contre les Frères, ils les accusèrent d'avoir contrevenu à la sentence du 22 février, et en demandèrent l'exécution sous peine de 500 livres de dommages et intérêts contre chacun des contrevenants. Ils demandaient en outre que M. de La Salle fût condamné à payer immédiatement 2,000 livres de dommages à la corporation des maîtres écrivains en réparation du tort considérable qu'il leur avait causé; et que défense fût faite à tous les particuliers en état de payer d'envoyer leurs enfants aux Écoles gratuites. Cette nouvelle sentence trouva M. de La Salle aussi impassible que la précédente.

Ce silence donna pleine victoire à ses ennemis : la sentence du 22 février fut confirmée, et pour y avoir contrevenu, M. de La Salle fut condamné à 100 livres, et chacun des Frères à 50 livres de dommages envers la corporation des maîtres écrivains, avec dépens.

La sentence fut affichée au coin des rues dans tous les quartiers où se tenaient les Écoles gratuites; mais l'indignation publique arracha partout les affiches. Quand il fallut exécuter la partie du jugement relative aux frais et aux dommages, on ne trouva pas un sou dans la communauté, que son extrême indigence aurait dû mettre à l'abri d'une si ironique condamnation, et l'on eut le courage d'enlever dans des charrettes tout le mobilier des écoles. M. de La Salle et ses disciples n'opposèrent à cette brutalité ni résistance, ni plaintes.

Ces troubles n'étaient que le prélude du violent orage qui se formait et qui vint bientôt fondre sur l'Institut et sur son saint fondateur.

L'école d'Avignon, dont nous avons raconté plus haut la fondation, devint en peu de temps si célèbre, que deux riches négociants de Marseille, d'une piété exemplaire, MM. Jourdan et Morelet, firent exprès le voyage d'Avignon pour s'assurer si la renommée n'exagérait pas ce qu'ils entendaient dire à la louange du nouvel Institut. Témoins de l'ordre qui régnait dans les classes, de la discipline établie parmi les écoliers, de la régularité des maîtres, de la piété qui accompagnait tous les exercices, ces messieurs éprouvèrent un vif désir de faire jouir la ville de Marseille des avantages procurés par les Frères à celle d'Avignon.

De retour parmi leurs concitoyens, MM. Jourdan et Morelet composèrent une association d'une douzaine de personnes charitables qui se chargeaient de fournir une somme de 400 livres nécessaire à la pension de deux Frères. M. de La Salle s'empressa d'envoyer deux de ses disciples à Marseille. Aussitôt arrivés, ils ouvrirent une école sur la paroisse Saint-Laurent, dans une petite maison dont un des fondateurs leur assura la propriété.

Cette école, commencée en 1705, au moment des

plus grandes agitations de l'Institut, eut le plus grand succès ; et cependant l'opulente cité de Marseille n'en eut pas d'autre pendant seize ans. Pendant la fameuse peste qui désola Marseille en 1720, et qui donna lieu à tant de prodiges de dévoûment chrétien, l'un des Frères mourut victime du fléau, l'autre se consacra au soulagement des pestiférés. Ce ne fut qu'après la cessation du fléau que l'évêque à jamais immortel de Marseille, monseigneur Xavier de Belsunce, pour couronner les exemples éclatants de charité qu'il venait de donner, fit établir quatre nouvelles écoles dans les quatre autres paroisses de la ville. Bientôt seize Frères se trouvèrent distribués dans les différents quartiers, pourvus d'amples moyens d'existence, logés dans une maison belle et commode, appelée *la maison de la confrérie de Notre-Dame-de-Bon-Secours*, et enfin érigés en communauté régulière par Mgr l'évêque en 1727. Mais M. de La Salle, mort en 1719, n'eut pas le bonheur de jouir de ce merveilleux succès.

Revenons à Paris. Le saint fondateur, au milieu des ruines que la malice des maîtres écrivains venait de faire autour de lui, pressentit que l'orage qui venait d'engloutir la maison du faubourg Saint-Antoine ne tarderait pas à passer sur celle du faubourg Saint-Germain et d'y occasionner les mêmes ravages. Dès-lors il forma le dessein de quitter un établissement où il n'avait plus rien à faire et une ville où il ne trouvait que des ennemis.

CHAPITRE XXIV.

Dès le mois de septembre 1704, M. de La Salle avait reçu des lettres de Rouen, dans lesquelles on le priait de se charger d'une école à Darnetal *, gros bourg aux portes de la ville, très peuplé, célèbre par ses manufactures, et où Mme de Maillefer avait déjà fondé depuis plusieurs années une école gratuite de filles. Cette école, établie par les Jésuites, était vacante par le décès du maître que la congrégation y entretenait. Il n'y avait pour toute ressource qu'une minime somme de 150 livres; mais M. de La Salle, qui comptait plus sur la Providence que sur les libéralités des hommes, ne fut pas arrêté par cette considération. Le Saint-Esprit lui disait que s'il voulait établir son Institut dans la capitale de la Normandie, il fallait accepter tous les sacrifices. Or, la ville de Rouen avait pour lui un singulier attrait : il n'avait pas oublié que M. Niel y avait tenu des écoles gratuites avant de venir en établir à Reims. Il lui semblait naturel que, comme les eaux sorties de la mer sous forme de vapeurs y reviennent par leur propre pente, transformées en fleuves, les Frères vinssent établir des écoles de charité dans le lieu où leur Institut avait pour ainsi dire été conçu.

* Darnetal, petite ville (Seine-Inférieure) sur l'Aubette, chef-lieu de canton, pop. 5,800 hab.; à trois-quarts de lieue E. de Rouen. Les Frères y ont aujourd'hui une des plus belles maisons de l'Institut.

Aussi, peu inquiet sur la nourriture et les vêtements de ses disciples, M. de La Salle, après s'être assuré que la maison destinée à la tenue de l'école était convenable, s'empressa-t-il d'envoyer deux Frères vers le commencement de février 1705. Dès le premier jour, l'école fut pleine d'élèves, et en moins de deux mois les fruits de ce nouvel enseignement parurent avec tant d'abondance, que quelques personnes pieuses de Rouen envièrent pour la capitale de la province un bienfait dont jouissait une bourgade voisine, et formèrent le dessein d'appeler des Frères. Les grands-vicaires de l'archevêché se firent les interprètes de ce vœu auprès de monseigneur Colbert, alors archevêque de Rouen. Le pieux prélat, qui portait le plus grand intérêt aux établissements d'éducation religieuse, ordonna à M. l'abbé Couet, qui avait toute sa confiance, d'écrire à M. de La Salle de se rendre au plus tôt à Rouen pour conférer avec Sa Grandeur au sujet de la translation du noviciat de Paris à Rouen, projet que le saint fondateur n'avait nullement dissimulé.

Cette communication arriva à M. de La Salle dans les circonstances qui pouvaient la lui rendre le plus agréable : rejeté de tout le monde, chassé de tous côtés, il ne savait où reposer sa tête, ni où abriter les débris de son Institut. Il était devenu nécessaire qu'il quittât Paris, qu'il évitât les regards de ses ennemis pour dissiper les préventions et apaiser les haines. Aussi ne mit-il aucun retard à se rendre aux ordres de l'archevêque. Il vint en poste à Rouen et conclut cette importante affaire sans aucun obstacle. Il repartit aussitôt pour disposer au voyage les Frères qu'il devait envoyer. Pendant ce temps-là, M. Colbert, fils de l'illustre ministre de Louis XIV, intéressa à la réussite de son pieux dessein M. de Pont-Carré, premier président du parlement de Normandie, magistrat aussi éminent par sa piété que par ses lumières. Il ne s'agissait pas pour le prélat d'établir à Rouen des écoles nouvelles, mais de mettre les Frères en possession de celles qui étaient déjà établies et dont M. Niel avait eu autrefois la direction. L'affaire n'était pas sans difficulté ; aussi ce ne fut qu'après une longue discussion avec les administrateurs de la ville qu'il fut décidé que les Frères seraient admis dans les écoles fondées à l'hospice des pauvres valides et dans celles de la ville dont M. Niel avait déjà eu le gouvernement.

M. Colbert, de retour à Paris, porta cette nouvelle à M. de La Salle et le pressa d'envoyer le nombre de Frères que nécessitait la tenue de toutes ces écoles. Mais après le départ du prélat les dispositions avaient changé à Rouen. Ceux qui étaient en possession des écoles avaient fait des démarches actives pour les conserver, et les administrateurs ne voulaient déjà plus entendre parler des Frères.

Ce contre-temps ne déconcerta pas l'archevêque : il dit à M. de La Salle d'être sans inquiétude, de faire partir les Frères et de les accompagner, lui promettant d'arriver aussitôt qu'eux à Rouen pour aplanir toutes les difficultés.

Le pieux instituteur partit à pied avec ses disciples, sanctifiant par le silence et par la prière un voyage qui commençait sous de si tristes auspices. Il arriva à Rouen le 19 mai 1705. Le prélat, arrivé presque en même temps que lui, convoqua le bureau d'administration et s'y rendit avec M. de La Salle et M. le premier président. Dès l'ouverture de la séance, il demanda quels étaient les motifs de l'opposition qu'on faisait aux Frères et les combattit avec beaucoup de force. Mais il s'aperçut bientôt que ces messieurs avaient pris une résolution inflexible, et il se borna à les prier de faire l'essai des nouveaux instituteurs, convaincu que leur conduite ferait tomber toutes les préventions. Après quelque résistance, il fut enfin convenu qu'*on prendrait les pauvres Frères à l'essai*, qu'on les logerait dans l'hôpital général et qu'on les chargerait de l'instruction de la jeunesse.

Mais cette apparente concession cachait une perfidie. Les administrateurs s'étudièrent à entasser les difficultés sur les pas des Frères, afin de faire échouer tous les efforts de leur zèle.

D'abord, ils bornèrent le nombre des Frères à quatre, et les surchargèrent de travaux humiliants et incompatibles avec leurs fonctions. Ainsi, ils leur imposèrent l'obligation de présider au lever et au coucher des pauvres, et de leur faire la prière soir et matin ; de faire la classe aux enfants de l'hospice et d'aller tenir les quatre grandes écoles gratuites de la ville ; de venir des quartiers les plus éloignés prendre leurs repas à l'hospice ; et enfin de servir les pauvres à table, même avant d'avoir pris leur propre repas.

Tout devait souffrir de ces impitoyables conditions ; et pourtant telle était la résignation des bons Frères, telle était leur obéissance pour leur supérieur, que pendant deux années entières ils les subirent sans se plaindre. Mais, enfin, comme leur santé s'usait dans ces travaux intolérables, ils prirent la liberté d'adresser à leur père un mémoire touchant sur la nécessité de mettre un terme à une pareille situation. Ils exposaient que leur petit nombre était tout à fait insuffisant pour la multitude d'écoliers qui affluait dans les écoles ; que l'excès du travail altérait leur santé et compromettait la discipline et l'instruction ; que la fatigue excessive et des occupations étrangères à leur état les empêchaient de vaquer aux exercices spirituels et menaçaient d'amener en eux le relâchement. Ils concluaient en priant leur père de les retirer de l'hospice, et de les placer dans une maison en ville pour y vivre selon l'esprit de leur Institut, offrant de tenir les Écoles gratuites et même de les multiplier, si les administrateurs voulaient leur accorder la somme payée aux maîtres qui en étaient chargés antérieurement.

M. de La Salle, après avoir mûrement pesé ces raisons, résolut de consulter M. le premier président qui s'intéressait de plus en plus à sa communauté. Ce pieux magistrat approuva le mémoire et conseilla à M. de La Salle de développer ces raisons dans une requête, promettant de la présenter lui-même au bureau d'administration ; ce qu'il fit en effet.

La requête portait deux articles : le premier, relatif à la retraite des Frères, était trop dans les vues des administrateurs pour rencontrer la moindre difficulté : il fut admis aussitôt que lu ; le second fournit à ces messieurs l'occasion de spéculer odieusement sur le dévoûment inépuisable des Frères, en leur accordant les quatre écoles de Saint-Maclou, de Saint-Godard, de Saint-Éloi et de Saint-Vivien à des conditions telles qu'il semble qu'on voulût leur faire acheter l'heureux avantage de servir les pauvres.

Ainsi, on exigea que leur nombre serait porté de quatre à dix, et en même temps qu'on augmentait de plus de moitié les charges de l'Institut, on réduisit de moitié la pension précédemment allouée, qui pourtant n'était que de 600 livres.

M. de La Salle consentit à toutes ces exigences. Pour comprendre jusqu'où il porta dans cette circonstance le désintéressement, il faut savoir que la pension ordinaire était, à cette époque, de cent écus pour chacun (elle est aujourd'hui de 600 fr.), sans compter le logement et les meubles. De plus, lorsqu'il y avait plusieurs Frères dans la même ville, on leur adjoignait un Frère servant et un directeur. C'était donc un contingent de douze Frères qu'on imposait à M. de La Salle, ce qui, au taux ordinaire des pensions, faisait une somme de 3,600 livres, sans parler du loyer de la maison. Au lieu de cela, la ville de Rouen ne donna que 600 livres, sur lesquelles 300 étaient absorbées par le loyer.

M. de La Salle, toujours confiant en la divine Providence pour le soin de réparer les injustices des hommes, loua une maison et s'y installa le 2 août 1707 avec les Frères.

Le voilà donc avec douze Frères réduit à une pension de *dix-sept sous par jour* ! Ce n'était pas la gêne, ce n'était pas la pauvreté : c'était tout ce que la misère a de plus horrible. Cet état de choses s'est maintenu vingt-cinq ans, sans que la justice ou la pitié de cette opulente ville se soit émue. Mais comment ces douze martyrs ont-ils pu vivre ? Comment ont-ils vécu ? Certainement c'est là un de ces mystères qui ne sont croyables que pour ceux qui reconnaissent une Providence.

Mais c'était peu que de livrer à toutes les privations de l'indigence les pieux instituteurs de l'enfance : longtemps on ne paya leurs services que par le mépris et l'outrage. A peine dans les commencements pouvaient-ils se montrer sans recevoir une injure : on les couvrait de boue, on leur jetait des pierres, on les frappait ! M. de La Salle, loin de pouvoir protéger ses disciples, était l'objet des mêmes outrages. Dans leurs écoles mêmes, sur le théâtre de leur charité, ils n'étaient pas à l'abri des affronts. Et les magistrats souffraient ces ignominies, sans chercher à les réprimer ; les grands personnages en riaient, et le récit des diverses avanies faites aux Frères leur servait de divertissement !

Malgré tant de causes de dégoût et de relâchement, les bons Frères, manquant de tout, de linge, d'habits, souvent de pain, ne faiblirent pas un seul jour et ne retranchèrent rien de leurs travaux ordinaires. A la merci de la faim et du froid pendant les années 1709 et 1710, ils essuyèrent, à la mort près, tout ce que la famine et l'hiver ont de plus cruel. Cependant, de temps en temps Dieu inspirait à quelques personnes vertueuses la pensée de les secourir : mais ces secours n'allèrent jamais qu'à l'absolu nécessaire, comme si Dieu eût voulu empêcher ses humbles serviteurs de mourir de froid et de faim, sans les priver du mérite de souffrir de l'un et de l'autre.

Les aumônes qu'ils recevaient étaient si rares et de si peu de valeur, que les bons Frères regardèrent comme miraculeux l'envoi par une personne inconnue d'une somme de 22 livres, accompagnée d'un billet portant ces mots : « Ne vous embarrassez « point d'où vient cette charité ; mettez seulement « votre confiance en Dieu ; ayez soin de le servir fi- « dèlement, et lui-même vous nourrira. »

CHAPITRE XXV.

Le motif principal qui avait déterminé M. de La Salle à accepter les onéreuses conditions qu'on lui avait faites à Rouen, c'était l'espoir de trouver dans cette ville ou dans les environs une maison propre à recevoir ses novices. Il savait mieux que personne que si l'espérance de la moisson est dans la qualité de la semence, la sainteté d'un institut et sa durée dépendent d'un bon noviciat. Ennuyé de voir son petit troupeau sans cesse errant et sans asile fixe, désolé de voir la ferveur de ses disciples décroître au sein de cette perpétuelle agitation, il ne cessait de demander à Dieu de lui procurer un lieu de repos où il pût le servir et le faire servir avec tranquillité.

Plein de respect pour la hiérarchie, regardant ses supérieurs ecclésiastiques comme les oracles de la volonté divine, M. de La Salle ne voulut rien arrêter avant d'avoir reçu l'approbation de l'archevêque. La réponse de Monseigneur Colbert fut très favorable. M. l'abbé Couet la lui transmit en lui donnant de nouveau l'assurance de tout l'intérêt que le prélat portait à la communauté.

Encouragé par cette haute approbation, le saint fondateur se mit en quête d'une maison convenable à ses vues. Il la trouva à l'extrémité du faubourg Saint-Sever.

Cette maison, appelée Saint-Yon, était très ancienne et son enclos contenait dix acres de terre *. Il s'appelait autrefois le manoir de Hauteville. Le seigneur qui lui laissa son nom est M. de Saint-Yon, qui le posséda en propre jusqu'en 1615. Sa dévotion l'ayant porté à y faire bâtir une chapelle, il la plaça sous l'invocation de son patron, disciple de saint Denis et martyr. En 1670, Mme de Bois-Dauphin l'acheta en faveur des dames de Souvrai, dont l'une était abbesse du célèbre monastère de Saint-Amand, à Rouen. Après avoir plusieurs fois changé de maître, cette maison, devenue l'héritage de Mme de Louvois, fut mise en location. M. de La Salle la visita et la trouva conforme à ses désirs. Après en avoir parlé à M. Colbert, il partit pour Paris afin de la demander à Mme de Louvois. Cette dame, qui avait entendu dire le plus grand bien de M. de La Salle par M. Le Tellier, archevêque de Reims, et par M. l'abbé de Louvois, son fils, fut charmée de pouvoir être agréable à un homme regardé comme un saint dans sa famille. Elle accueillit donc le vertueux fondateur avec bonté et lui consentit un bail de six ans au prix de 400 livres, somme bien inférieure à la valeur réelle de la maison. M. de La Salle se hâta alors de faire partir pour Rouen tous les meubles qu'il avait laissés en dépôt au faubourg Saint-Antoine, pour en meubler la nouvelle maison. Il mit

* *Acre*, mot celtique qui signifie champ ; mesure de superficie autrefois usitée en France ; elle variait selon les provinces ; sa valeur ordinaire était de cinquante ares.

tant d'acivité et de mystère dans toutes ses démarches, que la communauté était déjà établie aux portes de Rouen avant qu'on sût à Paris qu'elle était sortie de la capitale. Les dames religieuses de Saint-Amand, en apprenant dans quelles mains leur maison de Saint-Yon était tombée, eurent la gracieuseté de laissèr dans la chapelle tous les tableaux et les tapisseries dont elle était ornée, ainsi que plusieurs meubles de la communauté.

Les Frères étaient arrivés à Rouen le 19 mai 1705 ; ce fut sur la fin du mois d'août de la même année que l'Institut entra dans une maison dont Dieu leur destinait dès-lors la possession, et qui, dans la suite, est devenue leur héritage.

L'humble serviteur de Dieu regardait la maison de Saint-Yon comme un port où, à l'abri des tempêtes, il pourrait désormais travailler à réparer ses pertes et à mettre à profit la paix et la tranquillité pour le bien de son âme et la sanctification de ses disciples. Quoique située aux portes d'une des plus grandes villes de France, elle était retirée et solitaire ; l'air y était vif et pur, et la vaste étendue des jardins présentait aux Frères une salutaire diversion à leurs travaux. M. de Pont-Carré, le pieux protecteur de la communauté, en faisait le but ordinaire de ses promenades ; c'était là qu'il venait se délasser de l'accomplissement de ses austères devoirs.

Le premier soin de M. de Salle, après avoir péniblement repeuplé son noviciat, fut d'y rétablir la primitive ferveur. Bientôt les postulants affluèrent, attirés par l'odeur de sainteté qui se répandait au-dehors, et le saint fondateur en confia la direction, sous sa haute surveillance, au frère Barthélemy, homme d'une grande douceur de caractère et d'une sagesse éprouvée.

Pour réparer le mal que les agitations récentes avaient fait à ses disciples, M. de La Salle, pendant les vacances des écoles, fit venir à Saint-Yon le plus grand nombre de Frères qu'il put, et les mit en retraite pendant huit jours. Il présidait à tous les exercices, les animant par sa présence et confirmant par ses exemples les leçons qu'il donnait. Cette retraite si opportune donna une nouvelle vie à la communauté : les Frères, consolés par le Saint-Esprit, oublièrent leurs persécutions passées et retournèrent à leurs travaux avec une nouvelle ardeur.

La bonne renommée du noviciat ne tarda pas à se répandre, et la maison de Saint-Yon devint la ressource des familles. D'abord, on pria M. de La Salle d'y recevoir en pension quelques jeunes gens de la ville et des environs pour les instruire et les former à la piété. Il accepta avec joie cette mission qui répondait si bien au but de l'Institut, et mit ces pensionnaires sous la conduite d'un des principaux Frères. Il fit pour eux des règles particulières, conformes à leur âge et à leur condition, et les établit dans une espèce de petit noviciat qui avait ses exercices à part.

Les résultats furent si rapides et si merveilleux qu'en peu de temps il arriva à Saint-Yon une multitude d'enfants au naturel pervers et qui avaient fait jusqu'alors le désespoir de leurs familles et de leurs maîtres. Des libertins de profession y furent renfermés, les uns par arrêt du parlement, d'autres par ordre du roi, plusieurs par la volonté des familles. Le plus grand nombre s'y convertirent sous la double influence des leçons et des exemples : des natures indomptables y perdirent leur sauvage férocité ; plusieurs voulurent y passer le reste de leur vie.

La maison de Saint-Yon comprenait donc trois espèces de communautés en une : celle des novices, cele des Frères chargés du service de l'Institut et celle des pensionnaires. Mais tel était l'ordre que M. de La Salle y avait établi, que malgré la diversité des exercices et le grand nombre de personnes d'âges si différents qui vivaient ensemble sous le même toit, on n'apercevait aucun signe de tumulte ou de confusion. Tout se faisait dans un si grand silence, que les étrangers auraient pu croire la maison inhabitée ; et pourtant plus de cent personnes y vivaient, d'âge, de caractère et d'état bien différents.

M. de La Salle ne goûtait que depuis quelques mois les douceurs de sa chère solitude, lorsque la persécution qui l'avait chassé de Paris le contraignit d'y revenir. Il avait bien prévu que le succès remporté au faubourg Saint-Antoine par les maîtres écrivains les enhardirait à renouveler leurs attaques contre les écoles de la paroisse Saint-Sulpice. Pour faire diversion à leurs projets, il avait élevé une école sur la paroisse de Saint-Roch, puis avait disparu lui-même, espérant désarmer par la fuite ces hommes que la jalousie et l'intérêt animaient contre son Institut. Vain espoir ! Les Frères restés à Paris lui écrivirent des lettres tellement alarmantes sur les dangers qui les menaçaient, qu'il sentit le besoin de les rassurer par sa présence et d'aller partager leurs peines, s'il ne pouvait les en délivrer.

En arrivant à Paris, il trouva ses disciples en proie aux plus vives alarmes. A chaque instant, les maîtres écrivains, sous prétexte de veiller à l'exécution de la sentence qui ordonnait aux Frères de ne recevoir dans leurs classes que les enfants appartenant à des parents notoirement pauvres, s'arrogeaient le pouvoir d'entrer dans les écoles, d'y porter le trouble et le scandale, en disputant avec les Frères sur l'admission de tels et tels enfants. D'autrefois, ils amenaient à grand bruit le commissaire, qui se livrait, en présence de tous les élèves, à une inquisition humiliante. C'en était fait des Écoles gratuites, si l'on ne trouvait moyen de mettre un terme à une telle licence. Les soi-disant protecteurs des écoles, irrités de ce que la noble fermeté du fondateur ne leur permettait pas d'innover à leur caprice dans une entreprise formée sous l'inspiration du ciel, fermaient les yeux sur ces désordres et affectaient de l'ignorer.

Il fallait prendre un parti. Les Frères découragés et fatigués vinrent, au commencement de l'année 1706, prier M. de La Salle de leur permettre de se retirer et de céder à leurs ennemis un terrain qu'ils ne pouvaient plus défendre. Le saint fondateur, après avoir mûrement réfléchi à la situation et pris l'avis de personnes sages, autorisa les Frères à fermer les écoles ; ce qui eut lieu aussitôt. Le bruit de cet événement extraordinaire se répandit avec rapidité, et lorsqu'on vit que les écoles continuaient à rester fermées, et que les enfants, livrés à eux-mêmes, reprenaient leurs habitudes d'impiété et de vagabondage, les parents alarmés allèrent en foule trouver M. de la Chétardie pour lui représenter le chagrin qu'éprouvaient les familles de la retraite des Frères, le préjudice sensible que la fermeture momentanée des écoles avait déjà causé et l'impossibilité où ils étaient de procurer à leurs enfants le bienfait d'une instruction chrétienne du moment où on leur enlevait le précieux secours des Frères.

M. de la Chétardie n'avait jamais mieux compris les services immenses que les disciples de M. de La Salle rendaient à sa paroisse. Quelles que fussent ses préventions contre l'humble serviteur de Dieu, il le fit prier de rouvrir les Écoles gratuites, lui donnant l'assurance que les Frères n'y seraient plus inquiétés à l'avenir. Il tint parole.

Il convoqua chez lui les principaux maîtres écrivains, et fit dresser en leur présence, par-devant deux notaires, un acte par lequel il déclarait que « c'était « lui qui avait chargé les Frères de tenir les Écoles « de charité sur sa paroisse ; que M. J.-B. de La « Salle, prêtre et docteur en théologie, avait été mal-

« à-propos inquiété à cette occasion par les maîtres « écrivains, puisqu'il n'avait employé ses disciples « à cette œuvre que sous ses auspices, à ses frais et « par ses ordres ; que lui curé n'avait en cela fait « que suivre les exemples de ses prédécesseurs, qui « avaient appelé à Paris M. de La Salle et ses dis- « ciples pour rendre ce service aux pauvres de la « paroisse ; que les loyers des lieux où les classes « se tenaient, et même le logement de ceux qui en- « seignaient, étaient payés de ses deniers ; enfin, que « c'était lui qui avait toujours nourri et entretenu les « Frères nommés dans l'acte ; qu'il entendait qu'ils « eussent toute liberté de continuer leurs fonctions, « et qu'il faisait le présent acte pour servir et valoir « à qui il appartiendrait. »

Cet acte fut remis entre les mains du saint fondateur, qui, satisfait de cette tardive réparation, fit rouvrir les écoles après trois semaines d'interruption.

Mais la guerre, un instant suspendue contre les disciples, ne cessa pas contre le maître. M. de la Chétardie, aveuglé par d'injustes préventions, recevait le vertueux supérieur avec une froideur qu'il ne cherchait pas à dissimuler ; il descendait même à des tracasseries indignes de son âge et du caractère sacré dont il était revêtu. Ainsi, il paya la pension des Frères en billets d'État *, qui, étant tombés alors dans un entier discrédit, devenaient inutiles entre les

* Ce que nous appelons aujourd'hui *bons du trésor*.

mains du fondateur. Ni boulanger, ni boucher n'en voulaient. La Providence, qui n'abandonnait M. de La Salle à toutes ces vexations que pour mieux manifester son intervention, permit qu'une personne pieuse escomptât sans perte ces mauvais morceaux de papier.

Quand cette somme fut épuisée, M. de La Salle revint chez le curé pour toucher les autres termes échus. Cette fois il n'obtint pas même du papier. Ce refus le jeta dans une grande inquiétude : tout manquait dans sa maison ; on semblait se faire un jeu cruel de le faire souffrir lui et ses frères. Persuadé que sa personne était le principal objet de toutes ces iniquités, il usa d'un artifice singulier pour procurer du pain à ses disciples. Il disparut un beau jour, sans mettre personne dans la confidence du lieu de sa retraite, à l'exception de deux des principaux Frères. Aussitôt un des Frères alla trouver M. de la Chétardie, lui apprit la disparition du supérieur et lui révéla en même temps le dénûment où était la communauté. Le curé s'empressa de donner de l'argent.

Le motif de cet empressement se trahit presque aussitôt par la proposition que fit M. de la Chétardie à ce pauvre Frère de l'élever aux fonctions de supérieur, laissées vacantes, disait-il, par le départ de M. de La Salle. Or, ce Frère, qui avait une belle prestance et un air vénérable, était d'ailleurs sans intelligence, sans instruction, et remplissait dans la communauté les humbles fonctions de Frère servant. Heureusement il montra plus de bon sens que son tentateur, et, loin de se laisser éblouir par une offre si extraordinaire, il témoigna au curé qu'il se considèrerait comme un usurpateur s'il osait accepter la place d'un homme si éminent en science et en sagesse, et qu'il honorait comme un saint.

Pendant qu'on disposait ainsi de sa place, le pauvre persécuté se livrait à son penchant pour la prière et la contemplation. Retiré chez les R. P. Déchaussés, il passa quinze jours dans une retraite profonde et dans une intime communication avec Dieu. Puis, nourri par la prière, fortifié par la vertu d'en-haut, il en sortit armé d'un nouveau courage pour marcher à de nouvelles souffrances. Ses disciples, inquiets de sa brusque disparition, ne sachant que penser de son absence prolongée, le virent avec une grande joie reparaître au milieu d'eux.

Mais les persécutions reparurent avec lui. Les ennemis du serviteur de Dieu n'avaient pas renoncé à leur projet de changer la forme du gouvernement de l'Institut. Irrités de la résistance que le fondateur avait opposée à leurs vues d'innovations, ils s'attachaient à faire naître sous ses pas les difficultés et les obstacles, afin de le forcer à quitter Paris, espérant bien pouvoir accomplir, lui absent, ce qu'ils désespéraient de faire en sa présence. Ces persécutions allèrent si loin, que M. de La Salle, craignant que les mauvais traitements dont il était l'objet ne passassent à ses disciples, se crut obligé de fuir devant l'orage. Il saisit la première occasion. Les maîtres écrivains ayant recommencé leurs attaques, et

M. de la Chétardie les ayant tolérées, malgré l'acte authentique que nous avons transcrit plus haut, M. de La Salle, qui était en ce moment dans la maison de Saint-Roch, ordonna de nouveau la clôture des écoles, et dispersa tous ses disciples deux à deux dans les divers établissements que l'Institut possédait déjà. Le directeur demeura seul à Paris pour garder la maison et répondre à ceux qui auraient affaire à la communauté. Ceci se passait au mois de juillet de l'année 1706.

M. de la Chétardie ne tarda pas à voir se renouveler avec plus de vivacité que la première fois les scènes qui avaient d'abord suivi la clôture des classes. Les familles se plaignirent hautement, accusant le curé d'avoir par son silence autorisé l'audace des maîtres écrivains et occasionné ainsi un événement si funeste aux intérêts des enfants. Les clameurs devinrent telles, que M. de la Chétardie se vit contraint de rappeler les innocentes victimes de son abandon. Il fit sonder à cet égard le vénérable fondateur, qui, avec la douceur d'un agneau, promit d'obéir, sans faire entendre ni une plainte, ni un reproche. Alors M. le curé lui écrivit de venir recommencer au plus tôt ses classes. C'était cette invitation directe qu'attendait M. de La Salle pour faire enfin une fois des conditions de nature à protéger ses disciples contre le retour de mauvais procédés dont on avait jusqu'alors usé à leur égard. Il chargea le Frère directeur de négocier cette affaire avec M. le curé, qui accorda tout.

Aussitôt M. de La Salle rappela de la province les douze Frères qui étaient nécessaires à la tenue des écoles et de la maison. La pension fut définitivement réglée à un taux convenable ; le terme écoulé pendant la cessation des classes fut payé comme si les exercices n'eussent éprouvé aucune interruption ; enfin, les frais de voyage des douze Frères restèrent à la charge du curé. Tout cela étant ainsi réglé, les écoles se rouvrirent le 1er octobre 1706, et telle était l'impatience des familles, que dès le premier jour les classes se trouvèrent trop étroites pour la multitude des enfants qui y furent conduits.

Afin que les maîtres écrivains n'apportassent plus à l'avenir le trouble dans ces écoles, objet de leur incessante jalousie, M. de la Chétardie chargea M. l'abbé de Gergy, alors son vicaire et depuis son successeur *, de faire une enquête sur la situation de tous les enfants de la paroisse. Ce pieux ecclésiastique dressa un registre exact contenant les noms, prénoms, âge, domicile de tous les enfants. Il fut ensuite recommandé aux Frères de n'admettre dans leurs écoles que les enfants porteurs d'un billet d'admission signé par l'abbé de Gergy. Cette formalité enleva tout prétexte aux maîtres écrivains, et servit de sauvegarde aux Frères, sans pourtant leur faire perdre un seul élève.

* M. l'abbé Languet de Gergy fut curé de Saint-Sulpice en 1714. Ce fut lui qui posa, en 1719, la première pierre de la magnifique église de Saint-Sulpice, qui fut terminée et consacrée en 1745.

Dès que le pieux fondateur vit qu'il avait enfin conquis la paix pour lui et pour ses enfants, il songea à leur procurer une maison plus convenable que celle qu'ils habitaient depuis dix-huit ans dans la Rue Princesse et sur laquelle tous les voisins avaient une libre vue. Il ne fut pas difficile d'en trouver une plus commode : la nouvelle maison était située près de la barrière de Sèvres, quartier des Incurables, en bon air, retirée et avec jardin. Elle appartenait à M. l'abbé de Mascarini. M. de La Salle en fit parler à M. de la Chétardie, qui donna aussitôt son consentement. Le vénérable fondateur vit dans l'approbation si facilement obtenue du curé de Saint-Sulpice un témoignage nouveau de la bonté de Dieu, qui semblait vouloir enfin fléchir un cœur depuis si longtemps aigri contre lui.

Cette maison, louée 400 livres, a été occupée par les Frères jusqu'en 1722.

CHAPITRE XXVI.

La fondation des Écoles gratuites de Dijon eut lieu en 1705. Nous en avons retardé le récit, afin d'embrasser d'un seul coup d'œil d'autres établissements du même genre qui eurent lieu successivement à Mende, à Alais, à Grenoble et à Saint-Denys.

Les Écoles Chrétiennes de Dijon doivent leur établissement à une pieuse famille de cette ville. M. Rigolet, président de la chambre des comptes, était, par la pratique de toutes les vertus, l'exemple des habitants de Dijon. Tous les jours ce pieux magistrat s'approchait de la table sainte, et sa vie, toute remplie par les devoirs de sa charge, par la prière et les bonnes œuvres, justifiait ce rare privilége. Il offrit à M. de La Salle une pension de 400 livres et un logement pour deux Frères. Son offre fut acceptée ; deux Frères partirent pour Dijon et ouvrirent leurs classes dans le mois de juin 1705. Durant onze ans que vécut encore ce vertueux personnage, il se montra le protecteur le plus dévoué des Frères, et lorsqu'il mourut en 1716 à Paris, sa veuve, sœur de Mgr l'archevêque de Sens et de M. l'abbé Languet de Gergy, continua à soutenir les Écoles par sa pieuse munificence. Ses enfants, héritiers des vertus paternelles, reçurent comme le plus précieux des legs la protection des Écoles et augmentèrent de quatre Frères l'établissement fondé par leurs religieux parents.

Les Écoles Chrétiennes de Mende furent un monument de la piété et de la libéralité de Mgr Joseph-Placide-Baudry de Piancourt, évêque du diocèse. Cet illustre prélat, que sa charité avait dépouillé de tous ses biens, voulut couronner une vie toute remplie de bonnes œuvres par la fondation d'un hôpital général et par l'établissement d'écoles gratuites.

« Convaincu, dit-il dans son testament daté du 19 octobre 1707, quelques jours à peine avant sa mort, « que le salut des peuples et leur bonheur « temporel dépendent principalement d'une éducation « sainte de la jeunesse, et qu'après les mar- « ques d'affection et de prédilection que nous avons « données aux citoyens de notre chère ville de Mende « par la construction et fondation que nous leur « avons faite d'un hôpital général, qui est un asile « universel et perpétuel pour toutes les disgrâces de « la nature et de la fortune qui peuvent leur arriver « en la vie, nous ne pouvons leur en donner de plus « grande qu'en leur fondant des écoles publiques « qui ne leur laissent rien à désirer de tout ce qui « peut concourir au salut de leurs âmes et leur fé- « licité temporelle, etc. »

Aussitôt qu'il apprit qu'il existait à Paris une famille de maîtres d'école destinés par vocation à l'instruction de la jeunesse chrétienne, il s'empressa d'écrire à M. de La Salle pour le prier de lui envoyer des Frères. Par malheur cette demande arriva dans un moment où la dispersion de son troupeau ne permettait pas au pasteur de satisfaire au désir du pieux évêque. Cependant pour lui prouver son zèle, il se départit d'une des règles les plus impérieuses de son Institut en lui envoyant *un* Frère *seul*. Ce Frère * dépassa toutes les espérances du prélat, qui écrivit à M. de La Salle une lettre touchante pour hâter l'envoi d'un second. Voici cette lettre digne de l'histoire

* Une lettre du Vénérable, sous la date du 1er avril 1707, nous donne le nom de ce Frère : il s'appelait frère Ponce.

que nous écrivons et aussi honorable pour celui qui l'a signée que pour ceux qui en sont l'objet :

« Mende, ce 8 avril 1707.

« Je ne puis, Monsieur, assez bénir Dieu de vous « avoir inspiré le dessein de former des maîtres d'é- « cole pour instruire la jeunesse et l'élever dans la « piété chrétienne. Les séminaires forment les bons « ecclésiastiques; mais les bons maîtres d'école don- « nant les premières impressions de la piété et de la « religion peuvent contribuer à sanctifier tous les « chrétiens. On ne peut être plus content que je le « suis du Frère que vous m'avez envoyé, qui com- « mence, en en attendant un autre pour le secourir, « à instruire notre jeunesse. Je vous serai fort obligé « de lui adjoindre un bon sujet, qui soit capable tant « pour l'écriture que pour l'arithmétique; car c'est le « moyen d'attirer toute la jeunesse, et par là de lui « donner les premières impressions de la piété chré- « tienne. Je leur donnerai de ma part toute la pro- « tection qu'ils peuvent attendre; ensorte qu'ils au- « ront une satisfaction parfaite dans leur emploi en « cette ville. Le frère Ponce vous peut rendre compte « de mes bons sentiments pour lui et pour cet éta- « blissement. Je vous supplie que mes bons senti- « ments augmentent par le bon choix que vous ferez « des maîtres d'école que vous m'enverrez. Je vous « en serai sensiblement obligé. Je vous prie de me « croire avec une estime particulière votre très hum- « ble et très obéissant serviteur,

« F.-P. de PIANCOURT, Évêque de Mende. »

M. de La Salle était mieux fait que personne pour comprendre la tendre sollicitude du pieux prélat; aussi s'empressa-t-il de lui envoyer un second Frère, qui n'eut pas moins de succès que le premier. L'un et l'autre virent la moisson croître entre leurs mains, et bientôt ils ne purent suffire à la récolte. Un troisième vint à leur secours, et vit ses efforts couronnés par les mêmes résultats. Quel bonheur pour le bon évêque! Pour que l'avenir ne vînt point détruire ce qu'il regardait à juste titre comme le chef-d'œuvre de sa charité, il fit, le 19 octobre 1707, un testament dont nous avons plus haut transcrit les considérants, par lequel il léguait pour l'entretien de trois Frères 510 livres de revenu annuel, non compris le logement. Et comme si Dieu n'eût attendu que ce dernier acte pour rappeler à lui le saint évêque, Mgr de Piancourt mourut quelques jours après, emportant les regrets universels.

L'établissement des Ecoles Chrétiennes à Alais suivit de près celui de Mende. Il n'y avait pas en France une ville où l'intervention des bons Frères fût plus nécessaire. Nulle part l'hérésie de Calvin n'avait fait plus de ravages. Pour lutter de plus près contre l'erreur, Louis XIV venait de créer à Alais un nouvel évêché, détaché de l'immense diocèse de Nîmes. Innocent XII avait approuvé ce démembrement et donné une bulle pour l'érection du nouveau siége. M. François-Maurice de Saulx, chef des missionnaires, en fut le premier prélat [*], et il s'occupa

[*] 1694.

tout d'abord d'appeler à son aide des maîtres d'école pieux et habiles. La renommée des Écoles gratuites d'Avignon et de Marseille était parvenue jusqu'à lui. Il chargea son vicaire-général, M. Merrez, d'écrire à M. de La Salle pour lui demander deux maîtres, ce qui eut lieu à la date du 2 juin 1707. Le pieux fondateur éprouva une grande joie de voir ses disciples jugés dignes d'aller combattre l'hérésie sur les lieux mêmes où elle avait pris naissance. Il envoya donc sans délai deux Frères qui commencèrent leur école au mois d'octobre 1707. Mgr l'évêque d'Alais obtint du roi les fonds nécessaires, ce qui fit donner à ces écoles le titre d'Écoles royales. En moins de trois mois les fruits du nouvel enseignement furent si abondants, que le zélé prélat résolut de multiplier les écoles gratuites dans toutes les villes de son diocèse, et écrivit le 28 janvier à M. de La Salle pour lui demander de nouveaux maîtres. Voici cette lettre remarquable :

« Nous avons ici, Monsieur, vos Frères maîtres « d'école dont on est fort content, ce qui m'en fait « souhaiter plusieurs autres pour les répandre dans « nos villes des Cévennes et dans tous les autres « gros lieux. Quand j'en aurais trente, je les em- « ploierais bien. J'ai l'honneur de vous remercier de « ceux que nous avons et de vous en demander « d'autres. Je fais et ferai pour eux tout ce qui m'est « possible ; ils font des biens infinis. J'aurai soin, « pour les entretenir dans l'esprit que vous leur « donnez, de veiller sur eux et de leur donner bon-

« nement mes avis quand il sera nécessaire, et de « plus de vous en rendre un bon compte. Nous avons « besoin ici d'un Frère pour une seconde grande « classe, parce que nous sommes obligés de sou- « lager celle qui est établie à cause du nombre et « pour la commodité des habitants. J'espère que si « nous pouvons étendre le secours de vos bons et « chers Frères, ce sera un moyen infaillible de faire « beaucoup de progrès dans les familles de nos pau- « vres catholiques. Je vous mande, Monsieur, mes « sentiments, afin que vous vouliez bien que nous « agissions de concert ensemble dans ce pays perdu « et qui mérite votre zèle charitable. Vous pouvez « bien compter que je n'épargnerai rien pour le se- « cours de vos Frères, et que je prendrai avec affec- « tion leurs petits intérêts dans toutes les ren- « contres. Je vous demande vos bonnes prières, « vous assurant, Monsieur, que c'est sincèrement et « de tout mon cœur que je suis votre très humble « et très obéissant serviteur. — *F. premier Év.* « *d'Alais.* »

M. de La Salle envoya le Frère que le prélat demandait, se réservant d'en envoyer d'autres à mesure qu'il en serait requis. C'est ainsi que le Seigneur prenait soin de consoler son humble serviteur au milieu de ses tribulations.

Cependant, les pauvres Frères, transportés au sein d'une population huguenote, éprouvaient toute sorte de contradictions. Les Calvinistes, n'osant attaquer ouvertement les nouvelles écoles, faisaient d'incroyables efforts pour les rendre désertes; et quand le roi eut ordonné par un édit d'envoyer tous les enfants dans les écoles des Frères, les pieux instituteurs se virent assiégés d'une multitude de petits être mutins et insubordonnés qui portaient à l'école le cœur et l'esprit de leurs parents, c'est-à-dire une mauvaise volonté décidée contre les leçons qu'ils étaient forcés de recevoir.

A une si constante opiniâtreté les bons Frères opposaient un zèle infatigable. Le prélat les visitait souvent pour les consoler et les soutenir, et leur donnait l'exemple d'une charité inépuisable. Ils trouvaient aussi dans un chanoine de la cathédrale, M. de Lafont, leur directeur, un père tendre qui les encourageait, les éclairait et leur rendait tous les services que l'affection la plus vraie peut inspirer.

Les Frères furent appelés la même année (1707) à Grenoble ; voici de quelle manière :

De pieux ecclésiastiques avaient formé entre eux une société qui avait pour objet le soulagement des pauvres et l'instruction de la jeunesse. Les personnes les plus respectables de la ville et du parlement regardèrent comme un honneur d'entrer dans cette association charitable, et Mgr Alemard de Mont-Martin, évêque de Grenoble, en accepta la présidence. L'un des premiers soins de cette société fut d'établir des Écoles chrétiennes. MM. les abbés Canel et de Saléon, depuis évêque d'Agen, avaient connu à Saint-

Sulpice M. de La Salle, et savaient tout le bien que produisait déjà son Institut. M. Canel fut donc chargé de demander deux Frères au fondateur, ce qu'il fit par une lettre qui a été conservée, à la date du 30 août 1707. Deux points sont à remarquer dans cette lettre ; il en résulte d'abord que le projet d'établir des Écoles gratuites à Grenoble remontait à quinze mois, et que les mesures à prendre pour assurer convenablement la position des Frères avaient nécessité de longues démarches. Nous voyons ensuite que la société charitable de Grenoble la première offrit à M. de La Salle de payer les frais de voyage des deux Frères, ce à quoi personne n'avait encore songé, bien que cela fût de toute justice.

M. de La Salle fit partir sur-le-champ les deux Frères qui lui étaient demandés avec tant de bonne grâce. La première école fut ouverte sur la paroisse Saint-Laurent ; la seconde, quelques années après, sur celle de Saint-Hugues.

Les personnes qui concoururent le plus généreusement à la fondation de ces écoles furent M. Bara, président du parlement, M. le grand-prévôt, M. Gelin, son frère, et Mme Vincent, leur mère. MM. de Chaulnes et de Caulet, successeurs de M. de Montmartin sur le siége épiscopal de Grenoble, héritèrent des bienveillantes dispositions de leur vénérable prédécesseur, et M. de Caulet confia aux Frères la direction des écoles de l'hôpital général.

Ici se place dans l'ordre chronologique des fondations l'établissement d'une École chrétienne à Valréas *, dans le comtat de Venaissin, au diocèse de Vaison. Une lettre de M. de La Salle, en date du 1er avril 1707, est le seul document qui constate cette fondation. « Le frère Albert, dit cette lettre, a « encore fait un établissement à Valréas. Mgr l'évê- « que de Vaison, que vous connaissez, approuve fort « nos Frères, et leur a donné sa maison de Valréas « pour logement. »

CHAPITRE XXVII.

Deux ans auparavant, en 1705, le R. P. prieur du célèbre monastère de Saint-Denys avait engagé une demoiselle riche et pieuse de cette petite ville, Mlle Poignant, à fonder une école de Frères. M. de La Salle avait une certaine répugnance pour ces fondations isolées, dont la moindre circonstance vient détruire les effets, et où les Frères, laissés à eux-mêmes, sont en danger de se relâcher. Aussi résista-t-il pendant près de trois ans à toutes les sollicitations. Mais enfin, espérant que la fondatrice augmenterait ses libéralités pour doubler le nombre des Frères, il surmonta ses répugnances, et envoya deux

* Petite ville de France (Vaucluse), au pied des montagnes, sur la Couronne; aujourd'hui chef-lieu de canton; 2,882 habitants. C'est là patrie du cardinal Maury.

de ses disciples à Saint-Denis, en 1708. La fondatrice mourut sans avoir eu le temps d'assurer la position des Frères, ensorte que l'établissement resta dans une situation précaire.

Le terrible hiver de 1709, et la disette qui survint pour en accroître les rigueurs, vint changer en souffrances de toute sorte le bonheur dont M. de La Salle jouissait dans la nouvelle maison de la rue de Sèvres. Privés de feu, réchauffés par leur seule ferveur, les pauvres Frères ne trouvaient à manger au réfectoire qu'autant qu'il en fallait pour ne pas mourir de faim. C'était assez pour eux. En voyant leur supérieur, dont tous les traits respiraient la paix et la joie, ils étaient satisfaits, et loin de songer à se plaindre, ils apprenaient par son exemple à goûter dans la pauvreté la manne céleste que Dieu y renferme pour les siens. Du reste chacun d'eux ne sentait que ses peines personnelles ; mais le saint fondateur, comme chef, ressentait en son cœur de père les souffrances de tous ses enfants. Et ce n'était pas à Paris seulement que ses disciples avaient à souffrir de la rigueur de la faim et de l'hiver ; c'était partout ; le bon supérieur le savait, et il souffrait de toutes les privations que la Providence imposait à ses disciples.

Ceux qu'il avait à Saint-Yon étaient ceux dont la situation l'alarmait davantage. En proie à la pauvreté, oubliés dans leur détresse par ceux dont ils devaient attendre le plus de sympathies, ils se résignaient à mourir. Ils avaient frappé en vain à la porte des maisons opulentes, chez les nobles, chez les bourgeois, chez les magistrats; partout ils avaient été rebutés avec dureté. Ils s'étaient adressés à l'archevêché, comme à leur suprême ressource. Mais Mgr d'Aubigné, qui avait succédé à Mgr Colbert [*], n'avait pas pour les Frères les mêmes dispositions que son prédécesseur. Il était arrivé à Rouen prévenu contre M. de La Salle et ses disciples. Il croyait faire beaucoup que de les souffrir dans son diocèse. Il les oubliait, et n'aimait ni à les voir, ni à en entendre parler : c'était tout ce que ses préventions lui permirent de faire en leur faveur. Il se montra donc sourd à la demande des pauvres affamés.

M. de La Salle vit bien que ses disciples n'avaient rien à attendre dans une ville où l'on croyait leur faire grâce en leur permettant de distribuer charitablement l'instruction aux pauvres. Mais quel moyen de secourir ces infortunés, étant lui-même privé de tout secours? Partager le peu qu'il avait à Paris avec ses Frères de Rouen, c'était affamer les uns et les autres. D'un autre côté, il ne pouvait pas délaisser les novices dans leur solitude de Saint-Yon, où ils languissaient et succombaient sous les étreintes du froid et de la misère. Après y avoir mûrement réfléchi, M. de La Salle espéra qu'il lui serait plus facile de les secourir dans la capitale du royaume, et il se décida à en rappeler une partie. La prudence humaine conseillait de retirer de Rouen les dix maî-

[*] Mort à Paris le 10 décembre 1707.

tres que la ville avait la barbarie d'employer à un service public sans leur donner seulement de quoi éviter la faim; mais M. de La Salle crut que la gloire de Dieu et l'honneur de la communauté exigeaient le maintien à tout prix des Écoles gratuites à Rouen. Il se borna donc à faire venir à Paris les novices de Saint-Yon. Mais ici nouvel embarras ; la maison se trouva trop étroite pour ce surcroît de population. Les pauvres Frères, au nombre de quarante environ, étaient les uns sur les autres ; on dédoubla les modestes couches des maîtres, on étendit par terre de simples paillasses, et c'était sur ces lits de camp que les vaillants soldats du Christ goûtaient le repos après une journée de fatigues et de privations. Quelle que fût la gêne de la maison, la porte en resta toujours ouverte à ceux qu'une passagère vocation y appelait, et qui en sortaient après quelques semaines d'épreuves, ayant diminué d'autant les ressources déjà si précaires de la communauté. Et un jour que les Frères faisaient observer au supérieur le dommage que ces postulants causaient à la maison : « Tout n'est pas perdu, mes enfants, leur répondit- « il en souriant; ils ont fait une bonne retraite qui « sera avantageuse à leur salut. »

Il comptait sur la divine Providence, et il n'était pas plus inquiet d'avoir à nourrir quarante au lieu de vingt personnes par jour. Il avait éprouvé que Dieu ne lui avait jamais manqué dans les extrémités, et qu'après l'avoir fait souffrir pour faire briller sa soumission et sa patience, il avait toujours pris plaisir à le secourir à temps. Ainsi, un jour que toutes les provisions étaient épuisées, et que le boulanger refusait de fournir du pain, M. de La Salle s'en alla dire la messe pour implorer l'assistance divine en ce pressant besoin. Chemin faisant, il rencontra une personne qui lui demanda par forme de conversation : « — Où donc allez-vous de si bonne heure ? « — Je m'en vais célébrer la sainte messe, répondit-« il, et prier Dieu d'envoyer ce qui est nécessaire « pour vivre aujourd'hui à notre communauté qui « est dépourvue de nourriture, et n'a pas de quoi « en avoir. — Allez en paix, cher Frère, répliqua « cette personne attendrie ; je vais y pourvoir. » Et sur-le-champ elle porta dix écus à la communauté.

Mais si Dieu n'abandonna jamais son pauvre serviteur, il sembla se plaire à en faire un martyr de la patience.

L'extrême pauvreté de la maison, les privations de tout genre auxquelles elle était soumise, la rigueur du froid surtout y engendrèrent le scorbut, maladie contagieuse et difficile à guérir. Six Frères en furent attaqués à la fois. M. de La Salle, chargé de veiller à la santé d'un si nombreux troupeau, opposa au fléau des qualités morales qu'il n'avait pas encore eu l'occasion de déployer. On le vit se multiplier, pour ainsi dire, empressé sans trouble, diligent sans inquiétude, isoler le mal, soigner les malades, et veiller à la préservation de ceux que la main du Seigneur avait épargnés. Il y avait alors à Paris un médecin habile, renommé pour les succès qu'il avait obtenus dans le traitement de cette affreuse maladie. Mais comment aborder une célébrité qui escomptait sa gloire à beaux écus sonnants? M. Helvétius, qui déjà avait rappelé le vénérable fondateur des portes de la mort, vint encore cette fois à son secours. A sa prière, le célèbre docteur entreprit la guérison des intéressants malades, et les rendit en peu de jours à la santé sans qu'il leur en coûtât autre chose que de vives souffrances et d'humbles actions de grâces.

A peine délivré de ces angoisses, le saint fondateur fut rejeté par l'ingratitude d'un de ses disciples dans le sentier des persécutions. On n'a pas oublié que l'unique but du tout-puissant ennemi de M. de La Salle dans toutes les difficultés qu'il lui avait suscitées, avait été de lui ôter le gouvernement de l'Institut et d'en investir une de ses créatures. Il avait heureusement échoué dans toutes ses intrigues, et il laissa quelque temps en paix le serviteur de Dieu. Mais sa haine sommeillait, et ayant un jour cru entrevoir un moyen d'arriver à ses fins, il s'empressa de le saisir.

Un des Frères, engagé depuis cinq ou six ans dans la communauté, et ennuyé de la vie pauvre, laborieuse et mortifiée qu'on y menait, conçut, pour s'en affranchir, le dessein de trahir son maître. Il connaissait l'auteur de toutes les persécutions que M. de La Salle avait endurées depuis sept ou huit ans. Ce fut à lui qu'il eut recours. Après avoir fait un sombre tableau des privations excessives qu'il avait, disait-il, supportées dans la communauté, il déclara que, quant à lui, il ne pouvait plus tenir à un régime si contraire à l'humanité, et que si l'on voulait lui assurer des moyens d'existence, lui et bien d'autres s'empresseraient de quitter l'Institut et de secouer le joug intolérable du supérieur.

Cette perfide proposition fut accueillie aussitôt que faite; le marché de la trahison fut conclu, et l'on prit des mesures pour débaucher à M. de La Salle tous ses disciples.

L'ennemi du serviteur de Dieu promit au traître de louer une maison pour lui et pour ceux qu'il parviendrait à entraîner, de pourvoir à tous leurs besoins, de l'établir supérieur de la communauté nouvelle, et de tout réformer ensuite d'accord avec lui. Il s'engagea, enfin, à faire transporter les fonds versés par M. de la Chétardie sur la nouvelle maison

Le perfide disciple se mit aussitôt à l'œuvre : déjà il était parvenu à suborner un des Frères, lorsque le doigt de Dieu vint se placer entre M. de La Salle et ses ennemis. Le Frère un moment entraîné ressentit un si cuisant remords de sa faute, que, le jour même, devant toute la communauté assemblée, il confessa ce qu'il appelait son crime, et dévoila le complot dans tous ses détails. Tous les Frères frémirent d'indignation et d'horreur, et supplièrent leur supérieur vénéré de purger à l'instant la maison d'un monstre qui en souillait la sainteté. M. de La Salle, seul paisible et serein au sein de cet orage, implora la grâce du coupable, et fut si touchant dans la tendre remontrance qu'il lui adressa, que les Frères consentirent à oublier. Mais quelques jours après le traître, honteux d'avoir été démasqué plutôt que repentant, se fit justice en quittant l'Institut. Le scandale tomba et la communauté reprit son calme habituel.

Cette année de tribulation ne se passa pas sans apporter à M. de La Salle quelques consolations. M. Huchon, curé de Versailles, que Louis XIV honorait de son estime et de sa confiance, demanda au vénérable fondateur deux de ses disciples pour établir dans sa paroisse une École gratuite. Les deux Frères furent envoyés, l'école s'ouvrit dans une maison voisine du Parc-aux-Cerfs, et eut le plus grand succès. Quelque temps après, le maître qui tenait une école près de la cathédrale étant venu à mourir, M. Huchon demanda deux autres Frères, avec un Frère servant pour gérer le temporel.

Cet établissement de Versailles, inauguré sous de si heureux auspices, faillit devenir funeste à l'Institut. Le principal des Frères qui avaient ouvert ces écoles était un maître parfait. Mais l'air de la cour que l'on respirait à Versailles énerva sa vigueur morale et lui inspira l'esprit du monde. M. de La Salle, dont la vigilance infatigable suivait en tous lieux ses disciples, fut averti de ce relâchement, et se rendit sur-le-champ à Versailles. Le mal était naissant, le remède facile : il suffisait de retirer ce Frère du milieu qui le corrompait, et de l'envoyer respirer ailleurs l'air pur de la règle et de la discipline.

Le Frère, qui se douta de ce dessein, eut soin de mettre dans ses intérêts M. Huchon, qui crut devoir s'opposer à son départ et déclara à M. de La Salle que s'il retirait ce Frère, il le prierait de retirer aussi son compagnon. En vain le pieux fondateur fit-il observer au curé que soutenir ainsi un inférieur contre son supérieur, c'était ruiner dans sa base son Institut, et perdre irrévocablement le Frère rebelle ; il ne fut point écouté, et M. Huchon s'étant porté caution pour la conduite à venir de ce disciple insoumis, M. de La Salle céda. Mais ses tristes prévisions ne tardèrent pas à se réaliser. Le Frère, resté à Versailles malgré son supérieur, s'émancipa de plus en plus ; un beau matin, il quitta son glorieux habit et s'évada. M. Huchon comprit alors quelle avait été sa faute, et il la répara autant qu'il était en lui en abandonnant entièrement la conduite des Frères à la sagesse de leur supérieur.

Un vertueux ecclésiastique, M. Vincent de Saint-Jean Delzé du Roure, du diocèse de Viviers, se trouvant à Avignon en 1708, désira constater par lui-même si tout le bien qu'on disait des Écoles Chrétiennes était réel ; il alla donc les visiter, et les résultats ayant dépassé son attente, il voulut, par un testament en bonne forme, assurer la fondation d'une École gratuite dans la petite ville des Vans *, qui, située au centre des Cévennes, avait été particu-

* Petite ville dans l'Ardèche ; elle compte aujourd'hui 1980 habitants.

lièrement infectée par l'hérésie. Dans cet acte, qui porte la date du 20 juillet 1708, ce vertueux prêtre consacre toute sa fortune à cette pieuse fondation et supplie les seigneurs évêques d'Uzès de l'honorer de leur protection. Ce testament fut envoyé à M. de La Salle après la mort du testateur, qui arriva deux ans après, le 19 septembre 1710. Aussitôt deux Frères furent envoyés aux Vans, et l'École gratuite s'ouvrit la même année.

Cette même année 1710 vit s'ouvrir aussi une École Chrétienne à Moulins, capitale du Bourbonnais. Un bon prêtre, M. Aubry, avait passé sa vie à instruire les enfants pauvres : lorsqu'il se vit hors d'état de continuer cette œuvre charitable, il ne crut pas pouvoir la confier à de plus dignes maîtres qu'en appelant pour le remplacer les disciples de M. de La Salle. Le crédit que ses vertus et ses longs services lui donnaient sur les esprits applanit toutes les difficultés. Sur son témoignage, les Frères furent appelés à Moulins, et ouvrirent leurs classes sous les yeux de M. Languet, alors grand-vicaire d'Autun, depuis archevêque de Sens. En peu de jours elles furent si peuplées, que les trois Frères que M. de La Salle avait envoyés furent insuffisants.

Les écoles de Boulogne-sur-Mer sont de la même date (1710). Un pieux gentilhomme, M. de La Cocherie, qui portait sous l'habit séculier la piété et les austères pratiques d'un religieux, avait conçu un vif enthousiasme pour les écoles des Frères, d'après le bien qu'il en avait ouï dire. Comme ses autres bonnes œuvres avaient déjà épuisé sa fortune, il eut recours à la bourse de ses amis, et amassa bientôt de quoi faire face à cette utile fondation.

L'évêque de Boulogne, Mgr de Langle, se plut à seconder le zèle de M. de La Cocherie. Quatre Frères furent appelés, et en attendant que la maison qu'on leur destinait fût prête à les recevoir, il les logea dans son séminaire. Quelques mois après le prélat voulut fonder une nouvelle école dans la haute ville pour faciliter les moyens de se faire instruire aux enfants de ces quartiers que l'éloignement du premier établissement privait de ce secours. Le nombre des Frères se trouva alors porté à six.

Mais la maison qu'on leur avait assignée pour demeure était trop étroite et incommode. Tel était le zèle des habitants pour les nouvelles écoles, qu'ils résolurent d'en faire bâtir une à frais communs. Le roi accorda un emplacement convenable ; M. le marquis de Colembert, commandant de la ville, fit tous les plans ; les matériaux furent fournis et transportés gratuitement sur place. Les ouvriers se mirent à l'ouvrage avec ardeur, et en peu de temps la maison fut en état de recevoir ses hôtes. M. de La Salle en arrivant à Boulogne fut charmé de l'intérêt que tout le monde portait à ses disciples, et surpris des hommages dont il était lui-même l'objet. La haute opinion qu'on avait de sa vertu attira sur lui l'attention universelle ; chacun voulait voir cet homme extraordinaire dont la vertu des disciples donnait une si grande idée. Pour échapper à ces ovations que son humilité lui rendait insupportables, il se hâta d'aller chercher ailleurs les obstacles et les humiliations qui faisaient ses délices, laissant ses Frères recueillir les doux fruits de sa réputation et de leurs travaux.

CHAPITRE XXVIII.

Jusqu'ici les ennemis de M. de La Salle en troublant son repos, en lésant les intérêts de sa communauté, avaient au moins respecté son honneur. A Paris même, malgré les intrigues de ses ennemis, il était honoré comme un grand serviteur de Dieu et regardé comme un saint. Nous allons voir maintenant le vertueux fondateur faire à Dieu le sacrifice de sa réputation, le plus précieux des biens naturels, et dont les hommes même les plus vertueux ont tant de peine à se détacher. Cette affaire ayant été la circonstance la plus pénible de la vie du vénérable fondateur, nous allons l'exposer avec quelques détails, et d'après le mémoire justificatif rédigé par M. de La Salle lui-même. Reprenons l'affaire à son origine.

Vers le mois de décembre 1707, un M. Clément, abbé de Saint-Calais, visita comme curieux les Écoles Chrétiennes de la *Rue Princesse*. Ce qu'il y vit lui inspira le désir de connaître le fondateur de ces utiles établissements, et un Frère le conduisit à la maison de la rue Saint-Honoré, où M. de La Salle était en ce moment retenu par suite de l'extirpation d'une loupe qui lui était venue au genou. A peine entré dans la cellule, l'enthousiaste abbé se jeta aux pieds du Vénérable et le supplia de lui accorder deux de ses Frères pour l'aider dans l'exécution d'une entreprise charitable, qui consistait à recueillir et élever chrétiennement, depuis sept jusqu'à vingt ans, un certain nombre de jeunes garçons, auxquels on ferait faire l'apprentissage d'un métier. M. de La Salle répondit que ce projet, tout louable qu'il fût, s'éloignait de la sphère de son Institut, et qu'il avait le regret de ne pouvoir y concourir. Le jeune abbé demanda alors à connaître les fins de l'Institut, et M. de La Salle les lui remit par écrit. Trois jours après, l'abbé Clément vint lui dire qu'il désirait s'associer à la pensée charitable de l'Institut en reprenant l'œuvre des *Maîtres d'école pour la campagne*, que les circonstances avaient fait abandonner : il exprima la volonté de fonder une maison pour vingt maîtres. M. de La Salle, se défiant un peu de la sincérité de ces désirs, que saint Paul appelle *désirs de jeune homme*, *juvenilia desideria*, résista d'abord aux pressantes sollicitations du jeune abbé. Celui-ci fit alors intervenir son précepteur, offrant de consacrer immédiatement à l'exécution de son projet une pension de 800 livres que son père lui faisait, disait-il, pour ses menus plaisirs. Durant une année entière, le saint fondateur persévéra dans son refus de concours, quoique l'abbé Clément vînt le visiter deux ou trois fois par semaine et lui écrivît lettres sur lettres.

L'opiniâtre abbé, avant même d'avoir aucune promesse de M. de La Salle, jeta les yeux sur une maison du faubourg Saint-Antoine, et pria le supérieur des Frères d'aller soumettre l'entreprise au jugement de leur chef commun, M. le cardinal de Noailles. M. de La Salle consentit à faire cette démarche, où il espérait trouver pour lui-même une règle de conduite. Son Éminence approuva le projet, mais à condition que le séminaire des Maîtres pour la campagne serait établi hors Paris.

Précisément à cette époque l'École Chrétienne de Saint-Denis venait d'être fondée. Mlle Poignant, sœur de la pieuse fondatrice, possédait une maison convenable. L'abbé Clément la visita en compagnie de M. Langoisseur, son précepteur, en fit le prix pour 13,000 livres. M. Rogier, ami de M. de La Salle, pressa celui-ci de concourir à l'achat de la maison, en y consacrant une somme de 5,200 livres, qui avait été donnée à M. de La Salle pour servir précisément à une fondation de ce genre. M. de La Salle, après s'être assuré de nouveau de l'assentiment de Mgr le cardinal, consentit à compter la somme, et le contrat fut passé au mois d'octobre 1708.

Les Frères en prirent possession en 1709, vers Pâques, et ils y admirent d'abord trois jeunes gens, que bientôt la cherté des vivres qui survint en ce temps-là obligea de congédier.

Les choses en étaient là lorsque M. de La Salle entreprit, au mois de février 1711, de faire pour la première fois la visite des établissements récemment fondés dans le Midi de la France. Partout les Frères le reçurent avec de vifs sentiments de joie et de respect ; les évêques l'accueillirent avec faveur, et lui firent un juste éloge de ses disciples. Le bonheur que le pieux fondateur éprouvait de ces précieux témoignages fut soudainement troublé par une lettre qu'on lui écrivait de Paris, dans laquelle on le pressait de revenir au plus tôt pour défendre l'acquisition de la maison de Saint-Denis.

L'affaire était grave. On accusait M. de La Salle d'avoir fait cette acquisition au préjudice d'un mineur, et d'avoir, par conséquent, suborné ce mineur.

Il se remit en route. A peine de retour, il alla voir la partie adverse, pour voir au juste de quoi il s'agissait, ne pouvant pas croire à une accusation sérieuse. Il trouva des gens intraitables et décidés à faire du scandale. En vain, pour éviter cette fâcheuse extrémité, M. de La Salle offrit de renoncer à la somme qu'il avait versée. Ce n'était pas là le compte de ses secrets ennemis : il fallait qu'il payât de son honneur et peut-être de sa liberté l'excès de ferveur du jeune abbé Clément, et l'excès de sa propre confiance !

Mais comprend-on que ce jeune abbé, âgé de près de vingt-trois ans, ait osé se joindre à son père dans la requête injurieuse dirigée contre un homme qu'il avait obsédé pendant une année entière pour l'engager dans une entreprise où M. de La Salle et les Frères n'avaient aucun intérêt direct ?

Il est évident que l'ennemi secret de M. de La Salle ourdit toute cette odieuse intrigue. Depuis longtemps il souhaitait voir le serviteur de Dieu hors de Paris, afin d'avoir pleine liberté de réformer à son gré l'Institut. Il connaissait l'horreur de l'homme de Dieu pour les procès ; il savait qu'il préfèrerait la fuite et l'exil au scandale d'une action publique. Il ne se trompa pas dans ses prévisions. Quelque infâmante que fût la requête présentée contre lui ; quelque fausses que fussent les accusations dont on le chargeait, il aima mieux céder, conformément à cet avis de Jésus-Christ lui-même : « Quand on vous persécutera dans une ville, fuyez « dans une autre. »

Mais pour ne pas s'exposer au reproche d'avoir abandonné la cause de Dieu sans essayer de la défendre, il rédigea un mémoire sur cette affaire et le remit, avec les pièces à l'appui et treize lettres de l'abbé Clément, à des personnes en crédit. Tout fut inutile : on voulait une condamnation et une flétrissure, on obtint l'une et l'autre. M. Rogier vint annoncer à M. de La Salle qu'un jugement avait été rendu, portant confiscation de la maison en litige et prise de corps contre lui.

Le pauvre prêtre fut étonné d'un tel dénoûment ; mais il y vit la main de Dieu, et il ne lui échappa ni plaintes, ni murmures contre ses persécuteurs. Cependant se trouvant dans Paris comme en pays ennemi, ne voyant autour de lui que des persécuteurs déclarés ou secrets, que des amis lâches ou suspects, il se décida à fuir le lendemain même de sa condamnation, qui eut lieu la première semaine du carême de l'année 1712 ; et il alla cacher dans le fond de la Provence ses ennuis et ses douleurs.

A peine fut-il parti, que les Frères de Paris reçurent les deux assignations qui lui étaient destinées, l'une de la part de ce M. Rogier, qui s'était dit son ami ; l'autre de la part de M. Clément père. Il était traité indignement dans ces deux pièces, et l'on avait affecté de l'y qualifier de *prêtre du diocèse de Reims,* supérieur des Frères *de ladite maison*, lui enlevant ainsi le titre de supérieur des Frères de Paris.

Le frère Barthélemy, croyant bien faire, lui fit tenir ces deux pièces, afin de le mettre au fait de tout ce qui se passait en son absence. M. de La Salle fut très affligé de cette communication et fut près d'accuser la bonne foi du pauvre Frère, qu'il croyait dans le parti de ses adversaires. Il suspendit même toute correspondance avec lui.

Par malheur le frère Barthélemy ne pouvait faire aucun acte de supériorité, parce qu'il n'avait été ni désigné par M. de La Salle, ni élu par ses Frères. Cet interrégne fut très funeste aux intérêts de l'Institut, dont quelques membres se relâchèrent un peu de l'exacte observance de la règle. Le mal alla plus loin qu'en 1702, et l'Institut fut à deux doigts de sa ruine. On peut même dire qu'il n'aurait pas résisté à cette rude secousse, s'il n'eût été qu'un ouvrage purement humain. Mais Dieu ne permettait ces ébranlements que pour manifester plus clairement à tous les yeux que M. de La Salle était véritablement son élu. Tous les désordres cessèrent à son retour, et tous ceux qui avaient pris une part ouverte à cette dernière persécution en portèrent la peine ou en témoignèrent du repentir.

Ainsi, l'abbé Clément, accusé de complot contre la sûreté de l'État, fut arrêté et conduit hors de Paris, enchaîné comme un vil criminel. M. Rogier, qui avait joué dans cette affaire un rôle plus qu'équivoque, chercha à dédommager pécuniairement M. de La Salle de la perte de ses 5,200 livres en lui laissant par testament une rente de 360 livres, ainsi motivée : « *Pour raison de conscience.* »

CHAPITRE XXIX.

Nous avons vu avec quels sentiments de joie M. de La Salle avait été accueilli par tous les Frères qu'il rencontra dans sa fuite. La cause de son départ de Paris changea cette joie en tristesse, et ils laissèrent échapper des murmures contre les persécuteurs. Mais lui, loin de les approuver, les exhortait à adorer dans ces événements la conduite de Dieu, et à joindre leurs prières aux siennes pour ceux dont il avait tant à souffrir.

Il arriva à Avignon sur la fin du carême de l'année 1712, et, delà, il se disposa à visiter tous les établissements qui existaient dans ces contrées. En vain on lui représenta les périls auxquels il allait s'exposer en traversant seul un pays infesté par les bandes sauvages des Camisards * ; rien ne put arrêter son zèle. Protégé par la Providence, son voyage d'Avignon à Alais se fit sans accident. On lui fit dans cette ville l'accueil le plus distingué ; l'évêque surtout ne savait par quel moyen honorer dignement le pieux fondateur ; mais rien ne lui causa autant de plaisir que l'éloge que lui fit le prélat du zèle de ses disciples.

D'Alais, M. de La Salle se dirigea vers la petite ville des Vans **, en passant par les Gravières, dont le prieur, en témoignage de profonde vénération, voulut lui servir la messe en surplis.

Son arrivée dans l'école des Vans fut pour les bons Frères relégués dans ce coin retiré de la province comme une apparition miraculeuse. La joie du père et des enfants fut réciproque ; car si les disciples furent heureux de recevoir parmi eux le supérieur qu'ils n'auraient jamais espéré y voir, le supérieur fut ravi de la patience avec laquelle ils s'appliquaient à la conversion des enfants hérétiques.

* Ce nom fut donné aux protestants des Cévennes et de la Lozère qui prirent les armes après la révocation de l'édit de Nantes (1685).

** Chef-lieu de canton du département de l'Ardèche.

Après quelques jours de repos, M. de La Salle se remit en voyage. Le trajet des Vans à Mende, à travers les affreux précipices des montagnes du Gévaudan, fut pour lui plein de dangers et de fatigues. Sa santé était fort altérée lorsqu'il arriva à Mende. Mais, au lieu de songer à se rétablir, il se mit aussitôt à remplir les devoirs de sa charge. L'évêque, pour lui prouver toute l'estime qu'il avait pour lui, le pressa de la manière la plus aimable de manger à sa table pendant toute la durée de son séjour; mais l'humble serviteur de Dieu s'en défendit, sous prétexte de donner à ses disciples l'exemple d'une règle qu'il leur avait prescrite. Bientôt même, importuné plutôt que réjoui de l'empressement dont il était l'objet à Mende de la part des personnes les plus honorables, il reprit le cours de son voyage, et partit pour Uzès, où il reçut de l'évêque les plus grands témoignages de bonté et de protection pour ses disciples.

Poursuivant son chemin, il se rendit dans une ville célèbre *, où l'enfer lui réservait de nouvelles persécutions. On l'y attendait depuis longtemps, et, à peine arrivé, tout le monde rechercha sa société. Les heureuses dispositions qu'on lui montrait pour son Institut lui inspirèrent la pensée d'établir un noviciat dans cette ville. Tout promettait le succès. Il communiqua son projet aux personnes qui lui parurent

* Le nom de cette ville célèbre est resté inconnu. Mais une foule de circonstances qu'on trouvera dans la suite de cette histoire nous permettent d'affirmer qu'il s'agit de Marseille.

les plus zélées ; on l'approuva ; chacun en fit son affaire. On loua une maison, on la meubla : en peu de temps le nombre des novices fut considérable.

Mais la charité et l'amour de Dieu n'avaient pas été les seuls ressorts de tant d'activité. La plupart de ceux qui avaient montré tant d'ardeur pour la nouvelle fondation n'avaient eu d'autre but que de gagner à leur parti les bons Frères et leur supérieur, bien décidés à renverser leur propre ouvrage si leur projet d'embauchage éprouvait de la résistance.

M. de La Salle, qui agissait sans aucune défiance, travaillait à former les sujets qu'on lui avait confiés. Selon l'usage qu'il avait établi à Paris et à Saint-Yon, il appelait auprès de lui au noviciat les Frères employés aux écoles de la ville, afin de les maintenir dans la dépendance et dans la ferveur. Mais cette régularité déplaisait à quelques esprits tièdes et relâchés que la présence de leur supérieur gênait dans leur liberté. N'osant pas secouer ouvertement le joug, deux des Frères se décidèrent à aller trouver les fondateurs des écoles pour leur faire entendre hypocritement que les élèves souffraient de ces allées et venues si fréquentes à la maison des novices ; ils ajoutèrent qu'une partie des fonds alloués pour la tenue des écoles était détournée au profit du noviciat, et que leur conscience leur faisait un devoir de les informer de cet abus.

Cette dénonciation artificieuse fut le signal de la persécution.

Sans approfondir les motifs qui avaient pu pousser les Frères à une démarche si contraire à l'esprit de soumission et d'obéissance, les fondateurs exigèrent qu'ils fussent laissés libres de se rendre ou de ne pas se rendre au noviciat. Le saint fondateur céda, et s'aperçut dès ce moment qu'il n'aurait pas dans cette ville tout le succès que le début lui avait permis d'espérer.

Cependant on travaillait à l'organisation d'une nouvelle école. Un père jésuite, qui prêchait en ce moment le carême dans une des paroisses de la ville, recommanda cette œuvre à son auditoire. Ce zèle gâta tout. Deux opinions religieuses partageaient la ville : d'un côté les jésuites, de l'autre les jansénistes. Ceux-ci, pour attirer dans leur parti un homme aussi considérable que M. de La Salle, avaient usé de tous les moyens, menaces, prières, offres séduisantes *. M. de La Salle avait été inébranlable. Le concours que le père jésuite donnait à l'établissement de l'école nouvelle porta à son comble l'irritation des jansénistes. Ils eurent l'adresse de mettre l'évêque dans leurs intérêts, et la nouvelle école fut confiée à des ecclésiastiques. Ce fut un signal. Ceux qui avaient témoigné le plus d'empressement pour les Frères, tant qu'ils avaient espéré de les amener à leurs sentiments, se montrèrent les plus acharnés à leur nuire. Mais pour colorer aux yeux du public la persécution qu'on allait diriger contre les Frères,

* Une pièce authentique du 6 mai 1742 atteste qu'on offrit un évêché en 1712 à M. de La Salle.

et éloigner tout soupçon de passion et de haine, les adversaires de M. de La Salle semèrent contre lui mille bruits sourds et d'habiles calomnies ; ses vertus devinrent autant de vices ; son intégrité devint une rudesse sauvage ; sa régularité, une inflexibilité invincible ; sa fermeté, une orgueilleuse obstination. Selon eux, le caprice était la seule règle de sa conduite ; cruel pour lui-même, il voulait imposer aux autres les mêmes rigueurs contre nature, en les assujétissant à un genre de vie impraticable. Dans le dessein de le forcer à sortir de la ville, ils travaillèrent dans l'ombre à détourner les aumônes qui formaient la seule ressource des Frères. Mais comme ce moyen eût mal servi leur impatience à l'égard d'un homme qui savait si bien se contenter de pain et d'eau, ils songèrent à dépeupler le noviciat, ce qui ne leur fut pas difficile, la plupart des novices n'y étant entrés que sur les conseils des mêmes personnes qui les pressaient maintenant d'en sortir.

Ils allèrent plus loin : aveuglés par le fanatisme de la haine, ils publièrent contre M. de La Salle un libelle calomnieux où la méchanceté avait entassé tout ce qui peut rendre un homme méprisable et odieux.

Le serviteur de Dieu, qui n'avait jusque-là opposé à tant de haine que le calme et l'impassibilité de la vertu, crut devoir opposer une digue à ce scandale. Il répondit au libelle, et dans un langage animé d'une tendre charité, il détruisit pierre à pierre cet édifice de mensonge. Cependant, malgré cette précaution, la calomnie prévalut, et pénétra jusque dans les établissements que l'Institut avait fondés dans ces contrées. Le noviciat tomba: Quelques Frères abandonnèrent l'Institut. Ce fut là le coup le plus sensible pour le cœur d'un tel père : il but alors jusqu'à la lie le calice de la persécution. Persuadé que le bien lui était désormais impossible, il forma le dessein de quitter cette partie de la France ; mais comme il se trouvait dans une ville de passage pour Rome, il résolut de s'y embarquer pour aller rejoindre dans la ville éternelle le cher frère Drolin, avec lequel il n'avait cessé de correspondre depuis 1702, époque de son départ. Il y avait longtemps qu'il se sentait pressé du désir d'aller se prosterner aux pieds du souverain Pontife pour prendre mission de lui et lui demander la confirmation de son Institut.

Un vaisseau était près de faire voile pour les États romains. Il y arrêta une place et fit tous les préparatifs de son voyage. Mais il ne voulut pas entreprendre cette importante affaire sans avoir l'agrément de Dieu. Il se dit donc à lui-même qu'il partira si la Providence ne lui manifeste par aucun signe une volonté contraire. Le jour du départ du navire, il se dirige vers le port : il va s'embarquer, lorsqu'il rencontre Mgr l'évêque qui l'arrête, et lui ordonne de retourner à la maison de la communauté pour prendre possession d'une école qu'il destinait aux Frères. Cet ordre du prélat parut au saint prêtre un ordre du ciel. Il retourne sur ses pas, et en entrant dans la communauté, il dit en souriant à ses disciples étonnés de le revoir : « Dieu soit béni ! me « voilà revenu de Rome. Ce n'est pas sa volonté que « j'y aille. Il veut que je m'emploie à autre chose. »

Privé des consolations qu'il attendait de son voyage à Rome, et espérant calmer ses ennemis par la retraite, il se retira dans un hermitage à dix ou douze lieues de la ville *. Là, élevé au-dessus de lui-même, il trouva un repos profond et une douce tranquillité ; là, en présence de Dieu seul, il oubliait tout le reste, et si ses pensées le reportaient à la fois vers ses Frères et vers ses persécuteurs, c'était pour prier Dieu de calmer les uns et de soutenir les autres.

Mais ses implacables ennemis profitaient de son éloignement pour faire courir sur son compte les bruits les plus absurdes : ils disaient qu'il avait renoncé à son Institut, et que sa désertion avait dispersé le troupeau.

Après avoir passé quarante jours dans cette solitude, le saint fondateur, informé de quelques désordres qui s'étaient glissés parmi les Frères de Mende, quitta sa retraite, et se rendit à pied à travers des chemins horribles dans la capitale du Gévaudan, ne dépensant pour un trajet de quarante-six lieues qu'une somme de sept livres dix sous.

Nous avons vu sous quels heureux auspices s'étaient ouvertes les écoles de Mende. Les nécessités du service ayant obligé le saint fondateur à rem-

* Aux portes de la petite ville de Saint-Maximin (Var).

placer les trois premiers Frères par de nouveaux sujets, les affaires changèrent aussitôt de face, et ces disciples indignes, par leur conduite et leur noire ingratitude, donnèrent occasion à leur maître de faire éclater dans tout son jour son humilité et sa patience.

En effet, à peine les nouveaux Frères furent-ils installés à Mende, qu'ils eurent la présomption de rompre avec leur communauté, de secouer le joug de l'autorité, et de vivre en dehors de toute règle. M. de La Salle dès son arrivée constata par lui-même le désordre qu'on lui avait signalé et voulût y mettre ordre, en retirant les Frères d'un lieu où ils allaient infailliblement trouver leur perte. Mais ils avaient eu l'adresse de prévenir le successeur de Mgr de Piancourt ainsi que les administrateurs de la ville. Aussi lorsque le fondateur se présenta chez l'évêque pour l'informer de ses projets, le prélat lui enjoignit d'avoir à laisser à Mende les trois Frères qui s'y trouvaient, menaçant de ne pas recevoir leurs successeurs, s'il s'avisait de les changer; menace qui fut confirmée par le magistrat de la ville!

Que faire? Le pauvre serviteur de Dieu, au lieu d'entreprendre une lutte incertaine, se résolut à vivre quelque temps avec ses disciples rebelles, espérant les ramener peu à peu au sentiment de leurs devoirs. Mais sa présence leur était à charge, et son exemple était pour eux plus poignant que les plus cruels reproches. Ils songèrent donc à se débarrasser de ce censeur muet. L'un d'eux osa dire au vénérable fondateur, à l'homme sans l'autorité duquel eux-mêmes n'étaient rien, que s'il voulait continuer à vivre parmi eux il fallait qu'il payât sa pension. En présence d'une révolte si audacieuse et d'une méconnaissance si insolente des droits de la supériorité, M. de La Salle aurait dû, au point de vue du monde, s'armer du testament et des lettres du vénérable M. de Piancourt et chasser de la maison les ingrats qui la déshonoraient. Mais les lumières des saints ne sont pas celles des autres hommes. Le saint fondateur ne répondit rien. Il s'inclina sous la parole de ce grossier disciple, comme il s'était humilié déjà sous celle de l'archevêque grand seigneur, et il alla demander un asile chez les R. P. Capucins qui l'accueillirent avec un respectueux empressement. Mais une pieuse demoiselle leur envia l'honneur de réparer envers lui l'outrage que lui avaient fait subir ces enfants dénaturés. C'était Mlle de Saint-Denis, qui joignait à une haute naissance le pratique de toutes les vertus, et consacrait sa fortune à l'éducation chrétienne d'un grand nombre de filles de parents hérétiques. Ayant appris l'insulte faite au serviteur de Dieu par ses propres disciples, elle alla le trouver pour le supplier d'accepter sa maison comme asile. M. de La Salle, qui connaissait l'éminente piété de cette demoiselle, accepta sans hésiter l'hospitalité qu'elle lui offrait.

Là, dérobé à la vue des hommes, il s'en croyait oublié. Aussi fut-il fort étonné de voir arriver dans sa retraite le Frère qu'il avait laissé à la tête du noviciat de Marseille. Il venait l'informer que la maison était fermée faute de sujets, se consoler avec lui et lui demander de nouvelles fonctions. « Dieu soit béni, « mon cher Frère ! A quoi pensez-vous de vous « adresser à moi ? Ne connaissez-vous pas bien mon « insuffisance à commander aux autres ? Ignorez- « vous que plusieurs Frères paraissent ne vouloir « plus de moi, et que c'est pour moi que ces paroles « de l'Evangile semblent être dites : « *Nolumus hunc* « *regnare super nos* : Nous ne voulons plus de lui « pour supérieur. » — Et ils ont bien raison, car je « suis incapable de l'être. »

Le pauvre Frère touché et confus de trouver tant d'humilité dans un homme qui était si grand à ses yeux, se jeta à ses pieds en versant des larmes, et lui dit qu'il ne se relèverait que lorsqu'il aurait reçu sa bénédiction et ses nouveaux ordres. M. de La Salle ému de trouver dans un autre les sentiments dont sa propre nature était formée, releva le Frère avec bonté, le serra dans ses bras et l'embrassa sur le front, ce qui était sa manière habituelle de témoigner son affection aux siens. Ce Frère, qui a gouverné l'Institut après le frère Barthélemy, mérite que notre histoire enregistre ici son nom vénéré : il s'appelait le frère Timothée.

L'ingratitude et la révolte ne furent que le commencement des iniquités dont les Frères de Mende souillèrent leur carrière. La discorde se mit parmi eux. Pour vivre encore plus à l'aise sur le terrain de son usurpation, celui qui s'était érigé en directeur chassa l'un des trois Frères, et commit avec celui qui restait une foule de scandales qui déshonorèrent le noble habit qu'ils portaient. Ils continuèrent leur inconduite pendant dix ans, au bout desquels la justice divine, quelquefois lente, mais toujours sûre, les fit périr l'un et l'autre de la peste.

Les écoles de Mende restèrent vacantes pendant près de deux ans. Enfin en 1724, à la demande de l'évêque et des échevins, trois autres Frères furent envoyés et rouvrirent de nouveau les Ecoles gratuites.

Mlle de Saint-Denis avait fondé avec le concours de quelques autres demoiselles une communauté qu'on nommait *Les Unies.* Elle profita du séjour que M. de La Salle fit chez elle pour lui soumettre les règles de cette association pieuse. Le saint instituteur consentit à les réviser et à leur donner le sceau de ses lumières et de son expérience. Il passa deux mois à Mende. Quand il partit, Mlle de Saint-Denis eut l'adresse de lui faire accepter un cheval pour continuer ses voyages.

CHAPITRE XXX.

De Mende, M. de La Salle alla à Grenoble. Là, tout le monde s'étudia à l'envi à lui faire oublier ses peines passées. Les Frères surtout étaient ravis de posséder le vénérable fondateur de l'Institut. Lui, de son côté, se montrait heureux de cette pieuse affection et du calme profond dont il jouissait pour la première fois depuis tant d'années. Il ne quittait les bons Frères que pour rentrer dans une cellule située sous les combles de la maison, où il avait su s'arranger une retraite inaccessible aux distractions et aux bruits du dehors. Attentif à tous les exercices de la communauté, il s'y rendait le premier, et ne les quittait que le dernier. Tout entier à ses devoirs et à Dieu, il vivait sans voir personne et sans être vu. Jamais il n'avait été si heureux.

La Grande-Chartreuse, fondée en 1084 par saint Bruno dans la région des neiges et des glaces, n'est qu'à trois lieues de Grenoble. Un invincible attrait poussait M. de La Salle à aller passer quelques jours dans cette solitude sanctifiée par de si illustres exemples. Comme lui, plus de trois siècles * avant lui, le saint fondateur de l'ordre des Chartreux avait renoncé aux dignités ecclésiastiques, refusé l'archevêché de Reims, pour embrasser une vie d'austérité, de travail et d'obscurité. Le vénérable instituteur pouvait-il ne pas saisir l'occasion si favorable qui s'offrait à lui de faire un pélerinage dans cette retraite ?

En arrivant dans l'affreux désert au centre duquel s'élève le célèbre monastère, M. de La Salle se sentit pénétré de respect. A la vue de ces rocs escarpés qu'un hiver éternel couronne de neige, de ces sombres sapins, de ces noirs mélèzes, seuls produits

* En 1080.

de cette sauvage nature; édifié du silence et du recueillement qui font ressembler le couvent à un immense sépulcre habité par des ombres, son inclination naturelle pour la retraite redoubla et il ressentit un vif désir de revenir finir ses jours parmi les pieux cénobites.

M. de la Salle conserva auprès du Père Prieur le plus strict incognito. Mais il ne put empêcher que le saint religieux ne distinguât l'insigne piété et la douce modestie de son hôte. Aussi, sans s'arrêter à remarquer les traits nobles et gracieux du pauvre prêtre, non plus que les vêtements grossiers dont il était vêtu, il honora, sans le connaître, la vertu qui brillait en lui, et fit de douces instances pour retenir quelque temps dans sa solitude un homme qui en faisait l'édification. Mais les affaires de sa communauté rappelaient M. de La Salle à Grenoble : il s'arracha donc, au bout de trois jours, au charme de ces lieux saints, et rentra dans sa maison pénétré d'estime et de vénération pour ce qu'il avait vu.

Quelques jours après son retour, il fut obligé d'envoyer en mission le Frère qui dirigeait l'école de la paroisse Saint-Laurent. Comme il n'avait en ce moment que le nombre de Frères strictement nécessaire, M. de La Salle prit la place du Frère absent et s'appliqua à faire la classe aux enfants avec une douceur, une patience et une attention dignes de servir de modèle à tous les Frères chargés de l'enseignement. On vit ce docteur, cet ancien chanoine d'un des plus illustres chapitres de France, ce chef vénéré d'une communauté déjà renommée, se faire un devoir d'instruire les enfants, d'apprendre l'alphabet aux plus petits, aux autres la lecture et l'écriture, à tous la doctrine chrétienne. Il s'acquittait de ce devoir avec une satisfaction visible, laissant ainsi à ses successeurs un exemple qu'ils ont tous pris à cœur d'imiter.

Pour ne pas remplir à demi la fonction de maître d'école, le saint fondateur conduisait chaque jour les enfants deux à deux à l'église pour les faire assister à la messe. Là, après les avoir rangés avec ordre, il montait à l'autel, et célébrait les saints mystères avec une majesté si grande, une dévotion si parfaite, qu'il fixait l'attention des assistants et même des petits enfants qu'il était obligé de laisser un moment sans surveillance. Ce fut cet acte extérieur qui révéla à Grenoble la présence de M. de La Salle ; on ne l'appella plus que *le saint prêtre.*

Quand le Frère fut de retour, M. de La Salle reprit sa vie de retraite, de prière et de mortification. Il s'occupa de composer quelques ouvrages de piété, et fit une troisième édition plus complète que les précédentes de son beau livre intitulé *Les devoirs d'un Chrétien.*

Pendant qu'il fécondait ainsi les loisirs de sa solitude, il apprit avec consolation que Dieu avait enfin rendu la paix à ses établissements de Provence. Dans la crainte de fournir de nouveau par sa présence des prétextes de troubles à ses ennemis, il se borna à prier pour les Frères qu'il ne pouvait visiter, à les éclairer par ses lettres, à les faire surveiller par des Visiteurs. La ville où il avait été si maltraité eut la plus grande part de ces paternelles sollicitudes.

Pendant qu'il s'occupait de ces travaux, il ressentit les premières atteintes de ses anciennes douleurs, et comme il ne voulut rien faire pour arrêter au début les progrès de la maladie, il se vit bientôt cloué sur un lit de souffrances, incapable de faire aucun mouvement et en danger de la vie. Ses disciples au désespoir entouraient sa couche et ne pouvaient lui dérober les larmes que leur tendre compassion leur arrachait. Lui les consolait, les fortifiait en ne cessant de répéter : « Dieu soit béni ! « que sa volonté se fasse et non la nôtre ! Si nous « recevons de lui la santé, il est juste que nous ac« ceptions avec constance la maladie. Que son saint « nom soit béni éternellement. »

Cependant les remèdes qu'on essayait ne faisaient qu'aigrir le mal et redoubler la violence des douleurs. On songea alors à lui faire subir, nous ne dirons pas un remède, mais un supplice horrible, pire cent fois que le rhumatisme qu'il devait guérir. On l'étendit sur une grille de fer, et on le soumit à l'action prolongée d'un brasier ardent. Bientôt tout le corps de ce nouveau Laurent ne fut qu'une vaste plaie hideuse à voir. Mais soit efficacité réelle du remède, soit que Dieu voulût récompenser l'héroïque résignation de son serviteur, M. de La Salle se trouva soulagé et reprit peu à peu ses forces. Aussitôt qu'il put se soutenir, il se fit conduire à la petite chapelle que les Chartreux avaient à Grenoble, et y célébra le saint sacrifice de la messe. Comme il songeait à se mettre en retraite pour réparer le temps que sa maladie lui avait fait perdre, M. l'abbé de Saléon l'invita à aller passer quelques jours dans sa terre de Permeigne, à quatre lieues de Grenoble. M. de La Salle accepta cette offre avec empressement.

Permeigne est situé au sommet d'une haute montagne, dans une espèce de solitude à peine animée par la présence de quelques bergers et par les pieux pélerinages des paysans des alentours qui y vont tous les ans en procession pour y honorer une croix revêtue d'un grand renom de sainteté. Quelques années auparavant, une pauvre paysanne, nommée Louise, attirée sur ces sommets par un irrésistible désir, avait résolu de se séparer à jamais du monde en fixant son séjour aux pieds de cette croix vénérée. Du consentement de l'abbé de Saléon, elle s'y fit bâtir du produit de quelques aumônes une petite maisonnette, et elle vécut dans ce désert seule avec celui qu'elle y était venue chercher. Mais plus elle se cachait, plus on fut curieux de la connaître, et plusieurs personnes, que la curiosité seule avait amenées, demandèrent à se fixer auprès d'elle et à vivre de sa vie. Alors sa maison se trouva trop étroite, et Louise voyant dans ce pieux concours un ordre de Dieu, alla dans tous les environs mendier des secours pour agrandir sa demeure. Bientôt deux maisons s'élevèrent, l'une pour les femmes, l'autre pour les hommes, et une chapelle érigée par la pieuse libéralité des fidèles acheva de donner à ce séjour naguère ignoré un caractère religieux. L'humble bergère devint l'oracle de la contrée : de toutes parts on accourait auprès d'elle pour la consulter ; les prêtres eux-mêmes recherchaient les lumières de cette simple paysanne, qu'on regardait comme un prodige de sainteté.

M. de La Salle ne laissa pas échapper l'occasion de s'édifier de la présence de cette sainte fille, dont tout le monde parlait avec admiration. Il alla la voir, et eut avec elle de nombreux entretiens. Louise découvrit aussitôt dans celui qui lui parlait l'éminente perfection de la vertu, et se sentit animée de respect et de confiance pour lui. Elle le consulta avec candeur sur la conduite intérieure de l'établissement élevé à Permeigne par une sorte de miracle, et M. de La Salle la fortifia dans sa foi et la rassura par ses conseils.

Il crut à son tour devoir mettre à profit les lumières de la pieuse solitaire. Il lui confia les amertumes dont sa vie avait été abreuvée et les obstacles sans nombre qu'il avait rencontrés dans l'établissement des Écoles Chrétiennes. Louise, loin d'être étonnée de ces pénibles confidences, déclara à M. de La Salle, comme par une inspiration divine, qu'il n'était pas au terme de ses épreuves et qu'il aurait encore beaucoup à souffrir. Et comme le saint fondateur lui confessait son ardent désir de passer le reste de ses jours dans la solitude : « Ce n'est pas

« la volonté de Dieu, lui répondit-elle. Il ne veut pas « que vous abandonniez la famille dont il vous a fait « le père. Le travail est votre partage : il faut y « persévérer jusqu'à la fin de vos jours. » M. de La Salle crut ouïr la voix de Dieu même, et admira les décrets de la Providence, qui semblait l'avoir conduit dans ces solitudes pour lui faire entendre, loin du monde, sa sainte volonté.

Après quinze jours de pieuses communications, M. de La Salle et sœur Louise se quittèrent avec une joie réciproque de s'être connus et le regret de se séparer pour toujours.

Comme retrempé à une source nouvelle, M. de La Salle rentra à Grenoble animé d'une ardeur qui ne connaissait plus les difficultés. Les Frères le regardaient avec une admiration croissante et l'écoutaient avec un nouveau respect. De son côté, il leur faisait de touchantes instructions sur toutes les vertus de leur état, et puisait d'ineffables consolations dans les progrès qu'il leur voyait faire de jour en jour dans la voie de la perfection.

C'est pendant qu'il goûtait auprès des Frères de Grenoble ces courts moments de repos, que fut publiée la fameuse bulle *Unigenitus* (1714). Quelle que fût la réserve habituelle de M. de La Salle, il se fit un point de conscience de se déclarer pour les principes de la bulle. Il la lut à ses disciples, avec l'instruction pastorale qui l'accompagnait, appuya sur chacune des cent une propositions condamnées par le Souverain Pontife et en fit sentir l'erreur et le danger. Cette conduite lui attira l'animosité des jansénistes ; mais tout ce qu'ils tentèrent pour obscurcir sa bonne renommée ne fit qu'en rehausser l'éclat.

CHAPITRE XXXI.

Cependant la fuite du vénérable fondateur avait causé de grands désordres dans son Institut et l'avait amené à deux doigts de sa ruine. Soit qu'il voulût accoutumer les Frères à se passer de sa présence et les forcer à choisir un d'entre eux pour supérieur ; soit que par un sentiment chrétien d'humilité il se regardât comme la cause de toutes les disgrâces qui avaient jusqu'alors affligé l'Institut ; soit, enfin, qu'il voulût essayer de désarmer ses adversaires en leur persuadant qu'il ne prenait plus aucune part au gouvernement de sa congrégation , toujours est-il que sa fuite si précipitée et le silence absolu qu'il garda au fond de sa retraite occasionnèrent de graves dérangements, et il est probable que l'Institut ne s'en serait jamais relevé s'il avait été une œuvre purement humaine.

Comme M. de La Salle en s'éloignant de Paris n'avait désigné personne pour lui succéder ou le remplacer, les pauvres Frères se trouvaient comme des brebis sans pasteur, comme une famille d'orphelins qui vient de perdre son père. Dans cette perplexité, ils jetèrent les yeux sur celui des Frères qui se trouvait à la tête de ceux de Paris et que M. de La Salle avait lui-même chargé de la direction du noviciat. C'était le frère Barthélemy, homme d'un caractère doux, affable et discret. Ils le chargèrent spontanément de la conduite des affaires courantes. Ce choix fut heureux : dans des temps si difficiles, il prit les mesures les plus sages pour atténuer les inconvénients de l'absence du fondateur, et, sauf quelques résistances isolées dont les Frères assemblés firent prompte justice, il rencontra une obéissance parfaite et un concours très dévoué.

L'ennemi du serviteur de Dieu, celui qui lui avait déjà suscité tant de tracasseries et d'humiliations, ne pouvait pas laisser échapper une occasion si belle de mettre à exécution les projets depuis si longtemps médités sur l'Institut. Le frère Barthélemy, sans défiance contre un ennemi qui ne se montrait point à découvert, eut la faiblesse d'ouvrir l'oreille aux avis pernicieux qui lui furent donnés. On ne résolut pas moins que de retrancher de l'Institut une foule de pratiques et d'usages introduits peu à peu par le fondateur, de donner à la société une autre forme de gouvernement, de nouveaux règlements et de nouveaux supérieurs. L'on réussit à moitié, car le frère Barthélemy accepta ces innovations. D'après ce système, les Frères devaient avoir un supérieur pris hors de leurs rangs ; la maison de Paris devait former une société distincte et entièrement dépendante de ce supérieur ecclésiastique ; le noviciat devait être supprimé comme inutile et onéreux ; les Frères devaient être inamovibles à leur poste ; pour combler les vides que la mort ferait, pour remplacer ceux qui quitteraient volontairement l'Institut ou ceux que l'on serait forcé de renvoyer, on aurait dans chaque maison deux ou trois novices, selon les ressources et les besoins.

Il est évident pour ceux qui ont lu jusqu'ici attentivement ce livre que ce système renversait de fond en comble toutes les idées si patiemment mises en pratique dans l'Institut par le saint fondateur. L'œuvre de M. de La Salle disparaissait, et dans dix ans on aurait ignoré jusqu'au nom de notre héros.

Cependant les bons Frères étaient en défiance ; ils n'avaient pas perdu l'espoir de revoir leur père bien-aimé ; mais le vertueux ecclésiastique que l'ennemi caché de M. de La Salle avait mis en avant comme supérieur, était de si bonne foi, se montrait si dévoué aux intérêts de la congrégation et lui rendait de si bons offices, que les Frères lui laissèrent prendre le titre qu'on ambitionnait pour lui, sans vouloir pourtant consentir à le confirmer par une élection régulière.

On en était là lorsqu'on parvint enfin à découvrir la retraite du saint fondateur. Les Frères de Paris, de Saint-Denis et de Versailles s'assemblèrent aussitôt, et le 1er avril 1714 lui écrivirent la lettre suivante :

« Monsieur notre très cher père, nous, principaux Frères des Écoles Chrétiennes, ayant en vue

« la plus grande gloire de Dieu, le plus grand bien « de l'Église et de notre société, reconnaissons qu'il « est d'une extrême conséquence que vous repre- « niez le soin et la conduite générale du saint œuvre « de Dieu, qui est aussi le vôtre, puisqu'il a plu au « Seigneur de se servir de vous pour l'établir et le « conduire depuis si longtemps. Tout le monde est « convaincu que Dieu vous a donné et vous donne « les grâces et les talents nécessaires pour bien gou- « verner cette nouvelle compagnie, qui est d'une si « grande utilité à l'Église, et c'est avec justice que « nous rendons témoignage que vous l'avez toujours « conduite avec beaucoup de succès et d'édification. « C'est pourquoi, Monsieur, nous vous prions très « humblement, et vous ordonnons, au nom et de la « part du corps de la société auquel vous avez pro- « mis obéissance, de prendre incessamment soin du « gouvernement général de notre société. En foi de « quoi nous avons signé.

« Fait à Paris, ce 1er avril 1714. »

Cette lettre surprit d'abord le saint prêtre, incertain s'il devait blâmer la hardiesse des disciples qui commandaient l'obéissance au maître, ou louer leur zèle pour l'Institut, qui seul pouvait les avoir inspirés. Mais il avait donné de si fréquents exemples d'obéissance et d'humilité, que son hésitation ne pouvait être longue. « Après avoir si longtemps « enseigné l'obéissance par paroles, il est juste, « dit-il, de commencer à l'enseigner par prati- « que. »

Il fit de tendres adieux à ses amis de Grenoble, exhorta les bons Frères de qui il avait reçu l'hospitalité à persévérer dans l'union, dans la charité, dans la fidélité à leur vocation, et les laissa profondément affligés de cette séparation.

De Grenoble il se rendit à Lyon où il alla prier sur le tombeau de saint François de Sales, implorant Dieu, par l'intercession de ce saint, de répandre ses grâces sur son Institut. Il continua son voyage en visitant les Frères de Dijon, et arriva enfin à Paris le 10 août 1714. Il y avait plus de deux ans qu'il en était sorti.

En rentrant dans la maison des Frères, M. de La Salle leur dit : « Me voici arrivé, que désirez-vous de moi ? » Les Frères ravis de son retour le supplièrent de reprendre le gouvernement de l'Institut. Après une longue résistance, il consentit à garder le titre de supérieur, mais à condition que le frère Barthélemy resterait chargé de tout le détail des affaires et de la direction. Il ne se réserva que l'exercice du saint ministère : il disait la messe, confessait les Frères et leur faisait les dimanches et les fêtes une exhortation spirituelle de demi-heure. Il passait tout le reste du temps dans sa cellule, occupé à prier, à lire les saintes Écritures et à composer des ouvrages pour l'avantage spirituel de ses disciples et de leurs nombreux écoliers.

Son ennemi n'était plus, Dieu l'avait rappelé à lui pendant le séjour de M. de La Salle à Grenoble. Mais il avait laissé des héritiers de son esprit et de ses préventions. Celui qui, en l'absence du fondateur, avait prit le titre de supérieur, prétendit d'abord que M. de La Salle n'avait pas le droit d'entendre les Frères en confession, et le saint prêtre fut obligé d'exhiber les pouvoirs spéciaux qu'il avait reçus à cet égard de Mgr de Noailles. Battu sur ce point, cet ecclésiastique rédigea un mémoire dans lequel il posait à M. de La Salle plusieurs questions relatives à l'avenir de l'Institut. Le vénérable fondateur aurait pu se dispenser de répondre, car celui qui l'interrogeait n'avait aucun droit, ni aucune apparence de supériorité sur lui. Mais animé par l'esprit de prudence et d'humilité, il répondit avec simplicité à toutes les questions à l'exception de la première, qui était celle-ci :

« Quels seront après vous les supérieurs de la communauté ? »

L'on comprend, sans que nous ayons besoin de les développer, les motifs du silence que M. de La Salle opposa à cette question. Il ne voulait ni se contredire lui-même, ni engager l'avenir. Cette réserve ne fut pas comprise et irrita profondément celui qui ne semblait chercher qu'un prétexte à de nouvelles persécutions. Comme il avait eu l'adresse de se faire le dépositaire des sommes dues aux Frères pour l'entretien de leurs écoles de Paris, il commença par supprimer les pensions destinées à leur entretien. M. de La Salle ne s'émut pas d'un refus auquel il s'attendait : le passé l'avait suffisamment renseigné sur les procédés de ses adversaires. Les

Frères lui représentèrent les besoins de la maison, et le trouvant inébranlable ils prirent le parti de répondre pour lui à son insu. Leur réponse, quelque vague qu'elle fût, satisfit, du moins en apparence, la personne qui l'avait exigée, et la pension fut payée. M. de La Salle, en apprenant ce qui s'était passé, s'écria en poussant un profond soupir : « Ah ! « mon Dieu, chers Frères, que vous m'avez ôté de « dessus le cœur un poids pesant ! »

Le 1er septembre 1715 la France perdit le Grand Roi, et l'Institut perdit en lui un puissant protecteur. Le pieux monarque avait accordé aux Frères tout ce qu'ils avaient demandé ; il venait même de donner des ordres pour l'établissement d'une Ecole Chrétienne à Fontainebleau ; mais ces ordres restèrent sans exécution.

La cherté extraordinaire des vivres qui augmentait tous les jours à Paris engagea M. de La Salle à transférer le noviciat en province, où il lui serait plus facile de pourvoir à sa subsistance. Le frère Barthélemy partit donc pour Rouen dans le courant d'octobre avec quelques novices, et le noviciat se trouva dès-lors établi à Saint-Yon. M. de La Salle demeura encore un mois à Paris, et lorsqu'il eut arrêté le jour de son départ, il alla prendre congé de M. l'abbé de Brou, qui, pendant sa fuite en Provence, avait rendu aux Frères les plus grands services. Ce jeune prêtre, uniquement inspiré par l'intérêt qu'il portait aux Frères de Paris, fit des efforts pour s'opposer au départ du vénérable supérieur, et en vint même jusqu'à *lui faire défense* de partir, usant ainsi d'un terme qu'il savait devoir être agréable à un homme qui faisait surtout profession d'humilité et d'obéissance. M. de La Salle, en effet., se disposa à obéir avec la simplicité d'un enfant. Mais les Frères, qui savaient mieux que M. de Brou de quelle utilité était au noviciat la présence de leur supérieur, se rendirent auprès de ce prêtre et lui révélèrent le motif de délicatesse qui empêchait M. de La Salle de partir pour Saint-Yon, où l'on ne pouvait se passer de lui. Comme la charité seule avait guidé M. l'abbé de Brou, il s'empressa de lever sa défense et n'en resta que plus édifié des vertus du saint fondateur.

M. de La Salle, arrivé enfin dans un lieu de silence et de paix, ne songea plus qu'à se préparer à la mort et à mettre son Institut dans l'état où il désirait le laisser. Il donna les soins les plus assidus à la direction des novices, persuadé que l'avenir de la congrégation était là. Il se faisait rendre compte de leurs pensées les plus secrètes, de tous les mouvements de leur cœur. Il leur apprenait à n'estimer que la vertu, à dédaigner le monde, à ne respirer que pour le ciel. Il ne pardonnait rien à ces jeunes athlètes, parce qu'il voulait leur apprendre à ne se rien pardonner à eux-mêmes.

Sa conduite était toute différente envers les commençants. Comme une mère tendre qui porte ses enfants dans ses bras quand ils sont las de marcher, il les consolait, les animait, les soutenait dans la pénible carrière qu'ils entreprenaient de parcourir.

Ceux qui paraissaient chancelants dans leur vocation attiraient tous ses soins. Il examinait les causes de leur tentation, et leur apprenait à en découvrir eux-mêmes la source ; et quand il ne reconnaissait pas manifestement en eux les marques de la vocation de Dieu, il leur ouvrait la porte et les invitait à rentrer dans un monde qu'ils n'auraient pas tardé à regretter.

Quant à ceux que le Saint-Esprit avait conduits auprès de lui, il n'oubliait rien pour affermir leur fidélité et les confirmer dans leur profession. Toujours prêt à les écouter tous, il leur montrait à tous un véritable cœur de père, soit dans ses reproches, soit dans ses caresses.

Le bon frère Barthélemy, directeur des novices, était charmé de voir M. de La Salle lui rendre à ce point sa tâche facile ; plus docile et plus humble que le dernier des Frères, il écoutait avec une pieuse déférence les sages instructions du saint fondateur, qui, de son côté, sentait de jour en jour croître son estime et sa confiance pour ce vertueux disciple.

CHAPITRE XXXII.

Cependant au milieu de la tranquillité profonde dont M. de La Salle jouissait à Saint-Yon, il conservait une inquiétude, celle de voir la mort le surprendre revêtu encore du titre et des fonctions de supérieur. L'intérêt de l'Institut se joignait ici à son humilité pour obtenir enfin de la raison des Frères ce qu'il n'avait pu obtenir jusque-là de leur obéissance. Il sentait sa fin prochaine : son âge déjà avancé, les persécutions qu'il avait eu à subir, les angoisses morales qui avaient agité son cœur, les austérités sans nombre dont il avait fait sa vie même, tout se réunissait pour affaiblir et ruiner cette fragile existence. Il mourrait content si, avant de mourir, il pouvait saluer le supérieur-général d'un Institut auquel il avait voué sa vie. Une élection régulière, faite par une assemblée générale ; un chef reconnu par le fondateur lui-même, et mis en possession par la soumission unanime de tous les autre Frères, c'était tout à la fois détruire la forme vicieuse de gouvernement qu'en son absence ses ennemis avaient tenté d'introduire dans la société et consacrer définitivement la constitution qu'il avait projetée dès le berceau de son Institut.

Il résolut donc de prendre les dernières mesures pour avoir raison cette fois de la résistance des Frères.

Il rassembla ceux de Rouen et de Saint-Yon, et leur déclara avec fermeté qu'il était bien déterminé à se démettre entièrement du titre et des fonctions de supérieur ; qu'il convenait qu'ils fissent choix, de son vivant, d'un des membres de l'Institut pour le placer à leur tête ; qu'il avait des pressentiments d'une fin prochaine, et qu'il les suppliait de lui ménager cette dernière joie de saluer et reconnaître son successeur avant de mourir. Il fut si pressant et si tendre, il mêla avec tant d'éloquence les raisonnements aux prières, que ses disciples, au milieu des larmes provoquées par cette solennelle communication, donnèrent enfin leur consentement.

Il s'occupa aussitôt avec le plus vif empressement des préliminaires de l'élection. Il fut convenu qu'une assemblée générale se réunirait dans le lieu le plus propice ; que les principaux Frères y seraient appelés, et que les autres s'engageraient par écrit à ratifier toutes les décisions de cette assemblée. Pour la prompte et sûre exécution de ce plan, il fut décidé que le frère Barthélemy visiterait immédiatement tous les établissements de l'Institut ; communiquerait aux Frères les résolutions prises, leur en ferait comprendre la sagesse, et les convoquerait sans éclat, sans vain bruit au noviciat de Saint-Yon, qui avait paru le lieu le plus convenable pour la réunion.

Le frère Barthélemy se mit en route muni des instructions de M. de La Salle, en octobre 1716. Partout il fut reçu avec de grandes démonstrations de joie et de respect. Les résolutions arrêtées par avance à Saint-Yon furent approuvées, et chacun s'engagea par écrit à reconnaître pour supérieur celui d'entre eux que choisirait l'assemblée générale.

On attendait le retour de la belle saison pour convoquer les Frères électeurs, et le jour de la Pentecôte 1717 fut choisi pour l'ouverture de la retraite qui devait précéder l'élection. Tous les Frères-directeurs, au nombre de seize, se trouvèrent réunis au jour marqué. M. de La Salle ouvrit les exercices de la retraite par un discours plein d'onction sur l'importance de l'acte qui allait s'accomplir. Il fit connaître ensuite la manière de procéder à l'élection, telle qu'il l'avait lui-même dressée d'après les constitutions de saint Ignace. Il avait aussi composé une prière que les électeurs devaient réciter tous les jours pour appeler sur leur assemblée les lumières du Saint-Esprit. Et comme les Frères le pressaient de les présider : « Non, leur dit-il, laissez « l'Esprit saint présider lui-même votre assemblée « et suppliez-le avec ferveur de montrer celui qu'il « a élu. Purifiez vos intentions et vos désirs, si vous « voulez devenir ses organes pour nommer celui « qu'il vous destine. Écartez les vues humaines, « n'écoutez point la voix de la nature ; rejetez les « fausses lumières et les préjugés personnels. Con« duisez-vous en ce choix sans intérêt, sans pré« ventions, sans sympathie ou antipathie, sans « passion, sans inclination. Comme ce n'est pas « vous qui devez choisir, mais Dieu en vous et « par vous, tenez votre esprit toujours élevé vers « lui, et ne vous fatiguez pas de lui adresser cette « prière des apôtres : « *Ostende quem elegeris*, « *montrez celui que vous avez choisi.* » Si vous « voulez le connaître, donnez votre suffrage à celui « pour lequel votre conscience le demande, à celui « que le plus grand mérite désigne, à celui que vous

« choisiriez à l'heure de la mort, à celui qui pos-
« sède le plus l'esprit de l'Institut, qui en est
« l'exemple et le modèle, qui est le plus capable d'y
« maintenir la régularité, d'y faire régner la ferveur
« et de vous sanctifier. Donnez votre voix à celui
« qui possède le plus parfaitement les six qualités
« nécessaires pour conduire la famille de Dieu : la
« Prudence, la Douceur, la Vigilance, la Fermeté, la
« Pitié, la Charité..... Ne regardez ni les talents, ni
« la naissance, ni l'âge, ni l'ancienneté dans la com-
« pagnie ; en un mot, regardez non l'homme, mais
« Dieu seul. »

Après ce discours, le serviteur de Dieu quitta ses disciples. Ils choisirent, pour présider l'assemblée, le frère Barthélemy. Au bout de deux jours, le scrutin fut dépouillé, et l'unanimité des suffrages désigna encore le frère Barthélemy comme supérieur-général de l'Institut des Écoles Chrétiennes. On en porta aussitôt la nouvelle à M. de La Salle, qui n'en fut nullement surpris : « Il y a longtemps, dit-il, « qu'il en fait les fonctions. »

Le bon Frère, effrayé dans son humilité de la lourde charge qu'on venait de lui imposer, essaya par ses prières et par ses larmes de faire annuler une élection pour laquelle il ne se croyait aucun titre ; mais forcé par les instances unanimes des Frères d'accepter la supériorité, il demanda et obtint qu'on nommât pour l'assister deux autres Frères des plus capables. Cette dignité d'*Assistants* s'est perpétuée dans l'Institut.

La retraite se continua jusqu'à la Sainte-Trinité, qui est la grande fête de l'Institut : ce jour-là, tous les Frères, à la suite de M. de La Salle et du frère Barthélemy, renouvelèrent leurs vœux.

Le premier résultat de l'élection fut de rendre une vigueur nouvelle à la discipline et de rétablir dans le gouvernement de l'Institut la forme, la régularité et la ferveur des premières années. Toutes les décisions de l'assemblée de Saint-Yon furent acceptées partout avec la plus entière soumission. On se consola un peu de n'avoir plus M. de La Salle pour supérieur en retrouvant dans celui qui lui succédait la plus parfaite image du saint fondateur. Le frère Barthélemy s'était concilié tous les cœurs par sa douceur inaltérable, son humeur toujours égale, son humilité et sa sagesse. Sans cesse en défiance de ses propres lumières, il recourait avec le plus touchant empressement à la prudence d'autrui ; et quand il demandait un conseil, on voyait à sa candeur et à sa simplicité qu'il était tout disposé à préférer le jugement de celui qu'il consultait à sa propre opinion.

Comme directeur des novices, il avait gagné depuis longtemps la confiance des plus jeunes Frères, et la prudence qu'il avait marquée dans le gouvernement intérimaire de l'Institut lui avait mérité l'estime et le respect des anciens. Grâce à cet heureux concours de circonstances, la transition d'un supérieur à un autre n'amena aucun trouble dans la compagnie. On n'y remarqua que l'émulation avec laquelle ils témoignèrent au nouveau supérieur leur respect et leur soumission.

Le frère Barthélemy acquit des droits encore plus étendus à l'affection de tous les Frères par la conduite qu'il adopta à l'égard du vénérable fondateur. Il n'oublia pas un seul jour la distance qui les séparait ; disciple docile, il ne parla que parce que le véritable maître voulut s'imposer la loi du silence ; il ne fit acte d'autorité que par obéissance et profondément humilié d'avoir à commander lorsqu'il lui aurait été si doux d'obéir. Cependant malgré la ferme résolution qu'avait prise M. de La Salle de rester étranger à la conduite de l'Institut, il ne pouvait empêcher le frère Barthélemy de recourir en toute occasion à ses lumières et à son expérience. On voyait ces deux hommes, si dignes l'un de l'autre, se disputer sans cesse le rôle le plus humble et donner à tous les Frères de merveilleux exemples d'union et d'intime intelligence. L'émulation s'alluma dans les disciples, et la famille entière vit renaître sous cette double inspiration son premier esprit et sa première ferveur.

Le plus précieux privilége que M. de La Salle avait conquis après tant de désirs, c'était d'être oublié, placé dans le rang le plus obscur, uniquement occupé désormais de mourir dans cet état de dépendance et d'abaissement qui avait été l'ambition de toute sa vie.

Dès ce moment, on le vit, comme le plus fervent des novices, se conformer avec la plus scrupuleuse ponctualité à toutes les exigences de la règle. On eût dit qu'il n'avait jamais fait autre chose que d'obéir, tant son obéissance était douce et facile. De ses fonctions de prêtre, les seules qu'il se réserva, ce fut de célébrer la sainte messe pour les Frères, de les confesser, et de faire aux pensionnaires des exhortations religieuses. Pendant longtemps les bons Frères ne pouvaient perdre l'habitude d'aller lui demander des ordres ou des permissions : « Vous oubliez que je ne suis rien, leur « disait-il avec douceur ; allez au Frère-supérieur. » Des Frères éloignés lui ayant adressé des lettres, il refusa d'en prendre connaissance, et ne le fit que pour obéir à l'ordre formel que le frère Barthélemy lui en donna. Mais dans les réponses qu'il y fit, il ne manqua pas d'ajouter : « Donnez-vous bien de garde « de vous adresser à moi désormais pour choses pa« reilles : vous avez un supérieur ; c'est à lui que « vous devez exposer vos difficultés. Pour moi, je « ne veux plus me mêler de rien, que de penser à « la mort et de pleurer mes péchés. »

Le frère Barthélemy, qui était affligé de voir M. de La Salle s'humilier chaque jour auprès de lui pour les moindres permissions, eut l'idée de lui donner la permission générale de faire tout ce qu'il jugerait convenable ; mais le saint instituteur refusa avec fermeté ne voulant pas qu'on lui dérobât le mérite de ses actes d'humilité. On ne put même obtenir de lui qu'il récitât au réfectoire le *Benedicite* et les *Grâces* qu'en lui faisant observer que son caractère de prêtre ne permettait pas qu'un Frère les dît en sa présence.

Cependant le bruit de la démission de M. de La Salle et de son remplacement par le frère Barthélemy s'étant répandu à Paris, chacun en exprima diversement son opinion. La plupart le blâmèrent; mais comme le serviteur de Dieu s'occupait uniquement du ciel, il dédaigna les jugements du monde, et il se félicita de plus en plus de son abaissement volontaire, en songeant combien les opinions des hommes sont loin d'être en harmonie avec celles des saints.

Pendant qu'il se réjouissait d'être ainsi parvenu au port après tant d'agitations et de tempêtes, il reçut une lettre qu'il l'appelait à Paris pour y recevoir un legs testamentaire fait en sa faveur par M. Rogier, le même qui avait autrefois prêté son nom pour l'achat de la maison de Saint-Denis. Malgré sa répugnance, M. de La Salle, sur les pressantes sollicitations du frère Barthélemy, se décida à partir pour Paris, où il arriva le 4 octobre 1717. Il ne voulut pas descendre dans la maison des Frères pour se soustraire aux témoignages de respect et de soumission que ces pieux disciples n'auraient pas manqué de prodiguer à leur père vénéré. Il craignait aussi de réveiller par sa présence l'animosité mal éteinte des rivaux de l'Institut et de susciter à ses enfants de nouvelles tempêtes. Il alla donc demander un asile au célèbre séminaire de Saint-Nicolas du Chardonnet, où il laissa comme partout la trace lumineuse de ses vertus. Une lettre précieuse que le supérieur de cette maison religieuse adressa au frère Barthélemy après la mort du saint fondateur, constate par des dates précises la durée du séjour de M. de La Salle. Voici cette lettre qui a le mérite d'être le portrait moral le plus achevé qu'on ait fait de notre héros.

« Nous avons bien de la joie, mon très cher Frère, « du dessein que vous avez formé de donner au pu- « blic la vie de M. de La Salle, votre vénérable Ins- « tituteur. Le clergé sera édifié des grands exemples « de vertu qu'il a donnés, et particulièrement de son « zèle pour l'instruction de la jeunesse et l'éta- « blissement des Ecoles Chrétiennes. Nous avons « eu le bonheur de posséder ce saint prêtre dans « notre séminaire depuis le 4 octobre 1717 jusqu'au « 7 mars 1718. Ce temps a été court, comme vous « voyez ; mais il n'en a pas fallu davantage pour re- « connaître en lui les dons particuliers que Dieu y « avait mis, et les grâces mêmes qu'il s'étudiait le plus « à cacher aux hommes. Nous lui avons surtout « reconnu un zèle et une ferveur extraordinaires « pour sa propre perfection, une humilité profonde « et un grand amour pour la mortification et la pau- « vreté. Le zèle pour sa propre perfection a paru : « 1° en ce que, non content de se trouver tous les « jours, sans en manquer un seul, à tous les exer- « cices de piété, à l'oraison du matin, aux conféren- « ces spirituelles, aux divins offices, il m'a avoué « qu'il donnait encore régulièrement chaque jour

« deux heures et demie ou trois heures à la médita-
« tion ; 2° dans l'assujettissement entier où il a voulu
« vivre au règlement du séminaire, car il se rendait
« toujours des premiers à tous les exercices, et il
« n'y avait pour lui aucun article qui ne fût impor-
« tant ; il n'aurait pas voulu, je ne dis pas sortir
« en ville, mais même parler à un externe, sans en
« demander la permission. En vain lui ai-je dé-
« claré plusieurs fois qu'il avait chez nous toute per-
« mission, et que ce point du règlement n'y avait
« point été mis pour lui, il n'a pas été possible de
« lui en faire accepter la dispense. Son humilité
« nous a paru également admirable, et elle était uni-
« verselle. Il ne faisait rien sans conseil, et l'avis
« des autres lui paraissait toujours meilleur que le
« sien. Dans la conversation, il écoutait toujours
« plus volontiers qu'il ne parlait ; on ne lui enten-
« dait jamais rien dire à son avantage. Plein d'hor-
« reur et de mépris pour la mondanité qu'affectent
« plusieurs ecclésiastiques dans leur extérieur et
« dans leurs habits ; rien de plus simple que les
« siens, qui n'étaient que de la serge la plus com-
« mune. Tout le reste de son extérieur y répondait,
« et c'est en partie ce qui m'a fait dire qu'il aimait la
« pauvreté. Cet amour pour cette vertu a encore plus
« éclaté dans la générosité qu'il a eue de renoncer à
« tout et de se dépouiller de tout pour entreprendre
« et soutenir l'établissement de sa Communauté, et
« dans les précautions qu'il a prises pour inspirer
« et perpétuer dans les Frères qui la composent

« cet esprit de simplicité et le retranchement de tout « ce qui n'est pas absolument nécessaire à la vie et « à l'entretien. Sa mortification, enfin, nous confon- « dait en nous édifiant. Il ne voulut jamais accepter « de chambre à feu quand il entra au séminaire ; et « au lieu de se chauffer avec les autres, au moins « pendant le temps de la récréation, il aimait mieux « s'entretenir dans les salles ou dans le jardin avec « quelques séminaristes, pour avoir occasion de « leur inspirer quelque sainte maxime et le détache- « ment des choses de la terre ; et comme sa modes- « tie, son air recueilli et l'onction de ses entretiens « ne laissaient point douter qu'il n'en pratiquât en- « core beaucoup plus qu'il n'en inspirait, on ne sau- « rait exprimer le fruit qu'il a fait dans ce séminaire.

« On a eu bien tort aussi de vouloir le faire pas- « ser pour un homme qui avait du penchant pour les « doctrines nouvelles *. Sage et prudent comme il « était, il en parlait rarement, parce qu'il savait que « ces discours servent de peu et nuisent souvent ; « mais il était des plus soumis et des plus attachés « aux décisions de l'Eglise, et je me souviens qu'il « approuva extrêmement une communauté de ses « Frères établie dans une grande ville de province, « qui aima mieux encourir la disgrâce des premiers « supérieurs du diocèse, que de faire ce qu'on exi- « geait d'eux, parce que la démarche leur parais- « sait contraire au respect que leur Instituteur leur

* Le jansénisme.

« avait toujours inspiré pour l'autorité du Saint-
« Siége et de l'Eglise de France.

« Voilà, mon cher Frère, le témoignage que je dois
« à feu M. de La Salle, que nous avons tous extrê-
« mement regretté, et pour vous, et pour le public,
« et pour notre propre édification. Si Dieu exauce
« nos vœux, il continuera de vivre en sa commu-
« nauté par la fidélité qu'elle aura à ne se jamais
« départir des maximes et des exemples du zèle pour
« l'instruction des enfants, pour la simplicité, la
« pauvreté, l'édification, l'obéissance et la profonde
« vénération pour les évêques. Je me recommande
« à vos prières, et suis, avec parfaite estime pour
« votre communauté et pour vous en particulier,
« mon cher Frère, etc.

« Au séminaire de Saint-Nicolas, le 1er mars 1721. »

M. de La Salle ne perdit pas un seul instant de vue l'affaire pour laquelle il avait fait, dans l'intérêt de l'Institut, le voyage de Paris. Il se rendit chez le notaire, qui après s'être assuré de son identité, lui donna lecture de l'article du testament qui le regardait. Or il était qualifié de supérieur des Frères, et comme il ne l'était plus, il refusa de recevoir le legs en cette qualité. Toutes les observations que le notaire lui fit à ce sujet ne purent vaincre sa résistance, et il finit par déclarer qu'il aimerait mieux renoncer au legs que de le recevoir au dépens de la vérité et de l'humilité. Trois mois se passèrent. Enfin le notaire, bien assuré que cet exemple ne serait pas contagieux, et que s'il avait vu un homme refuser de l'argent et un titre d'honneur, et refuser l'un à cause de l'autre, il n'en verrait pas à l'avenir un second, le notaire, disons-nous, consentit à retrancher de l'acte la qualité de supérieur, et à cette condition M. de La Salle donna quittance et accepta, sous l'apparence de legs, ce qui n'était en réalité qu'une simple restitution.

Sur ces entrefaites, Mme la marquise de Louvois mourut : la maison de Saint-Yon était sa propriété, et les héritiers, ignorant sans doute les bienveillantes dispositions de la défunte en faveur des Frères, leur donnèrent congé. Ceux-ci, qui l'habitaient depuis quatorze ans et qui y jouissaient d'une tranquillité qu'ils n'avaient trouvée nulle part ailleurs, furent consternés à cette nouvelle, et M. de La Salle, qui faisait ses délices de cette retraite, partagea la désolation de ses disciples. Mais au lieu de s'abandonner au découragement, il ordonna des prières générales dans l'Institut pour obtenir l'heureuse issue de cette affaire. La Providence, en faisant arriver dans ces circonstances le legs de M. Rogier, parut favoriser visiblement l'acquisition de Saint-Yon. D'un autre côté, M. l'abbé de Louvois, exécuteur testamentaire de la marquise sa mère, et qui regardait M. de La Salle comme un saint, promit aux Frères de leur donner en tout la préférence et de la mettre à un prix raisonnable pour leur en faciliter l'achat. En effet, après deux mois de négociations, toutes les difficultés furent aplanies, et l'établissement fut adjugé aux Frères dans la personne de deux d'entre eux, M. de La Salle ayant refusé de figurer au contrat. Il se contenta de fournir les fonds par l'intermédiaire du frère Barthélemy. Des lettres patentes du roi confirmèrent plus tard cette acquisition.

On ne saurait peindre la joie que l'heureuse conclusion de cette affaire causa au vénérable fondateur. Il pouvait mourir en paix désormais : il laissait les siens en possession d'un établissement le plus conforme qui se pût trouver à sa pieuse destination, et gouvernés par un supérieur tel que lui-même l'eût choisi, s'il avait eu à le faire. Il jouissait pleinement de cette double satisfaction dans la tranquille retraite qu'il avait trouvée parmi les séminaristes de Saint-Nicolas, où il croyait par une douce illusion retrouver ses jeunes années de Saint-Sulpice. Aussi lorsque les bons Frères, désireux de posséder parmi eux leur Père vénéré, le pressaient de rentrer à l'Institut, il leur répondait qu'il n'y avait plus rien à faire, et qu'en y revenant il occuperait inutilement une place bonne à donner à un autre. Mais le frère Barthélemy, qui souffrait de son éloignement, ne craignit pas de lui faire à ce sujet les plus instantes représentations. M. de La Salle avait soixante-sept ans; les chagrins et les austérités avaient épuisé ses forces : le supérieur craignait que le saint fondateur ne mourût hors du sein de sa propre famille et que d'autres mains que les siennes ne lui fermassent les yeux. Pour vaincre sa résistance, il fallut de nouveau faire entendre l'irrésistible voix de l'autorité et recourir même à l'intervention des directeurs du séminaire de Saint-Nicolas, qui comprenaient très bien les pieux désirs des bons Frères. Enfin le 7 mars 1718, M. de La Salle fit ses adieux aux directeurs qui conservèrent religieusement le souvenir de son passage dans leur maison. Avant de quitter Paris pour toujours il alla voir ses disciples : la séparation fut déchirante. Un triste pressentiment les avertissait que c'était pour la dernière fois qu'ils jouissaient de la présence de leur bien-aimé fondateur ; ils se prosternèrent à ses pieds pour recevoir sa bénédiction, et ils l'accompagnèrent avec des larmes et des sanglots.

CHAPITRE XXXIII.

Le retour de M. de La Salle à Saint-Yon fut accueilli par les Frères et par les novices comme un don du ciel. Ils lui avaient plus d'une fois entendu dire que sa fin était proche, et ils s'empressèrent à l'envi de mettre à profit le peu de temps qu'ils avaient à le posséder. De son côté, voyant les affaires de son Institut en bon état, il sentait davantage le poids des années, et suppliait Dieu, si c'était sa volonté, d'abréger son pélerinage sur la terre. Le commerce avec le ciel par le moyen de la prière avait toujours fait ses délices. Sur la fin de ses jours il s'appliqua à le rendre continuel. « Rien de grand, disait-il, dans « l'âme de celui qui ne se plaît pas dans la prière ;

« il a peu des grâces et des dons du ciel. Où l'esprit « de Dieu ne régne pas en maître l'esprit naturel « domine, l'égoïsme ne fait pas place à la charité. « Or ce n'est que par l'oraison que l'âme se vide « d'elle-même et se remplit de Dieu. »

Son amour pour ce saint exercice l'engagea à composer un petit ouvrage dans lequel il fait l'éloge de la prière et cherche à en inspirer le goût par la peinture de ses avantages et de son excellence. En même temps il tâche d'en aplanir les voies en développant la manière de s'en acquitter. Ce petit livre eut pour titre *Explication de la méthode d'oraison*.

Au reste, quoique tout entier à Dieu, le saint vieillard ne se livrait pas à une stérile oisiveté. Son zèle pour les siens n'avait jamais été plus actif ni plus tendre. Il confessait tous les Frères une ou deux fois par semaine; les dimanches et les fêtes il leur faisait des entretiens pour les animer à l'acquisition de la vertu et les affermir dans leur vocation. Il s'occupait de ramener au bien les jeunes libertins qui avaient été enfermés à Saint-Yon comme dans une maison pénitentiaire. Il gagna d'abord leur confiance et bientôt les malades eux-mêmes s'étonnèrent de leur prompte guérison. Ramenés à la vertu par les tendres exhortations du saint instituteur, les uns durent leur délivrance à leur conversion; les autres, prenant en dégoût le monde où ils s'étaient pervertis, ne sortirent de Saint-Yon que pour aller terminer leurs jours dans des monastères.

Les jeunes pensionnaires confiés aux Frères par

des familles chrétiennes ne pouvaient manquer de ressentir les heureux effets du zèle de celui qu'on a avec tant de raison appelé *l'Ami de l'enfance* *. Il les confessait tous, leur faisait de fréquentes instructions, et se plaisait à se mêler à leur jeux pendant les récréations. Ces jeunes enfants, ravis de voir le saint vieillard se faire enfant avec eux, aimaient à l'entourer pour joindre au plaisir de le voir et de l'entendre celui de lui témoigner leur affection.

Mais Dieu, qui avait fait marcher jusque-là son serviteur d'épreuve en épreuve vers la perfection, ne permit pas qu'il goutât dans sa solitude une paix sans mélange. Une dernière persécution lui était réservée, et il devait, comme son divin modèle, mourir dans l'opprobre. Voici quelle en fut l'occasion.

M. le curé de la paroisse de Saint-Sever ne cessait de se plaindre des Frères et de leur supérieur, de ce qu'ils n'observaient pas les conventions relatives à l'assistance aux offices paroissiaux. En vain M. de La Salle voulut-il prouver que la plupart de ces conventions étaient devenues impraticables ; en vain montra-t-il les inconvénients qui en avaient suivi l'exécution ; il ne fut jamais écouté. Un des grands-vicaires de Mgr d'Aubigné, archevêque de Rouen, prit parti pour le curé, et sa prévention alla si loin qu'il reprocha à M. de La Salle *d'avoir menti*, et l'ac-

* Titre d'un petit ouvrage spécialement consacré à relater les nombreux miracles opérés par l'intercession du vénérable fondateur après sa mort.

cusa formellement de mensonge devant l'archevêque. Un chanoine présent à l'accusation ne put s'empêcher de prendre la défense d'un homme qu'il regardait comme un saint, et s'efforça de persuader à l'archevêque qu'il ne pouvait y avoir là qu'un déplorable malentendu. Tout fut inutile. M. de La Salle fut déclaré **IMPOSTEUR** et condamné à l'**INTERDICTION**!

Le bon chanoine, plus effrayé de la sentence que de l'accusation, se rendit aussitôt auprès du serviteur de Dieu déjà malade de la maladie dont il mourut, et lui demanda des éclaircissements sur les faits qu'on l'accusait d'avoir dénaturés, sans néanmoins lui faire connaître ni l'accusation de mensonge, ni l'arrêt. Le pauvre malade expliqua tout avec sa simplicité ordinaire et confirma le chanoine dans la conviction que celui-ci avait déjà de son innocence et de sa sincérité. L'officieux défenseur de M de La Salle retourna à l'archevêché et rendit compte de l'explication qu'il venait d'avoir. Vaine tentative! Dieu voulait que son serviteur mourût calomnié. L'accusation de mensonge, la sentence d'interdiction furent maintenues, et, comme dernier outrage, le chanoine qui s'était fait spontanément l'avocat de l'humble prêtre, fut prié de lui signifier de vive voix la révocation des pouvoirs sacerdotaux qui lui avaient été accordés. Mais le chanoine, craignant l'effet d'une telle annonce sur une existence déjà si compromise, se contenta de prévenir M. de La Salle qu'il se formait contre lui à l'archevêché un terrible orage que toute son amitié n'avait pu dissiper, et qui ne tarderait pas sans doute à éclater. Il trouva le malade saintement résigné à toutes les humiliations. Le grand-vicaire, informé que le chanoine avait décliné la triste commission dont on l'avait chargé, en envoya un autre, qui notifia en effet au saint prêtre la révocation de ses pouvoirs. C'était trois jours avant sa mort. Le chanoine, son ami, étant allé le voir le lendemain, apprit de sa bouche que l'archevêque l'avait frappé d'interdiction. — On m'avait chargé de vous le notifier, lui dit le bon chanoine ; mais je n'avais pas voulu exécuter une commission si fâcheuse. — Je m'en suis douté, répondit en souriant le moribond, à l'air que vous aviez à votre dernière visite. »

Cette ignominie n'eut d'ailleurs aucun éclat : M. de La Salle étant couché dans son lit n'avait à exercer aucun des pouvoirs qu'on venait de lui retirer, et il tint la sentence secrète afin de ne pas jeter le scandale et la consternation parmi les siens.

Quant à lui, il reçut cette humiliation, qui fut la dernière, sans rien perdre de son calme et de son auguste sérénité. Chose bien remarquable ! quelques jours après, les Frères étant venus annoncer au grand-vicaire la mort de leur instituteur : « *C'est un* « *saint*, s'écria-t-il, *le saint est mort* ; » révocant ainsi l'odieuse sentence qu'il avait fait prononcer contre l'humble victime.

Aux rhumatismes dont il avait toujours souffert et dont il avait accru la violence en se couchant sur un sac de plâtre après avoir passé en oraison la plus grande partie de ses nuits, était venu se joindre depuis quelque temps un asthme très douloureux. Une porte détachée de ses gonds lui étant tombée sur la tête, lui occasionna un violent mal de tête et une vive douleur au côté. Le médecin jugea la maladie mortelle et ne songea pas un instant à le dissimuler au malade. M. de La Salle reçut cette nouvelle avec joie : son désir était de quitter la terre et d'être réuni à Jésus-Christ. Quoique le médecin n'espérât plus, il essaya néanmoins, à la prière des bons Frères, de soulager les douleurs du saint fondateur. Mais tout ce qu'on tenta dans ce but fut sans succès. Le mal s'aggravait d'heure en heure, et lorsqu'on fut bien convaincu que tout espoir était perdu, on se rendit à sa prière en interrompant des remèdes très douloureux et dégoûtants, qui le tourmentaient sans résultat. La fête de saint Joseph approchait; la dévotion particulière de M. de La Salle envers ce grand saint, qu'il avait choisi pour le patron de l'Institut, lui inspirait un ardent désir de célébrer la messe ce jour-là en son honneur; mais il fallait un miracle pour réaliser ce pieux désir. Le miracle se fit : la veille de la fête, sur les dix heures du soir, le malade sentit ses souffrances diminuer et ses forces revenir. Il aurait cru que c'était un songe si le lendemain, à la grande stupéfaction de tout le monde, il ne fût trouvé assez fort pour se lever et célébrer les divins mystères. Mais en descendant de l'autel il retomba dans son premier état, comme si la santé ne lui eût été miraculeusement prêtée que pour satisfaire sa dévotion envers un grand saint.

Le curé de Saint-Sever, averti du danger où se trouvait le fondateur des Frères, se rendit auprès de lui, et après lui avoir témoigné la part qu'il prenait à ses souffrances, l'exhorta à la patience. Accoutumé à voir la plupart des malades troublés ou effrayés aux approches de la mort, le pasteur fut presque choqué de la tranquillité et de la sécurité qui se peignaient sur tous les traits de l'humble serviteur de Dieu. « Sachez, lui dit-il, que vous allez « mourir, et qu'il vous faudra ensuite comparaître « devant Dieu. — Je le sais, répondit le malade, et « je suis très soumis à ses ordres : mon sort est « entre ses mains ; que sa volonté soit faite ! » Le curé comprit alors de quelle source provenait le calme du vénérable instituteur, et il ne le quitta pas sans avoir mis fin par la réconciliation au différend qui les avait séparés naguères, et qui avait attiré l'interdit sur le pauvre prêtre.

Ce fut une dernière consolation pour l'humble persécuté. Il demanda le Saint Viatique, et passa la nuit entière à se disposer à le recevoir. Dès que le jour commença à paraître, il fit disposer sa cellule avec toute la pompe que comportait la pauvreté de la maison. Il ne voulut pas rester dans son lit pour recevoir le Roi des Rois, et il fit tant d'instances, qu'on l'habilla et qu'on le revêtit de l'étole et du surplis. Quand la cloche annonça l'approche du divin Rédempteur, saisi d'un saint transport, il se leva de la chaise où on l'avait assis, et se prosterna. Ce fut dans cette position, le visage resplendissant d'un bonheur céleste, qu'il reçut le Saint Viatique avec la ferveur d'un séraphin.

Il était temps : les forces factices qui avaient paru le ranimer pour quelques instants disparurent rapidement, et il se hâta de demander le dernier sacrement. L'Extrême-Onction lui fut en effet donnée le lendemain, 6 avril, qui était le Jeudi-Saint, et il répondit lui-même à toutes les prières d'usage.

Trois jours auparavant il avait voulu faire ses suprêmes dispositions, et il avait écrit de sa propre main le testament suivant :

« Je soussigné, J.-B. de La Salle, prêtre, étant « malade dans une chambre, proche de la chapelle « de la maison de Saint-Yon, faubourg Saint-Sever, « de la ville de Rouen, voulant faire un testament « qui termine les affaires qui me peuvent rester ; « premièrement, je recommande mon âme à Dieu, « et ensuite tous les Frères de la société des Écoles « Chrétiennes, auxquels il m'a uni ; et leur recom- « mande sur toutes choses d'avoir toujours une « grande soumission à l'Église et surtout dans ces « temps fâcheux, et pour en donner des marques et « ne se désunir en rien de l'Église de Rome, se sou- « venant toujours que j'ai envoyé deux Frères à « Rome pour demander à Dieu la grâce que leur « Société y fût toujours entièrement soumise. Je « leur recommande aussi d'avoir une grande dévo- « tion envers Notre Seigneur, d'aimer beaucoup la « sainte Communion et l'exercice de l'oraison, et « d'avoir une dévotion particulière envers la Sainte

« Vierge et envers saint Joseph, patron et protec-
« teur de leur Société, et de s'acquitter de leur
« emploi avec zèle et avec un grand désintéres-
« sement, et d'avoir entre eux une union intime et
« une obéissance aveugle envers leurs supérieurs,
« qui est le fondement et le soutien de toute la per-
« fection dans une communauté. »

CHAPITRE XXXIV.

Cependant la voix du saint fondateur s'affaiblissait de plus en plus : il articulait avec peine : c'était l'agonie. Alors tous ses disciples se jetèrent à genoux pour recevoir sa bénédiction. Et comme par humilité il résistait à leur demande, le frère Barthélemy, élevant la voix, le pria avec instances de bénir les Frères présents et d'étendre mentalement sa bénédiction à tous les membres de l'Institut. Il obéit, et levant les yeux et les mains vers le ciel, il dit : « Que le Seigneur vous bénisse tous ! »

Sur le soir, il commença à perdre connaissance ; on récita les prières des agonisants. Elles ne furent pas plus tôt achevées, qu'il recouvra ses esprits, et pour être utile aux siens jusqu'à son dernier soupir, il profita de cet instant fugitif que Dieu lui accordait pour donner à ses disciples un suprême conseil qui fut pieusement recueilli et dont l'Institut a fait la règle même de sa conduite.

« Si vous voulez, leur dit-il, vous conserver et « mourir dans votre état, n'ayez jamais de com- « merce avec les gens du monde ; car peu à peu « vous prendriez goût à leurs manières d'agir, et « vous entreriez si avant dans leurs conversations, « que vous ne pourriez vous défendre par politique « d'applaudir à leurs discours, quoique très per- « nicieux ; ce qui serait cause que vous tomberiez « dans l'infidélité ; et n'étant plus fidèles à observer « vos règles, vous vous dégoûteriez de votre état, « et enfin vous l'abandonneriez. »

Il ne put en dire davantage ; une sueur froide le saisit, et en glaçant ses membres lui ôta l'usage de la parole. Il entra aussitôt dans une rude agonie, qui dura depuis minuit jusqu'à deux heures et demie du matin. A ce moment, il revint un peu à lui, et invoqua avec ferveur l'assistance de la Sainte Vierge en récitant la petite prière qu'il avait coutume de lui adresser tous les soirs : « Marie, mère « de grâce, etc. » Le Frère-supérieur ne le quittait point. « Mon cher Frère, lui dit-il, acceptez-vous « avec joie les peines que vous souffrez ? — Oui, « répondit le malade ; *j'adore en toutes choses la « conduite de Dieu à mon égard.* » Ce furent les dernières paroles du saint instituteur : c'était le résumé de sa vie chrétienne.

A trois heures, il retomba dans l'agonie ; l'on remarqua que les convulsions de cette lutte suprême n'ôtèrent rien à son visage du calme et de la sérénité qui en étaient le principal caractère. Enfin, sur les quatre heures du matin, il fit un effort comme pour se lever et aller au-devant de quelqu'un : il joignit les mains, leva les yeux au ciel, et rendit son âme à Dieu.

C'était le Vendredi Saint, 7 avril 1719. Il avait soixante-huit ans, moins vingt-trois jours.

Aussitôt que la nouvelle de la mort du vénérable fondateur se fût répandue à Rouen, on entendit dans tous les quartiers retentir cette parole : « *Le saint* « *est mort* ! » Le vicaire-général, auteur de la dernière ignominie de l'homme de Dieu, répéta, comme tout le monde : « *Le saint est mort* ! » On accourut de toutes parts pour contempler ses traits une dernière fois. La mort n'avait pas imprimé sur ce visage auguste son lugubre sceau : il était aussi beau et aussi serein que pendant la vie. Des mains pieuses se partagèrent les dépouilles du saint. Un crucifix, un *Nouveau Testament*, une *Imitation de Jésus-Christ*, un chapelet, ses uniques richesses, furent le partage des plus alertes ; puis on se jeta sur ses pauvres vêtements, dont chaque lambeau devint une relique. Quelques-uns même coupèrent de ses cheveux.

Le corps du saint prêtre, revêtu des vêtements sacerdotaux, fut exposé dans la chapelle de Saint-Yon, depuis le Vendredi soir jusqu'au Samedi Saint après-midi. Il fut ensuite enterré dans la chapelle de Sainte - Suzanne de l'église paroissiale de Saint-Sever, en présence d'un immense concours de fidèles, d'un grand nombre d'ecclésiastiques et de religieux de divers ordres. Six Frères portaient le cercueil, suivi de tous les autres, qui mêlaient au chant des psaumes leurs larmes et leurs sanglots. Voici l'épitaphe qui fut gravée sur son tombeau :

D. O. M.

HIC EXPECTAT
RESURRECTIONEM VITÆ VENERABILIS J.-B. DE LA SALLE,
RHEMUS, PRESBYTER, DOCTOR THEOLOGUS,
EX-CANONICUS ECCLESIÆ METROPOLITANÆ RHEMENSIS,
INSTITUTOR FRATRUM SCHOLÆ CHRISTIANÆ.
NATALIBUS CLARUS, VIRTUTE CLARIOR.
OBIIT FERIA SEXTA PARASCEVES, DIE SEPTIMA APRILIS
ANNO MDCCXIX
IN ÆDIBUS FRATRUM SANCTI-YONII HUJUSCÆ PAROCHIÆ
ANNUM AGENS LXVIII.
DET ILLI DOMINUS INVENIRE REQUIEM IN ILLA DIE.
HOC PIETATIS ET GRATI ANIMI
MONUMENTUM APPOSUIT PIISSIMO PAROCHIANO
LUDOVICUS DUJARRIER BRENARD,
HUJUS ECCLESIÆ RECTOR.

Voici la traduction :

« Ici attend la résurrection de la vie le vénérable « Jean-Baptiste de La Salle, de Reims, prêtre, doc- « teur en théologie, ex-chanoine de l'église métro- « politaine de Reims, instituteur des Frères des « Écoles Chrétiennes. Illustre par sa naissance, plus « illustre par ses vertus. Il est mort le sixième « jour de la Semaine Sainte, le septième jour d'avril, « l'an 1719, dans la maison des Frères de Saint-Yon « de cette paroisse, âgé de 68 ans. Que Dieu lui « donne de trouver le repos en ce jour. Ce monu-

« ment de pieuse reconnaissance a été élevé à son « très pieux paroissien par Louis Dujarrier-Bré- « nard, curé de cette paroisse. »

La solennité pascale n'ayant pas permis de célébrer le service funèbre, ce ne fut que le lundi de *Quasimodo* qu'il fut célébré avec beaucoup de solennité par les ecclésiastiques du petit séminaire de Saint-Patrice.

La mort de M. de La Salle fut considérée comme une perte immense pour l'Église et pour son Institut en particulier. Pour calmer la douleur des Frères inconsolables, le frère Barthélemy leur adressa cette lettre touchante de simplicité et de résignation :

« Mon très cher Frère, la grâce et la paix de « Notre Seigneur soient avec nous. Ce n'a pas été « sans grand sujet que vous avez versé des larmes « en apprenant la mort de notre très cher Père ; je ne « crois pas qu'aucun de nos Frères ait pu empêcher « ses yeux d'en verser, cela étant si naturel. Mais « après tout bien considéré, mon cher Frère, il faut « avouer que telle a été la sainte volonté de Dieu, « qui, nous l'ayant donné aussi longtemps qu'il lui « a plu, nous l'a ôté pour le récompenser de ses tra- « vaux et de sa sainte vie. Il faut nous soumettre et « nous conformer à son divin vouloir. Les saints « Apôtres de Notre Seigneur étaient aussi fort tris- « tes d'être privés de la présence sensible de leur di- « vin Maître, qui, pour les consoler, leur dit : Il vous « est utile que je m'en aille ; car, si je ne m'en vais,

« le Saint-Esprit ne viendra point vers vous. Notre « très cher Père n'est pas perdu ; il est, selon toutes « les apparences, au nombre des saints dans le ciel ; « il peut beaucoup auprès de Dieu, puisqu'il en a « tant obtenu de grâces sur la terre pour lui et pour « tant d'âmes qu'il a aidées à se convertir et à se « donner à Dieu. Nous admirons à présent ses grandes « vertus, sa pureté angélique, sa grande libéralité « envers les pauvres, quoiqu'il fût lui-même néces- « siteux étant avec nos Frères ; son zèle pour le « salut des âmes, qui lui fit prendre d'abord le des- « sein de permuter son canonicat avec une cure « pour avoir occasion d'exercer son zèle ; son humi- « lité, sa patience, son obéissance, son grand aban- « don à la divine Providence et bien d'autres héroï- « ques vertus ; je le crois au rang des vierges, selon « ce que j'ai appris de sa conduite par rapport à la « chasteté et virginité. Non, mon cher Frère, je ne « veux pas prier le bon Dieu pour qu'il vous retire « de ce monde, je le prierai de tout mon cœur qu'il « vous y conserve encore autant qu'il lui plaira pour « sa gloire, pour le salut des âmes et pour votre « plus grand bien ; je vous défends de mourir, sinon « à votre propre volonté et à votre propre esprit. »

« Notre cher Père n'est pas mort sans permis- « sion ; je crois qu'il serait mort il y a longtemps « s'il en avait eu la permission. Ne vous attristez « donc plus mal à propos ; car celui que vous pleu- « rez comme mort est vivant, et il est dans la paix « que personne ne pourra jamais lui ôter ; soyez en

« paix, conservez-vous dans l'union intime qu'il « nous a recommandée et dans la pratique des autres « vertus ; n'attristez point l'esprit de Notre Seigneur « qui est en vous, par votre tristesse démesurée au « sujet de notre cher Père. Je ne sais comme je « suis ; je suis triste et joyeux tout ensemble ; l'o- « deur que j'ai de sa sainte vie, jointe au souvenir « de plusieurs choses extraordinaires arrivées au « temps et au sujet de sa mort me consolent. Soyez « donc plus gai, car la tristesse qui ne vient pas du « mouvement du Saint-Esprit est dangereuse et a « de fâcheuses suites. »

Les vénérables restes de M. de La Salle demeurèrent dans la chapelle de Sainte-Suzanne jusqu'en 1734. A cette époque, l'église que les Frères avaient fait bâtir à Saint-Yon étant terminée, ils obtinrent de Mgr Nicolas de Saulx-Tavannes, archevêque de Rouen, la faveur d'y faire transporter le corps de leur bien-aimé fondateur. Cette cérémonie se fit avec la plus imposante solennité : seize prêtres en surplis et en étoles portaient le cercueil ; plus de trois cents prêtres l'accompagnaient, tenant tous des cierges allumés. Les troupes de la garnison formaient la haie. Les saintes reliques, après avoir traversé les rues de la cité au milieu d'une affluence innombrable, furent déposées derrière l'autel du chœur de Saint-Yon, dans un caveau préparé pour les recevoir. Le lendemain, 17 juillet, Mgr l'archevêque alla bénir solennellement la nouvelle église et y dit le premier la messe.

CHAPITRE XXXV.

Qu'ajouterons-nous au récit d'une telle vie couronnée par une telle mort ?

A l'imitation de tous les biographes de M. de La Salle, reprendrons-nous une à une toutes les vertus qui distinguaient à un si haut degré le saint fondateur ? Mais nous aurions bien mal rempli notre tâche si nos lecteurs n'étaient pas convaincus que l'humble serviteur de Dieu porta jusqu'à l'héroïsme toutes les vertus du bon prêtre, du bienfaiteur de l'humanité, de l'ami et de l'instituteur de l'enfance.

Raconterons-nous les miracles nombreux dont Dieu permit l'accomplissement à son intercession ? Mais un excellent livre a été publié récemment sous les auspices de l'Institut, où sont énumérés avec beaucoup d'entraînement et de foi « les faits extra- « ordinaires par lesquels Dieu a signalé le pouvoir « dont le vénérable fondateur des Écoles Chré- « tiennes jouit auprès de lui [*], » et nous serions condamné à de fastidieuses redites.

Un seul miracle d'ailleurs, le plus extraordinaire sans contredit et au-dessus duquel on ne peut placer que l'établissement même du Christianisme par les Apôtres, miracle permanent qui s'opère chaque jour

[*] *Le Véritable ami de l'Enfance*, etc., nouvelle édition (1834), volume n-12 de 228 pages, avec le sceau de la société : une étoile lumineuse entourée de l'exergue : « SIGNUM FIDEI. »

sous les yeux des plus incrédules, ne suffit-il pas pour prouver la divinité de la mission confiée à M. de La Salle, et, par suite, la sainteté de l'instrument choisi de Dieu pour l'accomplir ? Nous voulons parler de l'établissement des Écoles Chrétiennes, de leurs progrès incroyables et de leur propagation à travers tous les obstacles dans toutes les parties du monde connu.

En France seulement, la statistique publiée en décembre 1852 constate l'existence de :

568 établissements,
1,029 écoles,
3,193 classes,
221,010 élèves.

Les autres parties du monde, la Belgique, la Savoie, le Piémont, la Prusse, la Suisse, les États-Pontificaux, le Canada, les États-Unis, le Levant, possèdent :

118 établissements
224 écoles,
683 classes,
43,239 élèves.

Et pour suffire à ces 264,249 élèves, l'Institut présente un personnel de 8,211 membres, savoir :

5,316 Frères,
2,135 profès,
760 novices.

Quelle institution humaine, livrée à ses seules ressources, a obtenu, en un temps si court, des résultats comparables ?

Ne peut-on pas appliquer à l'Institut des Écoles

Chrétiennes ces paroles du Psalmiste : « *Justus ut* « *palma florebit ; sicut cedrus Libani multiplica-* « *bitur* ? — Le juste fleurira comme le palmier ; il « croîtra comme le cèdre du Liban ? »

Et n'est-il pas légitime de s'écrier, à l'aspect de tant de grandes choses accomplies avec de si petits moyens : « *Gloriosus Deus in sanctis suis, mirabilis* « *in majestate, faciens prodigia* ? — Dieu fait écla- « ter sa gloire dans ses saints : il fait briller sa « majesté et sa puissance par les merveilles qu'il « opère en eux ? »

Qui s'étonnera maintenant que, par un décret du 8 mai 1840, le Saint-Père ait déclaré Vénérable l'humble serviteur de Dieu, et autorisé la poursuite de sa béatification devant la congrégation des Rites ?

Qui ne sera plein de foi dans le succès d'une si belle cause ?

Qui n'espèrera vivre assez pour voir le saint fondateur honoré d'un culte public par les générations reconnaissantes, son nom inscrit dans les fastes ecclésiastiques, et sa statue recommandée par l'Église même à la vénération des fidèles ?

GLORIOSUS DEUS IN SANCTIS SUIS.

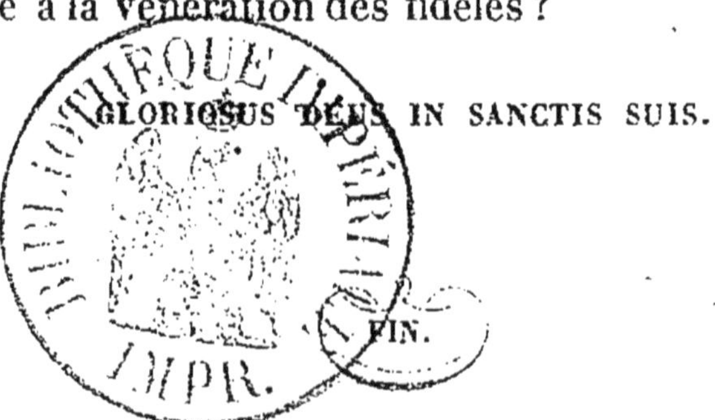

FIN.

POUR PARAITRE

DU MÊME AUTEUR.

Histoire de la fondation et des progrès de l'Institut des Écoles Chrétiennes, vol. in-12.

Biographie de tous les Supérieurs-Généraux de l'Institut des Écoles Chrétiennes, vol. in-12.

www.ingramcontent.com/pod-product-compliance
Ingram Content Group UK Ltd.
Pitfield, Milton Keynes, MK11 3LW, UK
UKHW012014240726
13965UKWH00002B/367